高等职业教育电子商务专业精品教材
"互联网+"新形态立体化教学资源特色教材

短视频+直播运营

主　编　李青梅　朱丽献　刘　怡
副主编　郇苗苗　陈　莉　汪巧敏　王卓如

中国轻工业出版社

图书在版编目（CIP）数据

短视频+直播运营 / 李青梅，朱丽献，刘怡主编．
北京：中国轻工业出版社，2025. 8. --（高等职业教育电子商务专业精品教材）（"互联网+"新形态立体化教学资源特色教材）. -- ISBN 978-7-5184-5246-0

Ⅰ．F713. 365. 2

中国国家版本馆CIP数据核字第2024RW7094号

责任编辑：张文佳　　　　　责任终审：李亦兵　　　　设计制作：锋尚设计
文字编辑：姜瑞雪　刘　晶　李金慧　　责任校对：刘小透　晋　洁　　责任监印：张　可

出版发行：中国轻工业出版社（北京鲁谷东街5号，邮编：100040）

印　　刷：三河市万龙印装有限公司

经　　销：各地新华书店

版　　次：2025年8月第1版第1次印刷

开　　本：787×1092　1/16　印张：16

字　　数：350千字

书　　号：ISBN 978-7-5184-5246-0　定价：49.80元

邮购电话：010-85119873

发行电话：010-85119832　010-85119912

网　　址：http://www.chlip.com.cn

Email：club@chlip.com.cn

版权所有　侵权必究

如发现图书残缺请与我社邮购联系调换

230580J2X101ZBW

前 言

新媒体营销进入短视频+直播带货的时代，各大公司纷纷将短视频、直播平台纳入了产业布局，由此大量的职业岗位应运而生，广大用户对于短视频、直播运营的各种知识和技能的需求越来越大。随着行业竞争的加剧，各行各业对短视频、直播内容及运营技巧的要求越来越高，行业知识和技能的系统学习有了更大的需求。目前，很多高校开设了与短视频、直播相关的专业课程，让学生快速适应新的市场趋势及岗位要求，培养学生短视频、直播知识的综合应用及专业实践能力。

本教材根据课程标准对教材进行体系、架构、形式等方面的创新，以新媒体行业发展为依据，以专业实用性为立足点，采取项目任务单编写模式，从短视频、直播的运营定位、内容策划、拍摄剪辑、直播实施、推广引流、带货变现、数据分析等方面，对短视频、直播运营的理论知识、实践技能、进阶方法和实战攻略全过程进行了详细综合的讲解。同时，在课程讲授和社会服务的过程中总结经验，针对短视频、直播运营实践性很强的特点，一方面，将优质社会资源引入校内，为学生搭建实践平台，形成与社会接轨的业务环境；另一方面，由教师带领学生围绕典型案例做相关项目任务，通过双导师悉心指导和学生潜心学习，先后打造了一批有影响力的短视频、直播账号。培养良好的学习、分析能力，能够帮助从业者迅速入行学习和掌握相关知识与实践经验，快速适应未来工作中相关岗位要求，从而让他们在短视频领域中大展拳脚，从而实现自我价值。

本教材共分为两个项目，八个任务。

项目一 短视频制作运营，共有五个任务。从短视频特征、类型、发布平台、运营流程到产业链与生态圈及行业风险出发，涵盖了账号的定位策划、平台矩阵建设、脚本策划、内容的拍摄剪辑、从制作各类主题短视频到输出发布、吸粉引流、营销推广及多渠道变现等各方面，讲述了短视频运营各个知识点的理论基础和实践案例操作。同时，还有对电脑端专业剪辑软件"Premiere"和手机端视频剪辑App"剪映"的应用讲解，以实际案例操作练习来指导学生。

项目二 直播运营，共有三个任务。从不同类型"直播+"模式的策划以及提升直播吸引力，增强内容创意的思路和方法出发，对直播账号的策划、主播IP的打造、专业能力的提升及直播平台入驻技巧，到直播运营变现、直播电商的数据分析与复盘优化等相关知识技能的讲解，并以案例的实际操作帮助学生轻松掌握直播任务的全流程与操作技巧。

本教材特色如下。

1. 编写特色：体系完善，设计新颖，形式活泼

本教材内容打破现有教材只注重运营技巧、缺乏理论基础梳理、知识技巧碎片化的困境，构建基于"短视频、直播运营岗位角色塑造""运营思维训练""运营能力提升"为主线的知识学习和技能训练体系，针对不同的重点与难点安排了"拓展知识"对知识进行补充和深化，从短视频、直播的前期策划，到短视频、直播的内容创新和后期推广引流、数据分析，形成了内容全面、结构清晰、逻辑严密的知识体系。安排"同步实训"对实践知识技能进行总结与提炼，"同步练习"深化理论知识体系，"任务实施"则引进真实的任务让学生发散思维，进行实践操作与综合训练，强化岗位技能，学以致用。

2. 知识特色：层层递进，结构合理，易教易学

本教材知识全面，综合性强，语言精练，通俗易懂，理论知识与实践操作相结合，深入浅出的讲解让学生能快速地了解和掌握相关知识点；详细条理的案例步骤，使学生易于掌握和提升短视频和直播的技巧能力。

3. 课程特色：结合名师工作室，对接在线开放课程，便于"教"和"学"

本课程属于江苏省职业教育"双师型"教师团队建设项目——数商兴农"双师型"名师工作室建设课程成果。结合在线开放课程的建设，让学生在课余时间也能随时在线学习，随时与教师互动，接受指点。该教材配套有课程PPT、教案、习题、微课资源、案例素材、图片资料等，形成了立体化配套资源，方便学生学习和效果自测，为"线上+线下"混合式学习奠定了基础，强化了学生学习的自主性。

4. 编写团队特色：教学骨干+企业导师，校企深度融合

本教材为学校与京东新京创科技有限公司等多家院校和企业联合参编，其中有长期从事一线管理与教学的经验丰富的骨干教师、企业行业领头人为双导师。骨干教师站在教学一线，掌握短视频、直播运营的知识体系和最新理念；企业导师熟知行业动态和短视频、直播运营推广经营情况，了解运营岗位角色的能力需求和职业

标准。两者结合实现产教深度融合，精准对接职业岗位能力标准，确保教材符合职业化人才培养需求。

本教材适合作为高等职业院校短视频运营相关课程的配套教材，也可以作为社会相关从业者的岗位工作参考用书。书中以抖音平台短视频、直播为例，结合相关抖音短视频直播的运营案例，让初学者能轻松学习和掌握相关的知识技能，进而独立操作，让有一定经验者可以查缺补漏。

本教材参考了许多同行的相关教材和案例资料，在此对他们表示崇高的敬意和衷心的感谢。

虽然编者在编写本教材的过程中倾注了大量心血，但书中难免存在不足之处，恳请广大读者及专家不吝赐教。

编者

目 录

项目一　短视频制作运营

任务一　短视频基础知识 ········ 2
案例导读 ········ 2
一、短视频概述 ········ 3
二、短视频的类型 ········ 4
三、短视频平台 ········ 8
四、短视频产业链与生态圈 ········ 10
五、短视频运营流程 ········ 14
六、短视频行业风险与挑战 ········ 15
同步练习 ········ 17
任务实施 ········ 18

任务二　短视频定位与策划 ········ 20
案例导读 ········ 20
一、短视频团队建设 ········ 21
二、短视频定位 ········ 23
三、短视频平台建设 ········ 35
四、短视频策划 ········ 39
五、短视频脚本策划 ········ 45
同步练习 ········ 49
任务实施 ········ 50

任务三　拍摄高质量短视频 ········ 52
案例导读 ········ 52
一、短视频的拍摄设备 ········ 53
二、短视频拍摄的理论与技法 ········ 59
三、各类主题短视频的拍摄要点 ········ 73
同步练习 ········ 85
任务实施 ········ 86

任务四　短视频剪辑创作 ········ 88
案例导读 ········ 88
一、短视频剪辑基础 ········ 89

二、PC端专业剪辑软件的应用 95
案例实训1 软件的基本应用——"春" 99
案例实训2 综合应用——最美乡村 111
三、手机端视频剪辑软件的应用 127
同步练习 138
任务实施 139

任务五 短视频运营变现 141
案例导读 141
一、短视频发布运营 141
二、短视频的推广运营 148
三、短视频变现 157
同步练习 166
任务实施 167

项目二 直播运营

任务六 直播认知与策划 169
案例导读 169
一、直播与直播营销 170
二、直播策划 178
三、提升直播吸引力,增强直播内容创意性 187
同步练习 191
任务实施 193

任务七 主播的打造 195
案例导读 195
一、直播间准备 196
二、主播个人IP打造 207
三、主播专业能力的提升 213
四、直播平台入驻技巧 217
同步练习 219
任务实施 221

任务八 直播电商运营 ··· 223
案例导读 ··· 223
一、直播变现 ··· 224
二、直播电商数据分析 ··· 228
三、直播电商复盘优化 ··· 236
案例实训 抖音直播运营——助农直播专场 ··· 238
同步练习 ··· 245
任务实施 ··· 246

参考文献 ··· 248

项目一　短视频制作运营

近年来,短视频因其制作简单且具备可移动性操作、用户互动性强、碎片化时间利用、视觉冲击力等多种优势,不仅创新了娱乐方式,还加速了信息传播,其不受时间地点限制的特性,迅速占据了当代网民的碎片化时间,创造出跨越年龄、地域的强大影响力,再加上其自身的巨大商业价值,在短时间内吸引了大量的用户,创造出极其可观的利润,满足了自媒体时代下广大网民的互联网社交与内容消费等需求,短视频行业也如火如荼地发展起来。根据《中国网络视听发展研究报告(2024)》显示,截至2023年12月,我国网络视听用户规模达10.74亿,网民使用率98.30%,网络视听"第一大互联网应用"地位愈加稳固。快速发展的短视频已经用强有力的数据证明它就是互联网的新风口,未来短视频行业依然存在巨大的发展潜力。

学习目标

知识目标

1. 了解短视频及短视频平台的相关知识。
2. 学习短视频的制作流程及技巧。
3. 学习短视频营销变现相关知识。

能力目标

1. 掌握短视频的运营流程及平台的要求。
2. 掌握和优化短视频剪辑创作。
3. 熟练掌握短视频的运营变现。

素质目标

1. 培养自主学习和不断创新的能力。
2. 培养勤于思考的能力,会鉴赏并创作有思想内涵的作品。
3. 培养将知识技能融入短视频作品的主题价值能力。

任务一　短视频基础知识

短视频作为一种新兴的网络内容形式，凭借其短小精悍、传播迅速、互动性强等特点，在近十余年间经历了从萌芽到爆发再到成熟的快速发展历程，深刻改变了互联网内容生态和用户行为模式，短视频平台已然成为媒介社会化、社会媒介化的现实王国。短视频用户几乎成了网民的代名词，可以说"无视频，不网络"。短视频遇到了最好的时代，直播平台、短视频平台和在线视频平台成为线上经济发展重要平台。

案例导读

女大学生返乡通过短视频农技传播实现农户增收

2022年5月，一条标题为"女大学生回乡教种地带动全村致富"的消息冲上微博热搜，让不少网友认识到一位年轻的乡村致富带头人——王某。90后王某是一名从贵州黔东南大山走出的女大学生，2013年前她回到家乡教村民种菌菇，2020年在抖音平台注册账号，尝试记录乡村生活。

2021年1月，她偶然拍的用玉米芯种蘑菇的短视频大火获得了百万点赞。

用一部手机在短视频平台上用通俗易懂的方式传授自己用玉米芯种植蘑菇的技术，很快引发广泛关注，现已积累了百万余粉丝。10年来，她的电商公司向家乡的农户和全国各地的网友免费传授多种菌类栽培管理技术，再通过电商平台的运营和电商直播团队带货来帮助农户销售农产品，直接带动当地村民2000余人增收，线上观看王某的种植短视频并得到她指导帮助的农户达6万余人。

借助抖音平台做农业技术、农村生活分享，记录工作状态和农村环境，她利用自己的种植技术和电商平台带动了更多的农户走上致富路，为乡村振兴做出了自己的贡献。

问题导学

短视频作为一种新型视频形式，已经成为自媒体行业的领头羊，想要运营短视频，需要对短视频有一定的了解。

1. 短视频有哪些特征，它分为哪些类型？
2. 短视频的产业链及生态圈？

一、短视频概述

短视频是融合了图像、文字、音效的可视听的、生动丰富的传播媒体,能更加直观、立体地展示和表达用户的诉求,更主要的是可以互动沟通、转发和分享。随着智能手机的普及、网络提速以及流量资费的降低,短视频的传播获得各大平台、粉丝和资本的青睐,伴随人工智能、虚拟现实、大数据等技术的发展,短视频也迎来了更具挑战和精彩的未来。

(一)短视频的概念

短视频即时间短的视频,长度从15秒到5分钟不等,依托于移动智能终端实现快速拍摄和编辑,内容精练丰富,是可以在各种新媒体平台实时发布和分享的一种新型视频媒体形式,适合用户在移动状态及短时休闲状态下随时观看,是娱乐、学习和社交的新方式,也是互联网传播不可缺少的信息载体。

短视频概述

(二)短视频的特征

短视频在发展过程中呈现出了自身的优势和特点,获得了用户的青睐,总的来说其特点主要体现在以下几个方面。

1. 短小精悍、充满创意、娱乐性强、更新频率高

大部分短视频在15秒到1分钟,播放时长短,内容短小精练、生动有趣、娱乐性强,而且不断更新,利用精湛的视频内容达到"吸粉"的目的。短视频不仅经常有新看点,还可以让人们在观看的同时不断了解和学习新的知识,带来更好的视觉体验与愉悦的享受。因此,短视频适合在移动状态下或利用碎片时间观看。

2. 制作门槛低、易于实现、相对投入少

短视频的制作周期短,一般为1~3天,简单的短视频甚至几分钟、几个小时就可以制作完成。由于短视频没有特定的表达形式,对拍摄方式和制作团队等没有过多要求,因而创作门槛较低。只要有手机,一个人或几个人都可以完成短视频的拍摄剪辑和制作,相对成本投入较低。

3. 利用碎片化时间,传播速度快、交互性强

短视频完整的信息内容通过手机、新媒体平台在编辑传播时,呈现出块状、分散的特征。在用户生活方面,人们观看媒体的内容不受时间、空间的限制,在上班途中,工作间隙都可以随时通过手机查看消息、观看短视频。

在信息传递方面,"微小说""微漫画""微电影"等一类微型内容表达方式的出现,用简练的语言概括核心内容,迎合了当下快节奏的生活方式,满足了用户利用碎片化时间快速接受各类信息的需求。用户无须费心思考,就能理解其中的意思。当下,媒体传播的平台门槛低且渠道多样性特征，使得内容的裂变式传播得以实现，同时还可以实现熟人圈层次传播，即直接在平台上分享自己制作的短视频以及观看、评论、点赞他人短视频，收到点赞较多的短视频还有机会获得平台推荐，吸引更多的人，增强用户归属感，如新浪微博的"微博故事"（图1-1），微信的"视频号"，体现了短视频在社交领域的分量。多方位的传播渠道和方式使短视频的信息内容呈扩散传播，充分体现了信息传播的力度大、范围广、交互性强等特征。

图1-1　微博故事

4. 短视频行业细化，内容呈系列化发展

当短视频信息对用户进行个性化的一对一传播时，用户对信息的有用度和内容深度的需求会越来越高，导致短视频市场细分程度进一步加深，深度聚焦并且满足特定群体需求的垂直化内容将会越来越受用户欢迎。

5. 受众范围广，信息接受度高，营销效果好

短视频信息开门见山，观点鲜明，内容集中指向定位强，容易吸引用户，又易于理解，信息传达度和接受度更高。利用短视频营销的指向性特点，可以通过搜索准确地找到目标用户，实现精准营销。而且创作者将商品链接放在视频画面的四周，用户可以边看边购买商品，从而实现一键购买。同时用户对作品进行点赞、评论和分享等操作，更能促进创作者根据反馈的内容进行调整和提高创作水平，达到实时互动。例如，在哔哩哔哩网站（以下简称B站）上观看短视频时，观众可通过弹幕进行交流。

短视频的社交功能主要体现在三个方面：一是视频内容的传播者和用户；二是基于地理位置的微信号、手机号、通讯录的熟人社交；三是基于系统推荐共同兴趣爱好的陌生人社交，如B站、小红书等。另外，随着抖音、快手等短视频平台的快速发展，用户可以交换抖音号、快手号，互相关注、分享短视频，极大地增强了传播力，受众覆盖范围越来越广。

二、短视频的类型

（一）短视频内容常见的主题类型

根据短视频的内容大致可分为五大主题类型：新闻资讯类、文化娱乐类、知识技能类、商品推广类、休闲生活类。

短视频的类型

如文化娱乐类强社交类内容短视频多为普通用户自主创作，分享生活中的场景或参与平台推出的热点话题和活动，并利用平台提供的模板和特效进行模仿拍摄，无固定的故事情节，主要满足用户的自我表达、与他人进行交流分享的需求，平台借此增强用户的社交黏性。例如，抖音短视频的挑战话题"潜水艇大挑战"，用户可以选择相应的挑战主题，利用平台提供的顺序进行短视频拍摄。

1. 新闻资讯类：包括时事新闻、热点报道等内容

新闻资讯类短视频以记录和报道时事新闻、社会与自然环境的变化为主要内容，具有社会意义和公共价值。随着融媒体的发展，新媒体在新闻传播中发挥着日益重要的作用。一些新闻媒体如新华社、人民日报、腾讯新闻等纷纷建立起自己的新媒体平台账号，如图1-2所示，通过短视频形式发布新闻资讯，或根据用户喜好推荐相关的短视频，备受用户青睐。越来越多的人开通了短视频账号，以便快速获取各类资讯。

图1-2 新华社的新媒体矩阵

2. 文化娱乐类：包括搞笑剧情类、影视类、游戏讲解类、创意剪辑类等内容

休闲娱乐内容的短视频，大多是由具有一定粉丝基础的网络红人所创作，涉及音乐、舞蹈、影视多个领域，具有明确的主题和条理清晰的拍摄方案，不同于普通用户随机拍摄的短视频。这类短视频情节简单易懂，是用户在休闲放松时刻观看的一类内容，通过粉丝进行二次传播来扩大粉丝覆盖率和增强影响力。

中华优秀传统文化正搭乘短视频的东风，加速"破圈"，真正"飞入寻常百姓家"，使得大众通过掌上小屏就能感受到传统文化之魅力。例如，戏腔成为短视频平台的热门音乐元素、名师讲解古诗词受到用户热捧、非遗传承人进驻短视频平台……以往"曲高和寡"的传统文化，通过短视频实现"以文化人"，获得众多用户的青睐。实现生活"艺术化"、艺术"生活化"，这是短视频通过故事情节所传递的价值观念，不断引导当代年轻人树立正确的人生观。

定位于"中国式的热血与浪漫"的某视频账号主打"国风+剧情+特效变装",通过梳理中国历史上的英雄形象,在主人公与其所扮演的孙悟空、关羽、赵云等角色之间的连接中,传播自强不息、重义轻利、家国情怀等传统价值观,从而在互联网上获得了众多年轻群体的青睐与追捧。传统文化类短视频正从"分众"走向"大众",频频与年轻群体实现"双向奔赴"。

拓展知识

短视频创作可利用虚拟现实(virtual reality,VR)、增强现实(augmented reality,AR)、剪辑、特效、贴纸等技术,为用户搭建起一个传统文化与数字技术相互交融的、富有视听冲击的享受空间,让用户通过一块屏幕便能"游戏化"地体验传统文化。"变脸"拍摄特效:能让用户通过抹脸、甩头等动作在视频录制过程中实现"变脸",促进传统文化在与用户游戏互动中的有效传播。裸眼VR的"画中行"视频通过VR技术让用户"亲临"《清明上河图》。数字化技术重构了传统文化,使传统文化在用户的观赏游戏中"活"了起来,为用户带来震撼的视听享受,在"游戏化"的加持下不断增强传统文化的魅力。

3. **知识技能类**:包括知识、教育、技巧类、个人才艺等内容

这类内容的短视频,由某一领域有专业知识的用户或是专业机构制作而成,如图1-3所示。此类短视频如健康知识、生活技巧等,目的是向用户传播知识技能,帮助用户掌握技巧,在生活中发挥了积极作用。

4. **商品推广类**:包括展示类、开箱类、制作类、评测类、采摘类等内容

商品推广类以呈现商品的外观特点和功能为主,是各大电商平台展示商品的主要形式,如图1-4所示。如淘宝,京东等平台制作的商品推广视频。

图1-3　知识技能类

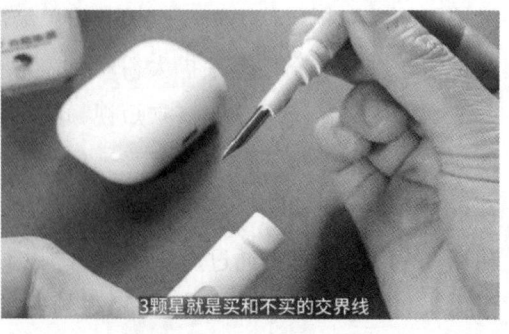

图1-4　商品推广类

5. **休闲生活类**：包括日常生活、采访、美景、美食、旅游、健身等内容

休闲生活类短视频以展示个人生活环境和生活状态为主，常见的有旅行、个人vlog（日志）、美景、美食等日常生活，如图1-5、图1-6所示。

图1-5　美景类

图1-6　美食类

（二）短视频的营销优势

短视频的营销优势显而易见，其兼具表现力和传播力，同时又具备娱乐和商业价值。

1. **满足娱乐需求**

相比传统的文字和图像，短视频的表现效果更直观、生动，其紧凑、接地气的内容能够有效满足大众的娱乐需求，帮助大众在日常生活中利用碎片时间进行娱乐消遣、释放压力。

2. **加速文化传播**

短视频拓宽了大众表达自我的平台和渠道，不同行业、不同区域的人均可通过短视频让观众感受不同文化的魅力，作为传播媒介的短视频让承载了文化与知识的内容传播变得更加迅速与便捷。

3. **创造商业价值**

短视频巨大的流量和超高的用户黏性可以为企业提供品牌推广、活动推广，同时其较强的用户转化能力还可以挖掘潜在客户，从而带动产品营销，提升企业知名度，创造一定的商业价值。例如，奶茶品牌"答案茶"成立之初在抖音上发布了一条关于奶茶的短视频，收获近40万个赞及大批粉丝的关注，如图1-7所示。但是想

图1-7　答案茶

要做好做大，除了创意好，后续还是要给消费者更多的实惠，更多的回头率才是创造商业价值的关键。

三、短视频平台

根据短视频内容承载平台的性质不同，可将短视频平台分为独立短视频平台与综合类短视频平台。

（一）独立短视频平台

独立短视频平台即移动App形式，其核心业务为短视频。独立短视频平台的功能是围绕短视频展开的，典型的代表如：抖音、快手、秒拍、美拍、小影等创作和传播短视频的移动端平台。此类平台能同时满足用户创作和观赏两大需求，受众多、传播快，是时下较流行的平台。平台通过对有发展潜力的用户生产内容（user generated content，UGC）或专业生产内容（professional generated content，PGC）创作者进行扶持和引导，帮其打造有坚实粉丝基础的明星账号，为平台吸引更多用户。

短视频平台

1. 抖音

抖音App是由字节跳动孵化的一款音乐创意短视频社交软件，通过抖音App，人们可以分享各自的生活，同时也可以在这里认识到更多朋友，了解各种奇闻趣事。

抖音以"记录美好生活"为主题，向人们展示衣食住行的美好故事，在美食、运动、时尚、旅行、宠物、游戏各方面体现美好生活，让用户更加纯粹地享受短视频的乐趣，其页面简洁，视频间无缝衔接，很容易让用户沉迷其中。另外，其音乐主题拍摄富有感染力，抖音的页面"关注"与"推荐"非常方便短视频的传播，且短视频页面可以直接进入直播间，这种短视频与直播的快捷切换能更好地为用户服务。同时，抖音开发了很多利于用户使用的功能，如抖音创作者中心、抖音小店等。

2. 快手

快手"以记录世界、记录你"为主题，是用户记录和分享生产、生活的平台，快手平台的用户定位是"社会平均人"即普通人，用户主要分布在二、三线城市。快手的理念主要是技术赋能，用科技提升每个人独特的幸福感。在快手上，用户可以用照片和短视频记录自己的生活点滴，也可以通过直播与粉丝实时互动。快手的内容覆盖生活的方方面面，用户遍布全国各地。在这里，人们能找到自己喜欢的内容，找到自己感兴趣的人，看到更真实有趣的世界，也可以让世界发现真实有趣的自己。

（二）综合类短视频平台

综合类短视频平台是在平台内部嵌入了短视频内容的功能和服务，本身定位不是短视频，只是借助短视频的特性更好地实现自身核心功能的诉求。如新闻资讯平台、社交平台以及传统的在线视频平台等。

1. 新闻资讯平台

今日头条、腾讯新闻、澎湃新闻、梨视频、天天快报、一点资讯、网易新闻等均属于新闻资讯平台。例如，今日头条可以根据用户的喜好为用户推荐相关的短视频，这一特点备受用户青睐。

2. 社交平台

社交平台是指微信、微博和QQ等网络社交软件。这类平台的用户主要是伴随互联网长大的新一代，普遍较为年轻，再加上具有熟人传播机制等特点，用于运营短视频能获得更高的商业转化率。

3. 在线视频平台

在线视频平台有搜狐视频、优酷视频、爱奇艺、腾讯视频、B站等。这类平台本身带有一定的引流能力，将短视频放在这类平台中播放，能够起到很好的传播效果。各视频平台也是各有优势，用户可以根据需求进行选择，下面介绍几款常见的在线视频平台。

（1）B站源于垂直细分下的二次元领域，渐渐发展成为多领域的短视频与长视频综合平台。用户群体主要以"90后""00后"为主，身份多样，兴趣广泛，具有较高的文化自信、道德自律和知识素养，对新鲜事物有好奇心，消费能力较强，并且具有较强的创新意识和创新能力。经过10余年独特的文化和运营策略发展，B站成功从小众文化社区跻身主流互联网平台。

（2）西瓜视频的本质是一款信息流资讯软件，是由今日头条孵化而来的个性化推荐的短视频平台。西瓜视频拥有众多垂直分类，专业程度较高。95%以上的内容属于职业生产内容（occupationally generated content，OGC）和专业机构生产内容（professional generated content，PGC）。该平台采用人工智能精准匹配内容与用户兴趣，致力于成为"最懂你"的短视频平台。

创作者为西瓜视频平台提供内容，同时获得收入分成；广告商为西瓜视频提供收入，同时获得流量；用户为西瓜视频提供流量，同时获得内容。三者形成一个闭环，彼此赋能并推动彼此增长。

（3）小红书是广告价值较高的数字媒介平台，其优势也是显而易见的。

从"文化输出"方面小红书产品的推荐"笔记"，新潮好看，容易激发用户的购买欲。简单来说，小红书的"笔记"不是在"带"货，而是在"带"一种生活方式。

小红书通过用户"线上分享"消费体验，引发"社区互动"并推动其他用户"线下消费"，反过来又推动更多"线上分享"，最终形成一个正循环。

小红书以"种草"笔记来"带货"直播，其"种草效应"引发了消费潮流，许多女性用户通过分享穿搭、化妆技巧、品质好物等内容，传达一种追求品质的生活理念，不仅利于平台发展，也能更好地满足用户和品牌商家的多样化需求。

小红书以图文、短视频作为"笔记"形式，主打各种潮流好物、"网红"产品，符合年轻人乐于追求新鲜事物和高品质生活的消费观念。用户按照"看、买、用、分享"4个步骤，首先寻找优质产品，然后体验使用优质产品的乐趣，最后自发交流、互动带动消费，形成了良好的消费循环。

（4）微信视频号支持创作者发布时长3秒至60秒的视频，并支持添加地理位置和公众号文章链接。在发布视频时可以点击"标签"进入话题页面添加"#话题标签#"，与微博话题类似。但要注意的是，微信视频号并不等同于朋友圈，它属于新兴的内容创作平台。相对于其他短视频平台而言，微信视频号用户规模大，因为微信在全球范围内支持20多种语言，覆盖了200多个国家和地区。微信视频号为短视频生态圈内的所有人提供更加庞大的流量体系，使内容创作者、商家都能得到流量支持。

微信视频号自带社交属性。用户在观看完感兴趣的视频后，可以直接将其转发给微信好友或分享到朋友圈。微信视频号支持创作者添加公众号链接，因此微信视频号可以与公众号互相引流。以社交推荐为主，开创新型推荐模式。基于兴趣的算法推荐模式，以保证每个用户能看到自己感兴趣的内容。

如今视频号已经逐步打通了微信内众多生态，与公众号、小程序、企业微信、搜一搜、微信支付形成一体，为品牌打造了一个巨大的"池"，帮助企业构建流量闭环，实现私域流量价值增长。

四、短视频产业链与生态圈

随着用户对短视频的热衷与喜爱，短视频行业发展迅速，目前已进入白热化阶段。同时，内容良莠不齐、用户黏性低及侵权等问题也开始出现。所以构建短视频良性发展生态圈，促进短视频行业的健康发展成为重中之重。自2016年短视频飞速发展以来，短视频成为人们接收信息、交往表达的主流方式，由此也培养了一批忠诚的用户，形成独特的产业链和生态圈，如图1-8所示。

短视频产业链与生态圈

中国短视频平台的配套产业链较为成熟，主要包括上游内容生产方及MCN（multi-channel network，多频道网络）机构、中游内容发布方以及下游用户群体。上游内容生产方分为用户生产内容、专业生产内容、专业用户生产内容（professional user generated content，PUGC）、职业生产内容。上游生产内容并通过MCN公司进行包装整合或者直接

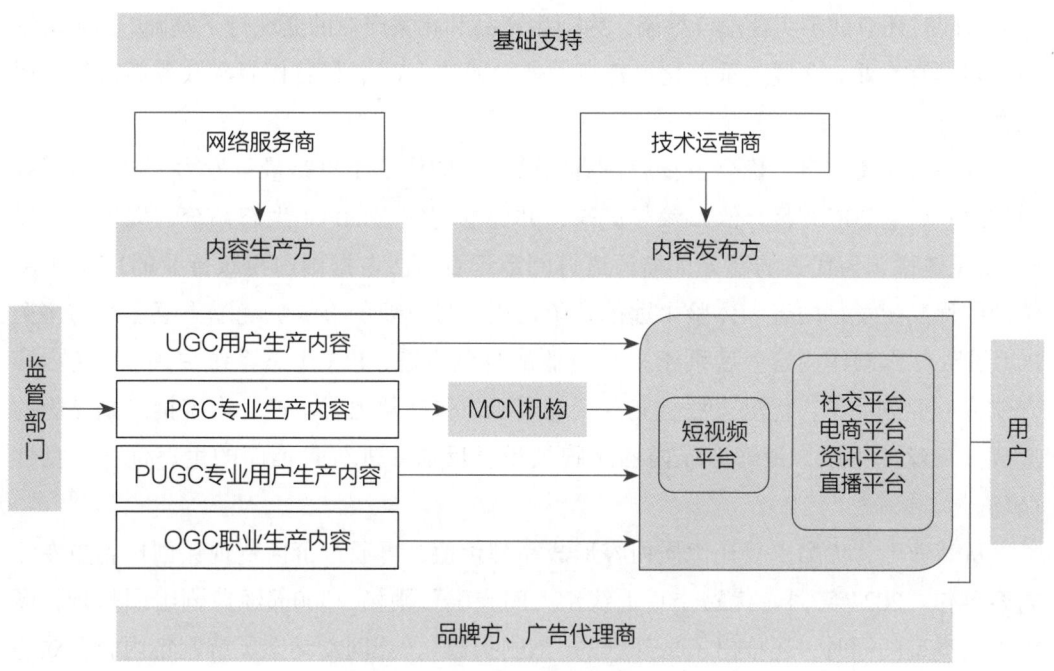

图1-8　短视频行业产业链和生态圈

分发至中游平台。近年来，随着短视频应用领域逐渐扩大，中游内容发布方涵盖了移动短视频类平台、社交类平台、新闻资讯类平台以及传统的在线视频平台。创作者在中游平台端上传视频后，平台将通过基础技术支持设备以及智能算法推荐发送给下游用户终端，形成完整的产业链。

（一）用户生产内容

UGC即用户原创内容，是一种用户使用互联网的新方式，即由原来的以下载为主变成下载和上传并重，普通用户都可以生成自己的内容，并将自己原创的内容通过互联网平台进行展示或者提供给其他用户，获取经济回报或维系感情，形成一个多、广、专的局面，对人类知识文明的传递和感情的联络起到了非常大的作用，例如，朋友圈、公众号、微博、抖音、B站等平台上的内容都是用户直接生产并发布。

需要注意的是，UGC的优势是普通用户可以在平台上自由上传内容，丰富网站内容，但这样会造成内容的质量参差不齐，可能会有错误、虚假和片面的内容。

（二）专业生产内容

PGC指专业生产内容（视频网站）和专家生产内容（微博），用来泛指内容个性化、视角多元化、传播民主化、社会关系虚拟化的表现。现专业视频网站大多采用PGC模式，其分类更专业，内容质量也更有保证。PGC使平台的知名度和声誉也得到有效的保证，同时还有助于实现用户导流，为衍生产品和相关产业的变现打下基础，PGC机制的内容具有专业、深度、垂直化等特点，如微博"大V"、科普作者和政务微博号多属此类。

合一集团（前身：优酷土豆股份有限公司）的优酷土豆是最早发力于PGC的视频网站之一，让PGC内容合伙人参与进来，并建立起完善的PGC生态系统，以《暴走漫画》《飞碟说》为代表的部分优酷频道订阅数近百万。占据国内视频行业的1/2的市场份额的优酷土豆，内容和体验永远都是留住用户最重要的方式。优酷土豆已经与多个PGC团队合作制作内容。区别于视频行业的自制生态，PGC生态系统更关注PGC内容合伙人的原创品牌，优酷土豆会充分调动资源，包括从内容生产、内容推广到品牌的形成、粉丝的汇聚，最终形成内容品牌被粉丝反哺并进行自推广的生态优化、良性循环。

从商业上，优酷土豆让优质内容形成品牌价值，再通过价值变现让创作者更专注内容创作。2024年7月，优酷土豆上线"人间宝酷"剧场，300部经典剧组团呈现，涵盖不同类型的同时，还推出了每部剧的"N刷指数"，让网友动态了解剧集内容受欢迎程度。

（三）专业用户生产内容

PUGC指在移动音视频行业中，将UGC+PGC相结合的内容生产模式，是以UGC形式，产出的相对接近PGC的专业音频内容。PUGC集合了UGC、PGC的双重优势，有了UGC的广度，通过PGC产生的专业化的内容来更好地吸引、沉淀用户。喜马拉雅FM首创PUGC生态模式，引领音频行业的创新，帮助平台上的主播实现"微创业"，如图1-9所示，喜马拉雅FM拥有丰富的音频内容生态，包括最头部的PGC专业内容、PUGC及UGC内容；涵盖泛知识领域的金融、文化、历史类专辑，泛娱乐领域的小说和娱乐类专辑；适合少儿的教育内容，适合中老年的经典内容；内容上既有音频播客的形式，也有音频直播的形式。2023年，喜马拉雅的平均月活跃用户达到3.03亿，移动端主应用程序平均月活跃用户在中国在线音频应用程序中排名第一。以同期在线音频收入计，公司占据25%的市场份额。

图1-9 喜马拉雅FM

（四）职业生产内容

OGC通过具有一定知识和专业背景的行业人士生产内容，并领取相应报酬。OGC的生产主体是从事相关领域工作的专业人员，其生产主体是具有相关领域的职业身份如记者、编辑，因此OGC内容的典型特征就是质量高，由于其内容生产掌握在专业职业人员手中，自然能给用户提供高质量的有深度的内容。

> **拓展知识**
>
> 内容生产方之间既有密切联系又有明显的区别。一个平台的PGC和UGC有交集，表明部分专业内容生产者既是该平台的用户，也以专业身份贡献具有一定水平和质量的内容，如微博平台的意见领袖、科普作者和政务微博。PGC和OGC有交集，表明一部分专业内容生产者既有专业身份（资质、学识），也以提供相应内容为职业（职务），如媒体平台的记者、编辑，既有新闻的专业背景，也以写稿为职业领取报酬。目前，短视频上游内容生产方主要包括博纳影业、正午阳光、五元文化、大禹网络、新片场、青藤文化、薇龙文化等。

随着各类内容的不断发展，MCN"网红"经济运作模式为适应短视频专业化发展应运而生。一方面，MCN将不同类型、风格、题材的内容联合起来，通过大数据分析，了解用户需求，实现精准的内容生产，稳定输出，更快更好地实现商业变现，另一方面，MCN对用户画面进行标签细化，为广告主定位目标人群，实现广告的精准送达以及优化升级。MCN机构可获得平台专属资源和政策倾斜，通过运营不断提升旗下账号的矩阵规模和活跃度，扩大品牌影响力，提升商业价值。

中游内容发布方包括短视频平台、社交平台、新闻资讯平台、电商平台、垂直平台、直播平台和传统的在线视频平台等。短视频内容分发参与者众多，移动短视频App有抖音、快手、腾讯微视、西瓜视频、好看视频、梨视频等；内容分发平台主要有社交类应用如微信、QQ、新浪微博、小红书等；资讯类平台如知乎、今日头条等，此外，传统视频平台也涵盖短视频内容分发，如腾讯视频、优酷视频等。

除此之外，短视频产业链与生态圈还包括了产业链参与主体，基础支持方的网络服务商、技术运营商、品牌方和广告代理商以及监管部门。

在技术支撑方面，以剪映、快影为代表的拍摄工具，帮助用户实现拍摄剪辑，后期一体化操作，尤其是模板，极大地增强了用户参与的积极性，实现一键操作。以腾讯云、阿里云、华为云、百度智能云为代表的大数据，如图1-10所示，在用户画像标签化、广告精准投放等数据运营方面发挥着巨大的作用。

图1-10 剪映、快影、腾讯云、阿里云、华为云、百度智能云

在网络支持方面，以中国联通、中国移动、中国电信和中国广电为代表的网络服务商，为用户提供在线网络支持，在没有宽带和Wi-Fi的情况下，用户通过手机流量，便可以随时随地享受网络服务。以支付宝，微信支付为代表的支付渠道提供了线上线下一体化商业服务，使市场得到了极大的拓展。用户可以随时利用休闲时间在线学习、娱乐和购物。

在品牌方面，品牌方主要负责短视频的商业变现，通过在具有一定粉丝基础的短视频账号上投放广告，搭建广告商和用户之间的沟通桥梁，实现广告的精准投放。用户则可以实现短视频的创收盈利目标，达成双赢。

上游内容生产方、中游内容发布方、下游用户群体以及监管部门、MCN机构、技术支撑机构和品牌方构成了比较完整的短视频行业产业链及短视频行业持续健康发展的生态圈。

五、短视频运营流程

短视频的制作流程可分为：前期定位策划、中期拍摄剪辑、后期运营变现。

（一）前期定位策划

前期定位策划指制作短视频前的一系列准备工作，主要包括团队组建、定位策划、内容准备和脚本设计等。

短视频运营流程

（二）中期拍摄剪辑

短视频中期拍摄是将创作者的创意构思转换成视频的过程，是整个流程中最为重要且繁杂的环节，需要团队成员协作完成。通常情况下有以下步骤。

（1）在拍摄前要先布置好场景和灯光。

（2）拍摄期间由导演把控全场，指导演员表演，演员需熟记剧本台词，配合演出相关角色。

（3）摄像师需要理解脚本，根据脚本设计，运用镜头技巧完成拍摄任务。

（4）剪辑处理是创作者利用手机或电脑对拍摄好的素材进行剪辑、校色、配音、添加效果和制作字幕等操作，最终输出短视频并进行发布。

（三）后期运营变现

后期运营变现指管理经营短视频，包括如何实现账号的快速涨粉，保障账号内容的持续性输出和健康发展；如何借助短视频的力量让内容更具有传播力，实现流量的商业变现。后期运营变现主要探讨和实施以下几个方面。

（1）内容生产方如何借助短视频平台设计、制作、拍摄、剪辑更多优质内容，在短视频平台如何进行分发。

（2）分析如何获得更多播放量、点赞、转发，以及吸引用户、增强用户黏性，在流量有所保障的前提下，提升变现能力。

（3）如何进行市场化运作，如接广告、发展粉丝经济、开拓产业链等，从而保障短视频账号的长期可持续发展。

具体来说，短视频运营可以细化为短视频渠道运营、短视频内容运营、短视频用户运营、短视频社群运营等。短视频的运营对于短视频行业形成短视频内容生产、分发、变现的良性循环生态圈具有关键的作用。

六、短视频行业风险与挑战

（一）短视频行业的法制法规

1. 政策监管趋严

近年来，随着短视频行业的快速发展，也出现了一些不良现象，如低俗、暴力、虚假等短视频内容，侵犯他人知识产权，误导未成年人沉迷网络等。为此，国家相关部门加强了对短视频行业的监管，出台了一系列政策来规范短视频内容的生产和传播。随着国家"净网行动"的推进，"清朗"专项行动、知识产权保护政策、短视频行业支持政策等的推进，例如，抖音严格打击昵称、头像、简介、封面，擅自使用相似、相同名称，仿冒国家机构、新闻媒体、企事业单位等误导大众的行为。这些政策对于规范短视频行业发展、维护网络安全和社会秩序有积极作用，但也给短视频平台和创作者带来了一定的压力和挑战。

2. 版权保护难度大

短视频作为一种新兴的传播媒介，其版权保护问题一直是一个难点。由于短视频内容的多样性、碎片化和快速传播性，导致版权归属难以确定，侵权行为难以追究，维权成本高昂。同时，由于我国短视频行业的版权意识较弱，缺乏有效的版权管理机制和制度，导致版权纠纷频发，影响了短视频行业的健康发展。因此，短视频平台和创作者需要加强版权保护意识，建立合理的版权分配机制，遵守相关法律法规，维护自身和他人的合法权益。

3. 自觉自律遵法守德

运营短视频作为一种盈利手段，受到法律法规的限制，拍摄时都要遵循相关的法律法规。例如，在视频中恶搞人民币、国旗、国歌或者穿警服、军装拍摄视频等行为，触碰了法律红线，该视频一经发布，视频拍摄者和发布者将会承担相应的后果。因此，运营短视频要坚守道德底线，做到不发布涉及他人隐私的视频及含有虚假消息，特别是未经验证的病例知识或者是偏方等内容的视频。

另外，短视频平台的规则也是不能违反的，否则可能导致视频权重降低或者被封号等严重后果。虽然不同的平台规则不尽相同，但都包括"不能营销、出现硬广和Logo"，不能盗用他人的短视频或含有水印，不能触碰黄、赌、毒与血腥暴力等，例如，不能出现危险武器、危险动作，伤害自己和他人的行为；不能发布封建迷信，如面相、手相之类的内容。

（二）短视频行业发展趋势

1. 内容生态多元化

短视频内容创作领域日益丰富，从早期的休闲娱乐不断拓展至新闻、科普、教育等多领域，满足了用户的多样化需求。随着用户对短视频内容的品质和深度等要求的不断提高，短视频平台和创作者也需要不断提升短视频内容的质量和创新性，打造更加多元化和丰富化的内容生态。例如，抖音推出"抖学堂"板块，聚合教育、科普、文化等知识类内容，为用户提供有价值的信息和知识；快手推出"快手小说"板块，涵盖有声小说、漫画等文学类内容，为用户提供有趣的故事和想象。

2. 商业模式多维化

短视频平台在吸引了大量的用户和流量后，也在不断探索更加多元化和更深层次的商业变现模式，实现多维场景融入和跨界发展。例如，"短视频+直播"模式将短视频内容与直播互动相结合，为用户提供更加真实和生动的体验，同时为创作者和平台带来更多的收入来源；"短视频+政务"模式将短视频内容与政务服务相结合，为用户提供更加便捷和高效的政务信息和服务，同时为政府部门提供更加广泛和有效的宣传渠道；"短视频+媒体"模式将短视频内容与媒体报道相结合，为用户提供更加及时和全面的新闻资讯，同时为媒体机构提供更加灵活的创新和传播方式。

3. 技术支持智能化

短视频平台在提供优质内容和服务的同时，也需要不断提升自身的技术水平和服务水平，利用人工智能、大数据、云计算等技术手段，实现对内容生产、分发、管理等环节的智能化支持。例如，利用人工智能技术进行内容审核、推荐、匹配等功能，提高内容质量和用户满意度；利用大数据技术进行用户画像、行为分析、市场预测等功能，提高用户黏性和市场竞争力；利用云计算技术进行数据存储、处理、传输等功能，提高数据安全性和效率。

4. 竞争激烈

目前，中国短视频市场已经形成了以抖音和快手为代表的头部平台格局，但也有腾讯、新浪、百度等大型资本加码短视频赛道，推出微视、百度好看等自有平台或投资其他平台，短视频平台之间的竞争从内容数量转向内容质量和创新能力。因此，短视频平台需要不断提升自身的技术水平和服务水平，打造差异化的产品特色和用户体验，增强用户黏性和忠诚度。

思政园地

一条短视频，赔偿8800元

广东省清远市连南法院寨岗人民法庭成功调解一起因在短视频平台发布不良言论引发的名誉权纠纷案件。2023年7月，吴某在连南瑶族自治县某商店购买零食，因称重及会员折扣问题与店员发生争吵。离开商店后，吴某心存不忿，在某短视频平台发布视频，编造该店存在缺斤少两的情况。该短视频被点赞和评论150余条、转发110余次。

该商店认为，吴某在短视频平台指名道姓进行公开抹黑，诽谤该店缺斤少两，通过经营额周期对比图分析，吴某的行为对该店经营造成了一定的负面影响，遂起诉至法院，要求吴某删除视频，进行赔礼道歉，并赔偿名誉损失5万元。

为避免事件进一步发酵，承办法官受理该案后，立即向双方当事人了解事情的原委，并迅速组织调解。调解过程中，承办法官积极疏导双方当事人的对立情绪，进行释法析理、耐心劝导。最终，吴某与该商店自愿达成调解协议，向该商店进行赔礼道歉并赔偿名誉损失8800元。吴某称："早知道发一条短视频也能造成名誉权侵权，我一定不会发这个视频。这个教训真是深刻呀。"

《中华人民共和国民法典》第一千零二十四条规定：民事主体享有名誉权。任何组织或者个人不得以侮辱、诽谤等方式侵害他人的名誉权。

所以，人们在享受网络言论自由的同时，要恪守法律底线，切勿因泄一时之愤，随意发布与事实不符的内容来侮辱诽谤他人，侵犯他人的合法权益。当自己的合法权益受到损害时，应当做到理性表达，通过合法合规的方式进行维权。

同步练习

一、单选题

1. 短视频是视频长度从15秒到（　　）分钟不等的时间较短的视频。
   A. 1　　　　　B. 2　　　　　C. 3　　　　　D. 5

2. 由普通用户自主创作并上传内容的是（　　）。
   A. UGC　　　B. PGC　　　C. PUGC　　　D. OGC

3. 以下属于独立短视频平台的有（　　）。
   A. 抖音　　　B. 微信视频号　　　C. 哔哩哔哩　　　D. 腾讯新闻

4. 为专业用户生产内容或明星生产内容是（　　）。
   A. UGC　　　B. PUGC　　　C. OGC　　　D. PGC

5. 引导用户一同学习，营造了积极良好的学习氛围，成长为我国用户规模大、内容丰富的主流学习平台之一的是（　　）。

  A．抖音   B．小红书   C．哔哩哔哩   D．西瓜视频

二、多选题

1. 短视频是融合了（　　）的可视听的、生动丰富的传播媒体。

  A．图像   B．文字   C．音效   D．动作

2. 短视频内容分发平台中属于社交类应用的有（　　）。

  A．新浪微博 B．微信   C．爱奇艺   D．QQ

3. 短视频的产业链条主要包含了（　　）。

  A．内容生产方 B．内容分发方 C．用户群体 D．MCN机构

4. 以下属于独立短视频平台的有（　　）。

  A．抖音   B．快手   C．微信   D．微博

5. 短视频内容创作"禁区"包含（　　）。

  A．黄、赌、毒 B．血腥暴力 C．封建迷信 D．药品、保健品

三、填空题

1. 短视频内容常见的主题类型有_____、_____、_____、_____、_____。
2. 短视频营销优势主要体现在三个方面：一是_____；二是_____；三是_____。
3. 综合类短视频平台有_____、_____、_____。
4. 短视频产业链与生态圈主要包括上游的_____和_____，中游的_____，下游的_____，除此之外短视频产业链与生态圈还包括了产业链参与主体：基础支持方的_____、_____、_____和_____以及_____。

四、简答题

1. 简述短视频的特征。
2. 简述短视频行业发展趋势。

🖥 任务实施

  任务：为项目任务策划系列短视频，确定其主题内容、短视频类型，并选择运营平台。

以当地的旅游与电商融合为大环境，进行考察选题，确定选题为"某"休闲生态旅游区或最美乡村为项目任务，策划系列短视频为宣传推广的工作任务。

（一）实训背景

（1）大数据资料：收集和检索本地区的休闲生态旅游区或最美乡村的相关信息和资料。

（2）实地考察：结合对本地区的休闲生态旅游区或最美乡村的相关信息和资料的深入了解，进行实地考察，从风景、人文、生活（美食、娱乐）、产业经济各方面进行实地考察，确定选择"某"最美乡村，进行短视频运营的工作项目式训练。

（二）实训目标

（1）了解短视频分类及平台特色。
（2）掌握根据实际情况选择短视频的类型、适合的平台选择。

（三）实训内容

根据大数据资料和实地考察，确立项目选题为"某"最美乡村短视频运营，从风景、人文、生活（美食、娱乐）、产业经济各方面对相关资料进行综合分析，为不同的内容选择适合的短视频类型及平台，同一类型也可以选择多个平台。

根据前期调研材料结合实训背景，分析并完成表1-1。

表1-1　　　　　　"某"最美乡村短视频运营

主题内容	短视频类型	选用平台

完成实训任务后，教师安排小组之间互相评比，随后教师对各个小组的实训做出评价。

任务二　短视频定位与策划

随着短视频的火爆发展，短视频领域的竞争越来越激烈，短视频创作者要想在竞争激烈的市场中获得一席之地，就必须做好前期规划，全面布局账号运营。创作者只有做出合理的规划，才能确保正确的创作方向，打造出优质的短视频作品，从而提升自身的核心竞争力。

案例导读

评测类短视频账号，知识领域的垂直细分

在一个平常的夜晚，一位父亲给女儿包书皮时，书皮传来的刺鼻味道让他产生了警觉。为了证实自己的不安，他自费将书皮送去了检测机构，而检测结果令他咋舌——书皮中含有有毒物质。

出于责任，他将检测结果放到了网上，并将检测过程拍成了纪录片，一时间吸引了大量家长的目光。这件事情之后，很多家长来找他检测各种物品，众多家长的期待、领域的稀缺、较大的社会价值，再加上该领域多年的从业经验，最终他决定辞职专职做评测，于是他创建了评测类短视频账号，专注生活用品的检测。

该短视频账号使用科学的方法，对市售产品进行调查和检测，发现生活中的有毒产品，担任消费者的质控平台，甄选出安全放心的产品并推荐给公众。

由于该类选题的特殊性，他将物品检测的过程分别用真人口述形式、图文形式和文章形式进行记录，并投放各大短视频平台，不仅为用户做了免费的科普，也为自己吸引了大量粉丝。

该短视频账号火了之后，他并没有为了流量，蹭各种社会和网络热点的热度，而是一直坚持自己做账号的初衷，在评测领域做垂直细分，不断深入挖掘。

问题导学

在竞争激烈的"互联网+"新媒体火爆的时代，想要做好短视频，首先要精准定位短视频和目标客户，并做好内容及运营策划。请思考：

1. 短视频定位包括哪些内容？
2. 从哪几个方面策划短视频？

一、短视频团队建设

工欲善其事,必先利其器。开展短视频运营工作,首先要了解短视频运营的整个工作流程,熟悉每个环节的工作内容,需要配备什么样的人才等。越是专业的短视频运营团队,分工就越精细,每部分的工作都会由专人负责。短视频创作者要了解团队成员的构成,根据实际工作需要确定团队人员配置。

(一)短视频运营团队的主要构成

从人员的分工来看,我们可以大致把运营团队的成员划分为内容运营人员、用户运营人员和推广运营人员三大类别,运营团队的主要人员分工如表2-1所示。

短视频团队建设

表2-1　运营团队的主要人员分工

类别	具体事务
内容运营人员	编辑、审核、新媒体内容运营、品类运营等
用户运营人员	核心用户运营、达人用户运营、活动运营、客服等
推广运营人员	营销推广、渠道推广、商务合作、新媒体推广、社区推广、活动推广等

理想状态下,一个短视频运营团队应该由十几个人组成,有能力的企业可以考虑为每个岗位都配备专业的人员,成长型企业可以考虑招聘若干名复合型人才,个人自媒体则需要考虑怎样通过学习弥补自身的不足。

通常,一个完整的短视频团队人员构成包括导演、编剧/策划、演员、摄影师、剪辑师、运营人员、辅助人员等,不同岗位人员对应不同职责,彼此分工协作,共同创作优秀的短视频作品,如表2-2所示。

表2-2　短视频团队中各职能人员的所需职能及工作职责

职能	所需职能	具体工作
导演	领导能力 判断能力 应变能力 沟通能力	(1)组织协调内外部团队,保持多方密切沟通,把握短视频风格及内容方向 (2)把关内容策划及脚本 (3)参与短视频拍摄及剪辑 (4)监督整个短视频制作过程
编剧	快速抓取热点 观察能力 策划能力 沟通能力	(1)收集和筛选短视频选题 (2)制作短视频策划方案及完整的创作构思方案 (3)撰写短视频脚本 (4)参与拍摄与录制,推动拍摄任务的实施 (5)参与后期剪辑、视频包装等

续表

职能	所需职能	具体工作
演员	角色演绎能力 表演能力	（1）根据编剧创作的短视频脚本完成短视频剧情表演 （2）外拍时对路人进行采访
摄像	了解镜头和脚本语言 拍摄技巧、运镜技巧 视频剪辑技巧	（1）参与策划拍摄的场景、构图和景别 （2）完成场景布置和布光 （3）按照脚本拍摄短视频 （4）编辑和整理视频素材
剪辑	分析素材能力 剪辑能力	（1）根据脚本完成视频剪辑、特效制作和添加音乐等 （2）根据脚本指导拍摄过程中的场景和灯光布置
运营	案例分析能力 学习创新能力 人际交往能力 自我调节能力	（1）负责各个平台的短视频账号的运营 （2）规划短视频账号的运营重点和内容主题 （3）与一些短视频达人联系并促成合作 （4）负责与用户互动，留住用户
辅助人员	灯光：搭建摄影棚，布置灯光，负责拍摄过程中的灯光控制等	
	配音：为演员或内容主体配上标准的普通话或所需要的语音	
	录音：根据导演和脚本的要求完成短视频拍摄时的现场录音	
	化妆造型：根据导演和脚本的要求给演员化妆和设计造型	
	服装道具：根据导演和脚本的要求准备好演员的服装及相关道具	

（二）短视频运营团队的主要工作

短视频日常运营团队最主要的工作就是通过实施运营策略来实现增长，其中包括粉丝的增长、流量的增长、收入的增长、利润的增长等。短视频日常运营团队要经常思考以下问题。

1．如何打通各个环节，开展运营工作

如果想做到短视频内容既能围绕公司的运营战略，又能产出新鲜的故事给用户，短视频日常运营团队就必须对公司的每一个人、每一个环节、每一个产品有着全面而详细的了解，只有这样他们才能将企业的营销与有趣的内容有机结合起来。所以打破壁垒、打通障碍，建立起一个跨职能部门的短视频运营团队是必要的。

2．如何了解用户、满足用户需求

短视频日常运营团队不但要用定性的方法去观察、洞察、考察他们的用户，还要用大数据类的定量方法去跟踪、记录、分析、计算他们的信息。因为只有这样，短视频日常运营团队才能知道其目标用户究竟是什么样的人、喜欢什么样的故事、拥有什么样的价值观念。

3. 如何实时跟进、调整运营策略

短视频日常运营团队要做到快速地试错、实时地调整、不断地跟进。今天的这条短视频为什么会失败，是因为话题招来了用户的强烈反感，还是因为故事中出现的新"人设"与目标用户人群的期望存在较大差异？根据今天的整体数据和营销效果，确定明天的短视频内容应该做出什么样的调整。

二、短视频定位

内容创作者在进入短视频平台时，首先要根据自身的资源、特长、市场需求，以及短视频的运营目的来进行准确定位。如果内容创作者不进行短视频账号定位和长期规划，就会影响到其短视频的内容分发，以及在短视频平台的发展。

短视频定位1

（一）目的定位

短视频创作团队需要明确策划的目的和自身账号发布短视频的初级目的是什么，才能策划出精准、优质的内容。

1. 品牌营销或政务宣传

企业运营短视频账号的目的多是进行品牌营销，扩大品牌的影响力。具体来说，企业通过短视频进行品牌营销包含4个内容。

（1）品牌推广。企业想在竞争激烈的市场中占有一席之地，除了要拥有核心竞争力以外，还要善于营销，对品牌进行多渠道曝光，以提升品牌的知名度，扩大品牌的影响力。某品牌是一个以东方彩妆为理念的彩妆品牌，它在抖音上注册了企业号，在企业号中发布品牌宣传等短视频合集，获得了不错的播放量。

（2）产品发布。品牌的新品发布通常需要增加曝光度，以达到宣传的目的。另外，新产品发布也需要达到促进App下载、线下销售或者电商平台销售等目的，而这些都需要品牌推动的新产品在各个平台进行官宣亮相。此时，短视频平台因其发布及时、传播速度快，而成为许多品牌新产品发布的首选宣传途径。vivo手机通过短视频平台进行新品发布会宣传，如图2-1所示。

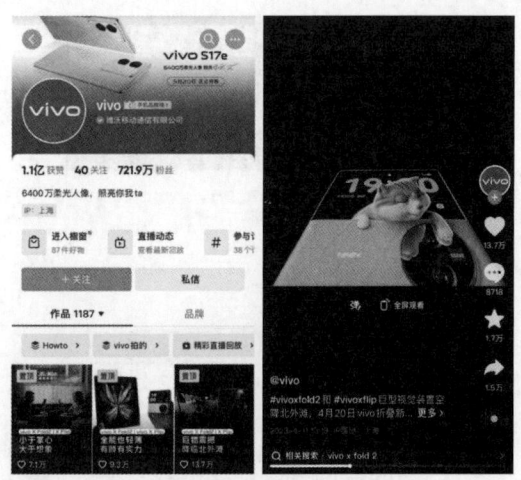

图2-1 vivo手机通过短视频平台进行新品发布会宣传

（3）话题营销。品牌通常会选择利用网络进行关于品牌或产品的话题营销宣传，这种品牌宣传又分为软性话题和硬性话题两种营销方式。

①软性话题营销通常与社会实时热点结合，软性植入品牌广告成分，通过热点话题触达用户，软性输出品牌观点。

②硬性话题营销包括联动关键意见领袖对品牌进行讨论、分析、曝光，增加品牌知名度和讨论度。

（4）品牌文化。一些品牌会通过短视频平台表达企业核心价值观、发展愿景，展现企业品牌定位、发展战略、管理策略、创新战略、产品策略、产业体系和服务体系等。阿里巴巴在抖音短视频中通过其官方账号发布宣传品牌文化的短视频。

政务宣传是短视频平台中政务账号所具有的主要功能之一，在进行短视频账号定位时，内容创作者首先需要了解进行政务宣传有哪些主要方向和功能，然后再进行具体的内容创作，下面进行具体介绍。

（1）宣传阵地。对于进行政务宣传的政务账号来说，庞大的用户群体与播放量使得短视频平台成为舆论引导和优秀文化传播的重要阵地。例如，国家消防救援局官方抖音号通过短视频账号发布以"揭秘消防员灭火救援战斗的背后"为主题的短视频内容，展示消防救援背后对消防战士的全方面生活保障，如图2-2所示。

（2）教化监督。除了宣传阵地的角色外，政务媒体还承担着教化监督的作用。政务媒体可以在抖音短视频中通过官方账号发布具体的案例视频，现场说法，向用户传播、分享知识，以此来树立正确的价值观、世界观，维护和宣传社会正能量。例如，中国法院网通过短视频平台普及法律知识，如图2-3所示。

（3）信息发布。进行政务宣传的政务账号在重要信息的发布上具有权威、准确、及时的特点，而且在相关信息的解读上、法律法规的使用上的关键作用更是不可替代的。

图2-2　中国消防短视频宣传

图2-3　中国法院网通过短视频平台普及法律知识

例如，人民日报通过短视频平台发布官方信息，如图2-4所示。

（4）协同办公。政务账号利用短视频平台进行信息发布、形象宣传、便民服务等活动，有利于改善政府机构的形象，拉近其与民众的距离，而且利用短视频平台发动群众协同工作，也能在一定程度上提高政府机构的工作效率。例如，央视网在短视频平台进行信息发布，如图2-5所示。

（5）舆论引导。随着当代社会组织形式和信息传播方式的变化，主流意识形态不再仅仅通过各种组织和行政力量来推行，而是更多通过大众媒体进行传播。政务媒体应在发挥传统媒体作用的同时，着力抓好新型媒体的运用和管理，使其成为意识形态工作的新平台，抢占思想舆论阵地的制高点。政务账号本身具有权威性，在许多事件中都起到了很大的舆论引导和推动案情进展的作用。例如，央视新闻通过短视频平台发布消息，如图2-6所示。

图2-4　人民日报通过短视频平台发布官方信息

图2-5　央视网在短视频平台进行信息发布

图2-6　央视新闻通过短视频平台发布信息

拓展知识

短视频创作者可以将自己打造成某个领域的"达人"，目前，在短视频平台，常见的"达人"类型有以下五种。

才艺型。创作者拥有唱歌、跳舞、绘画、制作美食、特效制作等才艺。

搞笑型。创作者借助幽默、搞笑的剧情或表演娱乐大众。

情感型。创作者善于洞察人的心理，通过剧情演绎、心理解读等方式抒发情感，引起用户情感共鸣。

专家型。创作者通过向大众分享某些领域的专业知识、资讯等树立自己的专家形象。

非真人。可爱的动物，或者动物形象等。

2. 展示自我

短视频创作者如果有一技之长，就可以通过拍摄短视频展示自我。这里的"技"不局限于厨艺、琴棋书画、舞蹈等传统意义的特色，在短视频时代，任何方面只要比他人突出，就有可能吸引观众的目光。展示自我的定位尤其适用于有分享欲、表达欲的短视频创作者，出于分享和表达的渴望，灵感才能源源不断，积累更多素材。

创作者如果想要在短视频平台将自己打造成某领域的"达人"，就要根据自身条件，从自己擅长的领域切入，这样更容易成功。例如，某美食账号的运营者擅长制作各种家常菜，在抖音上发布制作各种菜肴的短视频，吸引了众多粉丝的关注。

3. 销售商品

如果商家有相应的货源，想要通过网络销售，那么就可以将账号定位成"种草"账号。

短视频"种草"可以分为两种：一种是直接宣传，找准商品的卖点，简洁明了地讲述其如何解决消费者相应的痛点；另一种是间接销售，演绎一段故事情节，将商品信息植入其中。前者适用于单纯想要让自己所有的货源快速接触公域流量的账号，后者适用于一些网络红人账号，他们的对象是信任自己的粉丝，即私域流量。有些短视频创作者在账号名称中就表明了自己的定位。

（二）领域定位

领域定位，就是把领域做垂直化细分，聚焦某一领域做深做专，满足该领域用户的兴趣需求、专业知识需求、情感需求等的一种定位策略。领域定位重在找到账号在长期发展过程中的精准"赛道"，定位精准，用户画像清晰，并且也利于平台算法对账号的内容进行判断和分发，从而实现快速涨粉。

短视频账号属性和内容制作也需要垂直化，增加辨识度。我们可以根据以下三种方法来找到自己的垂直细分领域。

1. 从所属行业出发

人们可以根据自己正在从事或者曾经从事过的行业来确定垂直细分领域，因为对各自从事的行业比较熟悉了解，在工作过程中积累了很多专业知识，这样一来，人们在做短视频分享的时候能够从专业角度出发，以此获得用户的信赖和肯定。例如某博主本身是一名专业律师，于是他在短视频平台上从自身的专业出发，为用户分享法律知识。有更精准的目标用户和有竞争力的内容，能产生高效的营销效果，更好地塑造品牌。

2. 从爱好或特长出发

如果有坚持了很久的爱好或者在某方面有特长并且能够持续地输出，那么我们就可以把它拍成视频，因为是自己喜欢的事情，所以会更有热情，也更容易坚持。例如某主播是一名爱唱歌的农民，于是他在短视频平台以自己的爱好和特长出发分享短视频。

从爱好或者特长出发有以下几点优势。

更容易坚持。因为人们在自己的爱好领域中充满热情，有足够的内在动力去创造内容并分享给其他人。

拥有专业知识和兴趣。人们通常在自己的爱好领域中了解更多的内容，因此能够更好地创造与受众定位相符合、有深度、有独特性的内容。

社群建设。选择一个特定的爱好或特长领域可以吸引到同样有兴趣的用户，从而建立一个强大的社群，方便交流、合作、分享经验和开展活动。

品牌认知度提高。通过专注于特定领域来建立个人品牌，并成为该领域中的专家。这样可以提高品牌知名度和影响力，并获得更多商业机会。

3．参考平台热门领域

如果不想从事原本的行业，也没有特别的爱好或者特长，那么可以关注短视频平台上相对比较热门的领域，也就是用户关注比较多的领域。例如，根据飞瓜数据发布的《2024上半年抖音内容与电商数据报告》显示，生活风格类视频占据热门，其中随拍类视频数量远高于其他类型的热门视频，达到了总热门视频的17%，如图2-7所示。

需要指出的是，不同平台的短视频创作者生态是不一样的，即便是在同一平台，短视频创作者生态也处于一个动态变化的过程中。因此，短视频创作者要对各个平台的风格、调性有所把握，同时对趋势的变化保持敏感。这样才能做到精准定位，并结合趋势走向对垂直领域的内容不断进行迭代，最大限度地满足用户需求。

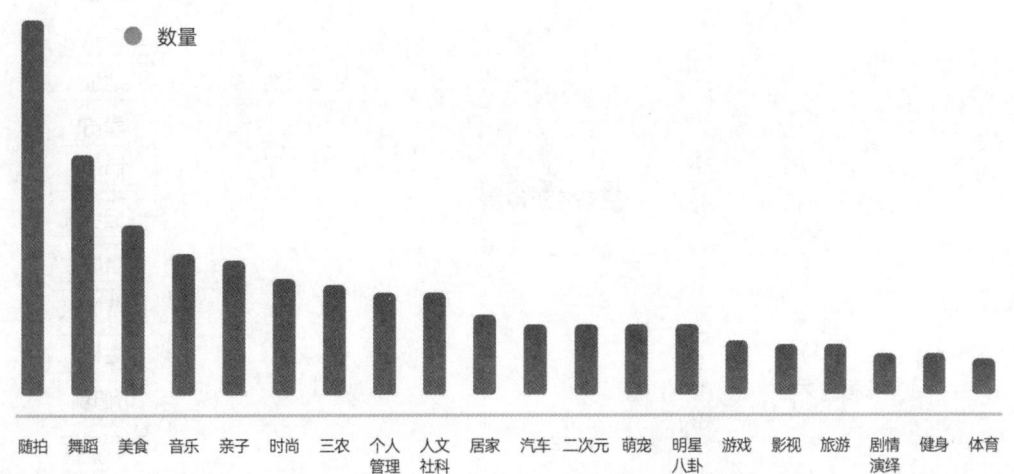

图2-7　2024年上半年热门视频内容标签

（三）用户定位

短视频平台通过某个兴趣点聚集精准用户，为用户提供感兴趣的视频内容。因此，短视频的内容创作一定要从用户出发，创作出用户

短视频定位2

喜欢看的短视频内容,这也意味着内容创作者在确定短视频账号的用户定位前,需要了解其用户群体,包括用户的基本信息、特点和需求,找出目标用户到底想要什么,最想得到什么,挖掘出用户的问题关键点,掌握用户的真实需求,这样才能拍出能传递价值信息的短视频,得到目标用户的认可。

1. 数据分类

进行短视频用户定位、构建用户画像的第一步是对用户信息数据进行分类。用户信息数据分为静态信息数据和动态信息数据两大类,如图2-8所示。

静态信息数据是进行用户定位、构建用户画像的基本框架,展现的是用户的固有属性,一般包含社会属性、商业属性和心理属性等信息。这些信息一般无法穷尽,只要选取符合需求的即可。

动态信息数据是指用户的网络行为数据,如消费属性和社交属性等。在选择这类信息时,也要符合短视频的内容定位。

2. 确定场景

描绘用户画像时,需要将用户信息数据融入一定的使用场景,这样才能更好地体会用户感受,还原真实的用户画像。采用"5W1H"法,可以确定用户的使用场景,如表2-3所示。

图2-8　用户信息数据分类

表2-3　　　　　　　　　　"5W1H"法的要素及含义

要素	含义
Who	短视频用户
When	观看短视频的时间
Where	观看短视频的地点
What	观看什么样的短视频
Why	网络行为背后的动机，如关注、点赞、评论和分享等
How	与用户的动态和静态场景相结合，洞察用户使用的具体场景

3．设计模板

提前设计好沟通模板，以防止调查访问时由于措辞不当或者提问顺序的变化而对用户造成影响，导致研究结论出现偏差。短视频创作者的沟通模板要按照用户的动态信息数据和用户使用场景来设计，具体的设计要依据自身想要获取的信息来进行。动态场景使用模板如表2-4所示。

表2-4　　　　　　　　　　　动态场景使用模板

问题	调研内容
常用的短视频平台	
使用频率	
活跃时段	
周活跃时长	
使用的地点	
感兴趣的搞笑话题	
什么情况下关注账号	
什么情况下点赞	
什么情况下评论	
什么情况下取消关注	
用户的其他特征	

在进行调查访问时，用户如果被问到对某条短视频的感受或者为何关注某个短视频账号，很可能无法说出对短视频创作者有价值的答案。因此，短视频创作者要学会充当引导者和倾听者的角色，在用户讲述时一步步引导用户并在用户回答时认真聆听，

了解他们在做出某个决定时的心态，找到用户点赞、评论短视频和关注短视频账号的原因。

4．获取信息

要想获得用户信息，需要统计和分析大量样本，为了节省时间和精力，短视频创作者可以通过相关服务网站（如飞瓜数据、卡思数据、蝉妈妈等）获取的竞品账号数据来获取用户的静态信息数据。

5．形成用户画像

整合搜集到的用户信息数据，可以大致形成抖音美妆类短视频账号的用户画像，具体示例如下。

（1）性别。女性用户占比90%以上，男性用户占比低。

（2）年龄。12～17岁用户占比约11%，18～24岁用户占比约50%，25岁及以上用户占比约39%。

（3）地域。江苏、浙江、广东、山东的用户占比较高。

（4）活跃时间。13：00～24：00为主。

（5）感兴趣的美妆话题。被推送到首页的各种美妆产品推荐内容。

（6）关注账号的条件。画面精美，产品适合自己的需求，账号持续输出优质内容。

（7）点赞及评论的条件。内容有价值、实用性强、能够引发共鸣等。

（8）取消关注的原因。内容质量下滑、产品劣质、广告过多等。

（9）用户的其他特征。喜欢美食、摄影、旅行等，偏爱有浪漫气息、格调较高的产品。

通过以上步骤，短视频创作者可以初步完成短视频用户定位。在后期的实际操作和运营当中，可以根据具体情况再做相应调整。

（四）形式定位

明确了目的定位、领域定位和用户定位之后，还需要确定短视频内容的展现形式。不同风格的短视频，其展现形式也是不同的。比较常见的短视频展现形式有：图文类、解说类、口播类、vlog类以及剧情类。

1．图文类

图文类短视频是最简单、成本最低的短视频展现形式，是通过图片搭配文字的方式来传递信息的，只要加上背景音乐就可以了。

2．解说类

解说类短视频是由短视频创作者收集视频素材，进行加工剪辑，在视频画面加上旁白解说的一种形式。常见的有视频解说、探店解说、带货解说，可以对某件事、某个人发表自己的观点，也可以进行历史科学等知识的科普。

同时，建立解说者的"人设"，赋予账号内容之外的温度和情感，使用户在欣赏有价值的内容的同时，对特定账号形成记忆，增加与短视频创作者的互动。

3．口播类

口播类短视频指的是真人出镜加说话讲述的方式去呈现知识、故事、经验技巧等内容，达到获取流量营销变现的目的。口播类短视频的优势如下。

（1）创作成本低。

（2）传播价值高。

（3）变现潜力大。

口播类短视频的文案决定着视频是否能够获得流量，所以在拍摄之前要注意收集大量素材，并把它们变成有逻辑性、符合短视频传播的内容呈现出来。口播类短视频需要有良好的表达能力，能够用自然的表情和肢体动作去传递情绪。

4．vlog类

vlog又称为视频网络日志，是创作者以影像代替文字或者照片，创作个人日志并上传网络分享给网友的视频形式。这种形式的视频重在记录生活，其主题非常广泛，如创业vlog、装修vlog、旅游vlog等。

多运用一些专业的视频拍摄技巧，后期制作时要做好场景特效，保证叙事流畅，这样拍出来的短视频才能够更容易抓住用户的眼球，受到大众的喜爱。

5．剧情类

剧情类也就是情景剧类，情景短剧形式的短视频是通过视频中人物的表演把中心思想传达给用户，其成本相对较高。因为剧情会对主题和情节有着较高的要求，所以短视频创作者要提前准备文案脚本。这种形式的短视频在拍摄时，通常要由2个以上的人来表演，并且要反复拍很多次，后期制作也比其他短视频形式复杂得多。不过，这种形式的短视频往往对用户的吸引力比较大，短视频的情节和结果如果能够让用户产生情感共鸣，"吸粉"效果会很强。

例如，某香港演员拍摄"你只有一个爸爸，不能给糖就跟着走"的剧情类短视频，传递"世界只有一个中国"的事实，获得了大量点赞和转发。

（五）主页定位

短视频账号的主页设置在很大程度上影响着用户的关注、点赞、转发和评论等行为，用户在刷到感兴趣的内容时，往往会打开该账号的主页浏览相关信息，在短短的几秒内选择关注或者退出，因此短视频账号主页也需要装饰一番。账号主页的设置要注意四个方面的内容，分别是：账号名称、账号头像、简介设置和个人背景图。

短视频定位3

1．账号名称

优质的账号名称可以使用户快速了解短视频提供的内容，提高短视频传播效率。一个响亮的账号名称，让账号更富有个性，更容易引起共鸣。取名时可以遵循以下几个原则。

（1）简单易记。在大多数情况下，账号名称要通俗、简洁、好记，账号名称中不要有生僻的字词，账号名称要便于理解和记忆，为账号后期的推广和品牌营销奠定基础。

（2）定位具体。定位具体是指账号名称要与所规划的短视频垂直内容密切关联，切忌只追求个性，名称与发布的内容没有任何关联，导致关注者通过账号名称完全看不明白账号的内容和方向，因为这将严重影响短视频的吸粉引流。可以将账号的内容或领域等信息直接通过账号名称告诉用户，让用户清楚账号的定位及发布的内容方向。

（3）个性新颖。在新媒体时代，人们对于信息洪流已经产生一定的免疫力，要想强化记忆点，账号名称不仅要信息简单、直接，还要有独特的创意和吸引力。提升吸引力的最好途径就是个性化，使自己与众不同，让用户耳目一新，以形成独特的记忆。

（4）价值体现。短视频创作者在设置账号名称时，要让用户从账号名称中了解到创作者是做什么的，在传播哪些价值信息，能够带给他们哪些知识和见解，对其思想观念有什么影响。文化上的、物质上的或者是精神上的，都属于价值体现。

2．账号头像

头像是短视频账号的视觉标识，是用户辨识账号的重要途径之一。短视频创作者选择账号头像时要遵循两个原则，一是头像要符合账号本身的特征，二是头像要清晰、美观，设置特色如下。

（1）真人头像。真人头像可以让用户在未打开账号之前就能直观地看到人物形象，有利于拉近用户与账号的距离。如果用户看到头像中人物的气质和颜值较高，或者风格独特，就很容易点击进入账号主页；如果短视频内容也不错，就很容易关注账号。

（2）图文标识。使用图文标识做头像可以明确展示出短视频的内容方向，有利于强化形象。例如，"人民日报"和"华为"手机的账号头像，如图2-9所示。

（3）动画角色。使用短视频中的动画角色做头像可以强化短视频内容中的角色形象，有利于打造动画人物IP。

图2-9　图文形式头像

（4）账号名称。使用账号名称做头像时，头像的背景应为纯色，从而突出文字，更直观地呈现账号，进而强化IP形象。

（5）卡通头像。短视频创作者可以选取一个与自己的账号内容相符的卡通形象作头像。

3．简介设置

账号简介又称个性签名，即对自己进行简单介绍，让用户更全面地认识自己。

短视频账号简介是用户决定是否关注账号的关键因素之一，一般有以下3种类型。

表明身份。例如某账号简介为"一个在晚上给你讲故事的人"。

表明领域。例如某账号简介为"贩卖人间烟火，留住人间美味"。

表明理念和态度。例如某账号简介为"所有未在美中度过的生活，都是被浪费了"。

4．个人背景图

在各大短视频App中，都会有一个"背景墙"位于个人主页的顶部，它是个人主页中，除了下方的作品栏目外，占面积最大的部分，也是最能凸显运营者格调的部分。

"背景墙"就像是个人主页的装饰，不同类型的短视频运营者会装饰出不同风格的"背景墙"，装饰得当，就可以提升整个画面的档次，让观众直接感受到运营者的审美与定位。

（六）IP定位

IP是英文单词intellectual property的缩写，原指具备知识产权的产品。现在人们通常所说的IP，广义上是指那些为广大受众所熟知和欢迎的、有巨大开发潜力的作品，通过授权或贩卖可以获得巨大的市场价值。IP运营是短视频创作者综合能力的体现。通过IP运营，短视频创作者可以打造具有辨识度和"出圈"价值的"人设"标签，从而为账号带来更强的变现能力，并助力账号实现多元化的内容生态布局。

IP的形式有很多，故事、概念、形象、话语等都可以成为一个IP的起点。比如，米老鼠是迪士尼十分经典的动漫人物IP。对于短视频来说，IP是短视频创作者综合能力的体现，能够为账号带来更强的变现能力，并助推打造多元化的内容生态布局。

短视频IP运营，就是指根据账号的属性、特点，打造鲜明的"人设"或独特的形象，放大短视频IP吸引粉丝的势能价值，突破流量天花板，进行效率更高的变现活动。

1．短视频IP的价值

短视频IP的价值有4类，分别是流量价值、持续价值、延伸价值以及情感价值。

（1）流量价值。流量价值是指短视频作品吸引粉丝、引发传播的能力。IP往往自带传播属性和流量属性，拥有巨大的流量价值，可以帮助短视频账号快速积累粉丝，引起广泛关注。某演员在某短视频平台上开通了首个个人社交账号，不到3天，粉丝数量快速突破4500万名，刷新了该平台账号的"涨粉"纪录。演员是一代人熟悉的流行文化符号，也可以说是一个极具吸引力的IP。不仅是短视频，如果开直播，同样也会吸引大量粉丝围观，这就是IP的流量价值。

（2）持续价值。持续输出内容的能力比拥有和开发"爆款"产品的能力更为重要，而这正是IP给短视频创作者带来的能力。

（3）延展价值。延展价值是指IP突破原有内容形式进入其他领域的能力。目前，IP的呈现方式多种多样，通过运营，在具备一定用户基础之后，短视频创作者可以将形象IP或内容IP延展到漫画、电影、游戏以及文化创意等领域。

（4）情感价值。情感价值是从用户角度出发对IP价值进行阐释，是指IP能够引发用户的情感共鸣，与其建立深层情感连接的能力。

打造短视频IP就是要通过内容塑造一个人格化的形象，从而让它与用户产生深层次的情感连接。

2．IP策划

要想打造IP，就需要强化人设或者内容在目标用户心中的"与众不同"，让用户快速记住，可以分别从记忆符号、差异化和锁定细分市场三个方面来进行IP的策划。

（1）记忆符号。通过不断地在用户心中强化某种记忆符号，让用户加深对此记忆符号的印象，并且能够在海量信息中第一眼就认出此账号的记忆符号。对于记忆符号，可以从视觉和听觉两种感官上进行打造。

在视觉上可以通过以下几个方面进行打造。

①人物外形。比如妆容、穿搭、配件和外表特点等。

②道具。强化某种道具，加深用户对此道具的记忆。

③标志性动作。通过某一个人物动作的反复出现，加深用户的记忆。

在听觉上可以通过以下几个方面进行打造。

①标志性的口头禅或者台词。短视频创作者可以自己设计一个标语或者口号，也是最简单的方法，在视频里向用户介绍你是谁，你在做什么，强化用户对你的认知，如表2-5所示。

②方言。短视频创作者可以通过方言作为记忆符号加深用户对账号的记忆。

③背景音乐或音效。比如某短视频账号的专属背景音乐，当音乐响起，就会想起他。

表2-5　　　　　　　　标语或口号创作公式举例

公式	举例
名字+特点形容	我是某某，一个集美貌与才华于一身的女子
名字+引关注+个人理念	我是某某，关注我，为思考点赞
名字+细分领域	关注我，某某说车，不止于车

（2）差异化。差异化可以帮助快速地脱颖而出。比如，某财经类博主，在2020年4月发布了第一条短视频，到2023年7月已收获905万粉丝，6024万点赞，那么该博主是如何在竞争如此激烈的财经赛道突破重围成为财经垂直类账号的佼佼者的呢？

该博主的大部分视频都沿用了一问一答风格，视频里，博主或是择菜、洗菜，或是擦拭烟机、柜子，一身居家打扮，顶着一张素颜，随意扎个马尾，与我们印象中的财经类博主身着西装领带，坐在精装修办公室里讲解财经知识的专业形象截然不同。她在厨房做饭或者做家务时为大家不紧不慢地普及财经知识，通过"给你讲个故事""举个例子"，用打比方的方式揭开了财经知识神秘的面纱。在小厨房里讨论金融财经，让人觉得既接地气又有趣，结尾一句"懂了啵"也成为她的标志性记忆符号。

（3）锁定细分市场。锁定细分市场，也就是说在短视频平台需要尽可能地避开竞争，尽可能把垂直领域做得更深入。比如，抖音某美食博主，同样做的是美食领域，但是一开始只专注于便当类美食，避开了平台上大部分的美食领域账号所带来的竞争。同样做美食类账号，但是只专注于自己的细分市场，这就是一个美食赛道差异化的经典案例。

简单来说，就是在你的领域中去找出一个竞争不是那么激烈的中小市场，具体分3步。

①根据不同的需求场景，列出细分市场，知道还有哪些可以选择的方向。

②判断各个细分市场的市场空间，找出哪些细分市场还有机会。

③从列表中挑选出能做并且有足够市场空间的细分领域，作为切入点。

比如，在我们通常的认知里，学拼音、识字一般针对的是幼儿园儿童或者低年级的小学生，但是随着我们国家信息技术的发展，学拼音和识字也成了一些成人的需求。

三、短视频平台建设

无论是个人还是创作团队，要做好短视频，首先都得有一个整体的规划与布局。短视频账号的规划与布局也是短视频运营工作的重要内容。选择在哪个平台进行运营，运用何种方式进行推广，是否建立矩阵等，都是短视频创作者或创作团队应当着重思考的问题。

短视频平台建设

（一）短视频营销账号矩阵布局

单个账号在短视频平台单打独斗的力量是十分有限的，通常短视频创作团队会建立多个账号，与主账号组成矩阵。不同的账号在各自的平台造势，多方位吸引"粉丝"，同时互相合作，形成传播合力，即实现矩阵营销。

矩阵营销就是建立一个传播链，通过矩阵式账号相互引流，在主账号下形成"粉丝"流量的内部引流，避免"粉丝"流失，提升"粉丝"量，同时是扩大影响力的一种方式与手段。

要拥有一个有效的账号矩阵，并不是一件容易的事，前期的科学决策与后期的悉心维护缺一不可。建立矩阵的第一步是对矩阵进行系统设计，即为矩阵中不同的账号进行精准的角色定位，每一个账号承担的角色都是独一无二的，并且每一个账号都需要按照角色定位来规划和发展。例如，矩阵中的主账号，其作用是统领其他所有账号，巩固核心账号的地位。而矩阵中的引流账号，则专门负责为主账号引流，运营者要在该账号的个性签名或视频评论区列出主账号的名称，突出自身与主账号的关系，引导"粉丝"关注主账号。

常见的矩阵模式包括四种，分别是1+N矩阵、AB矩阵、蒲公英矩阵及HUB矩阵。这四种矩阵分别适用于不同类型的短视频系列账号，新手应当取其精华，应用到自己的矩阵中。

1. 1+N矩阵

1+N矩阵是指建立一个以产品线为主导的账号矩阵，1个主账号下再开设N个产品专项账号，以此构成完整的短视频宣传体系。

比如某电商品牌，它采用的就是1+N矩阵模式，以该品牌为主账号，主账号下又分别创建了"美丽生活""自营产品""图书""看世界"等子账号。

2. AB矩阵

AB矩阵是指以塑造、维护品牌形象为目的，同时打造一个形象账号与一个品牌账号，组建矩阵。

当当在抖音上建立的矩阵就是典型的AB矩阵，其形象账号为"当当图书"，品牌账号为"当当网官方旗舰店"。前者主推当当图书的信息，后者主推当当网的品牌，包括当当图书的信息。众所周知，当当的主营业务就是图书业务，形象账号与品牌账号同步发力，能将业务更有力地推广开。同时，二者定位明确，不会出现信息混乱的状况。由此，AB矩阵的优势可以总结为两个关键点。

两个账号同时发力，一主一辅，在做好清晰定位的基础上，避免信息混乱，可以达到显著的宣传效果；两个账号分别运用不同的宣传方式，例如三"硬"一"软"，"硬"是指某一账号以硬广告进行推广，信息全面且详细；"软"是指另一账号通过故事演绎或是热点插入的方式进行软推广，达到一加一大于二的效果。

3. 蒲公英矩阵

蒲公英矩阵是指信息从一个官方账号传播出来后，其他多个账号进行转发，再以其他账号为中心进行新一轮的扩散。这一矩阵模式比较适合旗下子公司或子品牌较多的企业，由母公司建立核心账号并统一管理旗下多个子账号。但值得一提的是，核心账号不能对子账号的运营进行过多的干涉，以免影响其运作。

蒲公英矩阵的子账号既有特性又有共性，其对应的目标群体也是一样的，搭建蒲公英矩阵需要注意以下几点。

各账号之间定位有明确性、一致性。同时账号的内容一定要具有独特性，如此才能避免因为内容雷同而导致"粉丝"审美疲劳。

根据受众来决定要转发的账号。如果某账号需要转发内容，那么一定要选择与其目标"粉丝"重合度较高的内容进行转发，做到覆盖相应目标的"粉丝"。

转发的内容不能过于垂直。要具有一定的大众性，否则传播范围难以扩大。蒲公英矩阵的优势在于，首先，可以利用转发功能，通过矩阵的力量扩大信息覆盖面；其次，信息多次触及"粉丝"，可以形成持续的影响力，进一步加强"粉丝"对企业的印象。

京东就是依照蒲公英矩阵模式，在抖音平台建立了属于自己的矩阵，京东是主账号，旗下开设了京东客服、京东数科、京东物流、京东手机等账号，在该矩阵中，由京东担任核心账号并管理子账号，但并不干涉子账号的具体事务。其视频内容除了在进行大范围宣传时需要统一，其余时间由子账号自行决定发布内容，如图2-10所示。

4. HUB矩阵

HUB矩阵是指由一个核心账号领导其他子账号，子账号之间的关系是平等的，信息由核心账号向子账号放射，子账号之间的信息并不交互。此种模式多适用于集团旗下分公司较多，且相互分隔比较明显的情况。

HUB矩阵与蒲公英矩阵看起来相似，但实际上差别比较大。新手们可以通过比较二者搭建时的注意事项来进行深入理解。

图2-10 抖音平台"京东"的蒲公英矩阵

拓展知识

搭建HUB矩阵需要注意以下两点。

（1）各个账号间存在地域差异，在运营时要从内容、"粉丝"覆盖面等方面体现差异性。

（2）地方账号可以尝试开展本地服务，吸引更多本地"粉丝"，与全国类的账号在内容与功能上形成互补。

以上四类矩阵模式对应不同的实际情况，新媒体团队可以此为参考，或是进行改良、结合，创造出属于自己的矩阵模式，从而获取更多流量资源。

（二）多平台营销自媒体矩阵布局

多平台矩阵营销，就是在多个平台建立账号、创作内容并发布。判断短视频成功的关键在于流量，因此，许多运营团队除了在本平台进行引流外，还会从短视频平台以外的社交媒体多方位吸引"粉丝"，跨越平台建立自媒体矩阵，提升账号的成长速度。

1. 布局多平台营销自媒体矩阵需要关注的重点内容

在短视频以外的社交平台，进行短视频引流与推广的工作，一般被称为"站外推广"。在站外推广的基础上，搭建跨平台自媒体矩阵对营销者提出了更高的要求，因为站外推广的场所、目的、规则与短视频平台有着极大的不同，运营者需要在前期进行充分准备、时刻调整，才可能达到为账号引流的目的。另外，布局多平台自媒体矩阵时，需要重点关注以下两个方面的内容。

（1）不同平台的定位不同，要相互配合引流。既然是在短视频平台以外，为短视频平台的账号进行引流，也就是说，增加自身账号的流量才是关键，这就决定了站内账号与站外账号在运营重点上的不同。例如，某账号的主平台在抖音，经过多方面考虑决定在微博进行引流，那么，在微博上发布的内容就应当具有一定的引导性，将用户从微博引向抖音，这就决定了运营内容的不同。

在具体的内容发布频率方面，微博也许是低于抖音的；而在与用户的互动方面，微博则高于抖音，所以运营团队在微博评论区投入的精力可以更多一些，这就决定了运营工作侧重点的不同。

搭建多平台营销自媒体矩阵，最重要的前期准备工作就是进行合理、精准的定位。在以本平台的账号为核心账号的基础上，哪个平台的账号负责吸引特定群体的"粉丝"，哪个平台的账号负责组建群组进行卖货……不同平台的账号要各司其职，才能保证不出现信息混乱的问题，从而有效实现吸引"粉丝"、增强"粉丝"黏性的目的。

（2）决定引流成功的3个关键指标。通过分析站外平台发布的短视频的点击率、完播率、关注率的高低，就能判断引流是否成功。三个指标的具体含义如下。

①点击率。点击率代表有多少站外用户对本条视频感兴趣。点击率越高，愿意前往站内的用户就越多。

②完播率。完播率反映视频被完整播放的概率，即点开视频后，计算视频看完的用户占打开视频的用户总数量的百分比。完播率越高，看完视频的用户就越多，营销、推广与引流的效果也就越好，反之，则表示该段视频对该平台用户不存在太大吸引力。仅从引流方面来讲，完播率越高，用户被引流到目标平台的可能性就越大。

③关注率。关注率越高，表明该平台用户对账号的认同率越高，这样的用户通常不

会抵触在多个平台关注同一个他们喜欢的账号。因此,他们被吸引到目标平台的可能性也越高。

2．不同站外平台的引流

虽说短视频平台近两年迅速在国民心中占领了一席之地,但其他媒体平台依旧保有大量的忠实用户,如微博、微信、QQ、今日头条等。这些平台都具有强大的生命力,以及不同的生态环境,短视频运营团队需要清楚地了解不同平台的特点及目标用户,才能为自身账号搭建合适的多平台矩阵。

四、短视频策划

在这个"内容为王"的时代,短视频的内容策划是决定短视频账号运营成败的关键因素之一。短视频创作者要想让自己的短视频脱颖而出,需要用新奇的创意来策划短视频的选题和内容,选题要新颖、贴近用户,内容要注重用户诉求。短视频创作者在短视频创作过程中要充分发挥创造力和想象力,通过演绎故事、渲染情感,引起用户的共鸣,从而打造出传播力强的优质作品。

短视频策划

(一)短视频的选题策划

选题是短视频内容制作的方向,即使短视频的内容只围绕一个领域,也可以有很多不同的选题,只有提前做好选题策划,才更容易吸引目标用户,提升用户的黏性。

1．寻找选题的5个维度

很多人在策划短视频选题时总是找不到思路,其实只要找到选题的5个维度,并根据这5个维度扩展思路就可很快展开。短视频选题的5个维度分别是:人、具、粮、法、环,如表2-6所示。

表2-6　　短视频选题的5个维度

维度	说明
人	人物:例如,拍摄的主角是谁,是什么身份,有什么属性,未来的用户群体是什么
具	工具和设备:例如,短视频的主角是一位职场女性,她平时会用到PowerPoint、Word、Photoshop、投影仪等,这些是属于角色的工具和设备
粮	精神食粮:例如,职场女性喜欢看什么书,或者喜欢什么电影,会参加什么培训等,要分析目标群体,了解他们的需求,从而找到适合的选题
法	方式、方法:例如,职场女性在办公室如何与领导、同事交际,如何与客户沟通等
环	环境:不一样的剧情需要不一样的环境,要根据剧情选择能够满足拍摄要求的环境

围绕5个维度进行梳理,可以将涉及的选题做成选题树。以一个爱旅游的女性为例,可以策划的选题如图2-11所示。

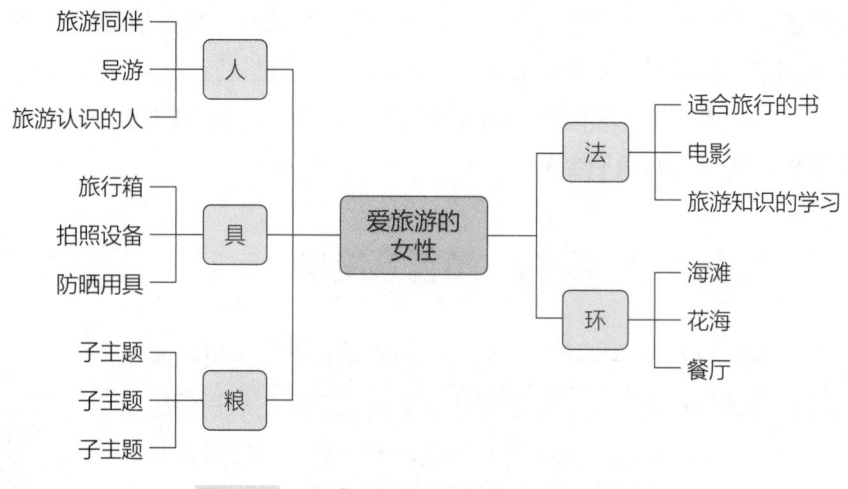

图2-11 以"爱旅游的女性"为例的选题树

2. 选题策划的基本原则

策划短视频选题时需要遵守一定的原则,并以此为宗旨,落实到短视频的创作之中。

(1)以用户为中心。短视频的选题内容要坚持以用户为中心,以用户满意为目标,要优先考虑用户的需求和喜好,这是保证短视频播放量的重要因素。

(2)保证内容的价值输出。短视频的选题内容应该以价值输出为宗旨,尽量选择有价值的"干货",这样可以触发用户收藏、点赞、评论和转发等行为,帮助短视频创作者传播内容,从而达到裂变传播的效果。

(3)保证内容垂直。在确定做某个领域的选题后,不要随意变更领域,要从内容的垂直度上做文章,这样才能精准吸引目标用户,提高在当前领域的影响力,从而更加容易获得短视频平台的"头部流量"。

(4)选题内容多结合行业或网络热点。短视频的选题内容应该多结合行业或网络热点,紧跟时事,这样制作出来的短视频才有可能在短期内得到大量的曝光,以快速提升视频播放量,吸引大量用户关注。需要注意的是,在策划选题时要注意规避不恰当的内容,坚决不使用敏感词汇,以防违规。

3. 积累选题的方法

要想持续输出优质的选题,短视频创作者需要拥有丰富的储备素材,并建立自己的选题库。短视频的选题可以从以下3个方面获取。

(1)从生活中获取选题。在日常生活中,短视频创作者需要用心体验生活,观察并记录生活中的细节,从中获取有价值的选题。这样获取的选题能够更深层次地触动用户内心，引发用户共鸣。

（2）从热门视频中获取选题。在短视频平台或数据分析平台中寻找热门视频，对其进行整理与分析，研究其制作思路，从而获得选题。该类选题本身自带热度，更容易吸引用户关注。

（3）从用户建议中收集选题。从个人账号或同领域的短视频账号中筛选用户的留言和评论，选取有价值的建议和问题作为选题，以提高用户的参与度。

（二）短视频的内容策划

短视频已经由野蛮生长的成长阶段走向了耕耘细作的成熟阶段，只有优秀的、有创意的、有价值的内容才有可能获得更多的关注。

1. 优质内容的特点

优质内容能在短短几秒、十几秒内，在众多的短视频中吸引用户的目光。优秀的短视频内容一般具备4个特点，分别是内容深度细分、保证创新性、保证价值性、内容切合需求。

（1）内容深度细分。只有具备垂直度、有深度的短视频内容才更容易让用户"买单"。要注意的是，深度并不代表内容的严肃性，而是指在某个领域的深入挖掘。

内容流于表面的短视频对创作者没有太高的要求，很容易被他人取代，难以形成稳固的用户群体结构。如果创作者专注某个领域，不断地对内容进行深入挖掘，就会形成一种稀缺性。当用户想要了解这方面知识时，只能在这里获取，这就使得该短视频难以被取代，从而精准吸引目标用户，增加用户的黏性，构建稳定的用户群体。

例如，抖音平台的某短视频账号，专门发布中国传统手工及制作手法，弘扬我国的优秀历史文化，2023年4月发布第一条短视频，截至2024年12月，共创作49个短视频内容，获得了271万的关注和1399万点赞，如图2-12所示。

（2）保证创新性。在原有的短视频基础上不断创新，保持短视频的生命力，才不会使用户感到审美疲劳。因为用户的想法并不是一成不变的，只有不断分析用户需求，使短视频内容与时俱进、不断更新，才能牢牢抓住用户，不断使用户产生共鸣。另外需注意，在进行短视频内容创新时，不能完全脱离之前的内容与风格，要确保视频风格在同一基调上。

例如，美食吃播类短视频最初的展现形式是吃

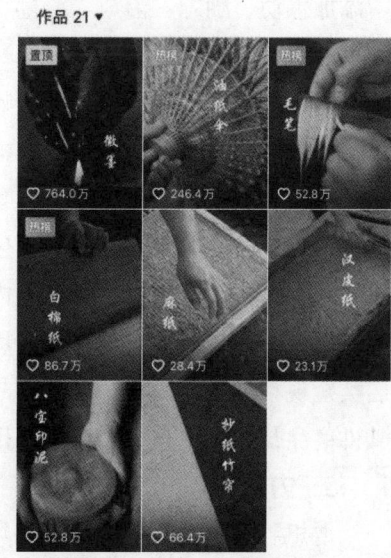

图2-12　某传统手工的短视频账号

不同的食物,以吸引用户观看。但以吃为主题,且吃法相同,这样重复的短视频迟早会使用户感到乏味。为了留住用户,可以采用场景创新法,从最初的固定场景拍摄,转移到在各个店铺中拍摄,并替用户尝试不同的美食,对美食进行测评,不仅保持了用户热情,还可以向用户推荐美食。

(3) 保证价值性。要想获得用户认可,持续吸引用户,就需要在短视频内容中为用户带来一些知识,以体现其价值。短视频的价值性体现在以下几个方面。

实用价值。短视频内容可以给用户的生活带来切实可行的帮助。比如,用户在日常生活或者是工作中遇到的各种小问题,如果视频内容可以帮助用户很好地解决这些问题,那么这个视频就是有价值的,就会更容易获得大量用户的点赞和转发。

知识价值。知识类型的短视频账号,在讲解知识时,要确保一定的专业性和深度,并且语言要通俗易懂,便于用户理解。

例如,抖音平台的某短视频账号将所讲的知识通过生动的动画表现出来,既生动有趣,又简单易懂,获得大量关注及点赞。

趣味价值。当今时代,人们的生活节奏越来越快,工作压力也越来越大,所以对心理减压内容需求非常大,而娱乐型短视频正好可以满足用户的这类需求,可以带给用户趣味性的、放松的、愉悦的感官享受。很多头部账号在本质上都具有娱乐性,不管是"段子"类的短视频还是知识类的短视频都可以以娱乐的形式呈现内容,直抵用户的内心,触动其心灵。

审美价值。人们都喜欢观看"美"的东西,要想吸引用户,短视频必须具备一定的观赏性,如清晰的画质、合适的滤镜、好听的背景音乐、好看的构图与拍摄环境等。

情感价值。情感是引起用户共鸣,影响用户选择短视频的关键因素之一。在短视频中添加感动、励志、治愈、震撼、解压等情感因素,可以唤起用户内心的共鸣,拉近与用户的距离。

例如,抖音平台的某短视频账号穿着传统民族服饰,在国外街头演奏我国民族传统乐器"古筝",让一股优美的中国风流淌在外国街头。10月1日国庆节,两位演奏者身穿民族服饰,用古筝和二胡在巴黎埃菲尔铁塔下弹奏"我和我的祖国"为祖国庆生,让短视频用户心中的自豪感油然而生。

(4) 内容切合需求。短视频内容只有切合用户需求,才能吸引用户观看。所以,在策划短视频内容时,可以先分析用户的痛点,然后以痛点切入制作视频。例如,美食探店类短视频解决了用户想吃美食却不知道吃什么的问题;测评类短视频解决了用户想买某件商品却担心它是否安全、好用的问题。

2. 内容创意方法

要想制作出富有创意的短视频,一般可以采用搬运法、模仿法、扩展法、反转法和嵌套法。

（1）搬运法。搬运法是将当下比较热门的视频、节目或影视作品进行整理，对其进行二次创作后，发布到短视频平台上。搬运法需要讲究技巧，不能直接照抄他人的内容，而是要对内容进行深加工和个性化创新。短视频内容搬运的渠道通常有以下3种。

社交媒体。各大社交媒体是成熟的内容制作平台，如微信公众号上的图文信息，以及微博里的热搜信息，今日头条、抖音、快手里的各种短视频等，都可以作为搬运的内容。

视频网站经典影视剧。优酷、爱奇艺、腾讯视频等视频网站平台有很多经典的影视剧都非常吸引人，短视频创作者可以重新演绎这些经典影视剧中的片段，也可以重新剪辑某些经典镜头，从而创作出非常精彩的短视频作品。

关注名人。名人本身自带巨大的流量，其一言一行都容易成为热点。借助名人效应，短视频创作者也可以创作出令人瞩目的短视频内容。

拓展知识

"搬运≠照抄"

对搬运内容创新加工，赋予自身特色，让其焕发出新的光彩。可以采用以下3种方法。

1. 创新展现形式

创新展现形式是指改变原来内容的展现形式。例如，如果搬运的内容是纯文字的，可以将文字转换为人物的台词，使用方言、说唱等人物表演的形式来呈现。

2. 创新内容

创新内容是对搬运的内容进行加工改造。例如，如果搬运的内容是讲解道理的，可以通过视频把这个道理讲成一个故事，用有剧情的故事来呈现更能引起用户的情感共鸣。

3. 创新框架结构

创新框架结构是一种对搬运内容进行创新加工的方法。例如，如果搬运的内容有一个大的框架，就可以把这个大的框架分成几个小板块。

（2）模仿法。在短视频平台中，一个常态化的现象就是一旦某个题材的视频爆火之后，就会有很多人竞相模仿，分享这个题材带来的热度，这就是模仿法。短视频创作新手由于创意有限，还不具备创作原创内容的能力，所以可以通过模仿来积累创作经验。

通过模仿甚至可以创作出比原视频更具创意的短视频，这是一种帮助短视频创作者快速找到内容创意方向、实现快速引流的方法。模仿法又分为随机模仿和系统模仿。

随机模仿。短视频创作者发现哪条短视频比较火爆，就参考该条短视频拍摄同类型的短视频。

系统模仿。短视频创作者寻找一个与自己短视频账号运营定位相似的账号，对其进行长期的跟踪与模仿。

（3）扩展法。扩展法是指运用发散思维，由一个中心点向外扩散、不断延展内容的方法。扩展法又可以分为以下3个层次。

第一层次，人物扩展。运营扩展法首先要进行人物扩展。比如，围绕"青年男女"画出九宫格，列出与之相关的8个关系，如图2-13所示。

第二层次，场景扩展。罗列出人物扩展关系以后，下一步要围绕人物扩展关系进行场景扩展，这样角色之间的冲突关系就会在每一个场景中都体现出来。还可以扩展出多段对话，为短视频内容创意提供参考。这种方法能够持续不断地扩展出符合现实场景的多种内容创意思路，如图2-14所示。

爸妈	亲密朋友	公婆
同事领导	**青年男女**	孩子老师
兄弟姐妹	夫妻	孩子

图2-13　构建九宫格沟通场景（人物扩展）

上学	亲密朋友	购物
辅导作业	**青年男女和孩子**	旅游
玩游戏	做家务	吃饭

图2-14　构建九宫格沟通场景（场景扩展）

第三层次，事件扩展。有了人物和场景以后，还需要构思事件，进行事件扩展。选取"孩子与父母"这组人物关系，选择"做家务"这个场景，可以扩展出若干个事件，如孩子帮父母洗碗、父母教孩子做家务等。之后就可以根据事件编写出对话和动作，作为情景短剧进行演绎。

（4）反转法。反转法是情节由一种情境转换为相反情境、人物身份或命运向相反方向转变的故事结构方式，常被用于叙事中，特别是单线叙事中。反转法既容易形成戏剧化效果，又容易使观众观看时有代入感，产生奇妙的心理体验，是短视频内容创作中常见的手法。

采用反转法的关键点就是要找到合适的参照物。除了参照物要具有鲜明的特点外，一些电商类短视频还要有与商品的特点完全相反的事物来衬托，形成对比和反差，制造出强烈的冲突，以实现转折。

（5）嵌套法。嵌套法就是在故事里套故事、在场景里套场景，使视频内容更丰富有趣、信息量更大。具体来说，嵌套法的应用方法如下。

①先制作一个故事脚本。
②再制作另一个故事脚本。
③通过一个嵌入点,把第二个故事脚本嵌入第一个故事脚本。
④如此循环往复。

短视频创作者在生活中要注意观察,积累短视频创作素材,如果在媒体平台中看到有趣的素材,但是这个素材又太短,不足以拍成一个完整的短视频,就可以运用嵌套法,把素材嵌入已有的故事,让视频内容更丰富有趣、信息量更大。

利用嵌套法,短视频的信息量就会增加,表达就会更具戏剧性,更能引发用户观看的兴趣。因此,合理利用嵌套法对提升短视频的内容创作质量大有帮助。

五、短视频脚本策划

脚本是短视频的文字化表达,是短视频呈现故事的最初体验,是演员理解故事的入口,更是导演与摄影师沟通的桥梁。有时短视频的最终效果,就是由脚本的质量决定的。

短视频脚本策划

(一)短视频脚本

短视频脚本是拍摄短视频的框架和提纲,短视频创作者通过脚本把自己想表达的内容罗列出来。

首先,脚本的主要作用就是提前统筹安排好每一个人每一步要做的事情,提高短视频拍摄的效率;其次,短视频脚本有利于修改、完善短视频;最后,短视频脚本有利于账号的垂直定位。一些有经验的短视频创作者已经形成了自己的脚本模板,每次在创作的时候,只需要根据自己的需求和情境增减内容即可。这种相对固化的脚本能提高短视频的辨识度和垂直度。当然,短视频脚本的编排有它独特的美感和韵味。

(二)短视频脚本类型及写作要点

1. 短视频脚本类型

短视频脚本分为3种类型,分别是拍摄提纲、文学脚本、分镜头脚本,它们都起着描摹故事骨架的作用,但不同的脚本类型,在不同的拍摄场景下具有不同的优点。

(1)拍摄提纲。拍摄提纲是对短视频拍摄要点的提示,提示内容主要包括拍摄的时间、地点、事件和注意事项等。这种类型的脚本适用于随机性强、不易把控的短视频创作,如街头采访、新闻纪录等。拍摄提纲的组成要素有:选题、视角、体裁、风格、内容。案例如下:

> **《颜值高和学历高，你选哪一个》拍摄提纲**
>
> 采访对象：大学生。
> 采访地点：校园内。
> 采访问题：颜值高和学历高，你选哪一个？
> 采访注意事项：注意采访人员性别均衡，不能有过激言论。

拍摄提纲相当于给出一个大的拍摄范围，并确定几个关键要点，只要后期拍摄过程中不出现大方向的偏差即可。建议初入短视频领域的创作者，特别是文学功底比较薄弱的创作者，先从拍摄提纲入手，再逐步完成文学脚本和分镜头脚本。

（2）文学脚本。文学脚本是对短视频演员任务的安排，通常只需要列出时间点及要做的事情即可。这种类型的脚本适用于镜头少且基本无剧情的短视频，如测评、教学、vlog等。撰写短视频文学脚本时，需要遵循以下步骤：确定主题—搭建框架（人物、场景、事件）—人物设置（身份、个性、关系、任务）—场景设计（时间、地点）—故事主线—影调应用（氛围、情绪）—背景音乐。案例如下：

> **《水浇园丁》**
>
> 　　一个园丁老头在花园里浇花，长长的水管拖在他身后的地上。一个调皮的孩子悄悄走来踩住了水管。园丁奇怪地看着不再出水的管口，孩子脚一松，水突然喷出来，喷了园丁一脸，他回头发现是孩子恶作剧，生气地追上逃走的孩子，抓着打了一顿。孩子无趣而去，园丁继续浇花……（这是一部在不到一分钟的时间内一个镜头拍完的影片。）

（3）分镜头脚本。分镜头脚本又称摄制工作台本，是将剧本文字转换成可视画面的中间媒介。分镜头脚本没有固定的格式，通常包括镜头的镜号、景别、镜头运动、时长、画面内容、对白、声音等内容。创作者在编写分镜头脚本时，通常会将这些内容绘制成表格，逐项填写。这类脚本常用于画面要求高、故事性强的短视频制作，如纪录片类、搞笑剧情类短视频等。

镜号即镜头的顺序号，依照组成短视频画面的镜头先后顺序，用数字标出，以此作为某一镜头的代号，虽然拍摄时可以灵活调整镜号的顺序，但在撰写分镜头脚本时需要按照顺序进行编号，以免拍摄时出现遗漏镜头的状况。短视频分镜头脚本需要契合短视频文学脚本所传达的主旨，每一个镜头的具体设定都应该为短视频内容而服务。分镜头脚本样式如表2-7所示。

表2-7　　　　　　　　　　分镜头脚本样式

镜号	画面内容	景别	运镜	时长	对白	音效	备注
1	阳光下被水浇着的鲜花 一位老园丁手持水管浇花	特—中	拉镜	2s		水声	
2	从园丁背后地上的水管	中—特	摇镜	1s		水声	
3	一双孩子的脚走来，在水管旁停住	特写	固定镜头	3s		水声	
4	水管突然没有水 园丁奇怪地朝管口看去	近景	摇镜头	1.5s			
5	踩住水管的小脚猛地松开	特写	移镜头	2s			
6	突然喷出的水喷了园丁一脸	近景	固定镜头	2s		水声	
7	一张调皮的孩子的笑脸	近景	固定镜头	2s		笑声	
8	园丁回头发现孩子 恼怒地向他追来	近—全	拉镜、摇镜	3s			
9	孩子向花园深处逃去	全景	拉镜	2s			

2．编辑短视频脚本的要点和万能公式

短视频脚本里的镜头设计大多是给摄影师看的，脚本中主要体现出对话、场景演示、布置细节和拍摄思路即可。在编写脚本时需要注意以下几个要点。

受众。受众才是短视频创作的出发点和要考虑的核心要素。站在用户角度来思考，才能创作出用户喜欢的作品。

情绪。比起传统长视频，短视频不只是文字和光影的堆砌，还需要更密集的情绪表达。

细化。拍摄短视频就是用镜头来讲述故事，镜头的移动和切换、特效的使用、背景音乐的选择、字幕的嵌入，都需要一再细化，确保整个情景流畅，抓住受众的情绪。另外，新手在编写短视频的脚本时，可以套用"万能公式"，如图2-15所示。

"万能公式"是从众多爆款短视频中总结出来的。短视频创作者在编写脚本时可以参考，或在编写完脚本后，对照"万能公式"进行二次修改。

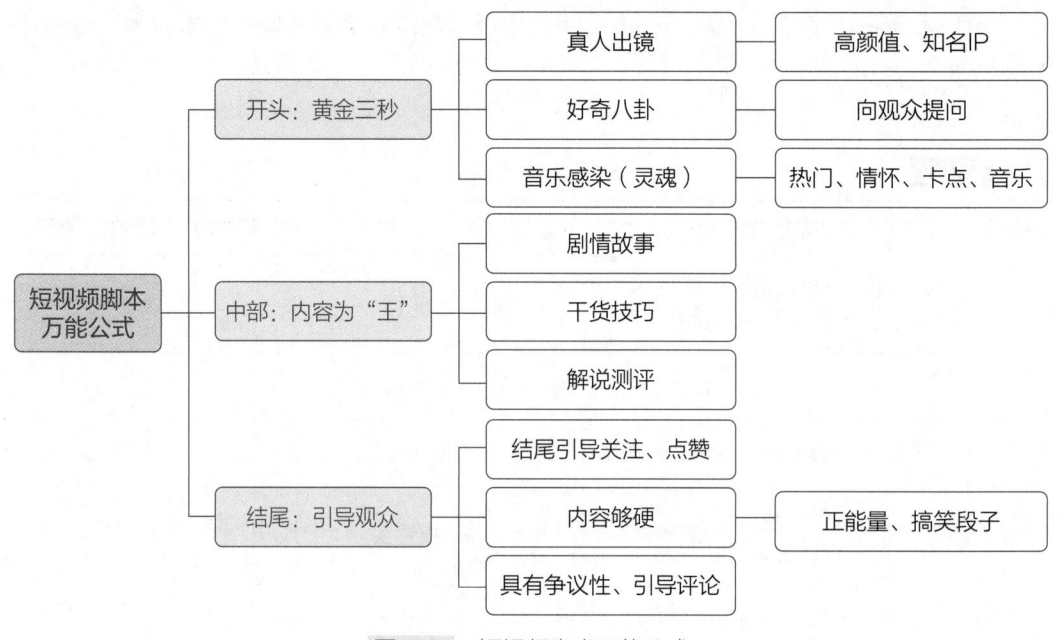

图2-15 短视频脚本万能公式

思政园地

逐梦非遗"新赛道"

截至2024年3月,一位短视频创作者在不到一年的时间里,凭借40个作品迅速积累了990万粉丝,单条视频的最高获赞数更是达到了惊人的1061万。这位创作者的作品以其独特的魅力在网络上引发了热烈反响!

其作品不仅展现了"蝉噪林逾静,鸟鸣山更幽"的乡村美景,更蕴含了"采菊东篱下,悠然见南山"的隐逸情怀。但真正触动人心的是,创作者对中国传统技艺和非遗文化的深情演绎。中国传统技艺及非遗文化,被广大网友誉为"中国的奢侈品""民族的瑰宝"。这位创作者深耕非遗领域,精心还原了诸如徽墨、八宝印泥、毛笔、竹纸等文房四宝,以及胭脂、香水、口脂、散粉等化妆工具,还有筷子、马扎、竹锅刷等生活用品的制作工艺。

每一帧画面都纯净无瑕,声音清澈悦耳,没有特效的堆砌,没有浮夸的表达,甚至没有一句台词,只是静静地向中国传统文化致敬。创作者将古人智慧从书本上搬进了短视频,通过现代人喜闻乐见的方式传播开来。

创作团队怀揣匠心,每天深夜仍在努力工作,面对失败从不放弃,反复雕琢每一个细节。他们希望用自己的这份执着,为粉丝带来更多佳作。在短视频这个广阔的舞台上,这位创作者在助力家乡发展、推动乡村振兴方面的未来表现,值得我们共同期待。

同步练习

一、单选题

1. 下面不属于用户静态信息数据的是（　　）。
   A. 学历　　　　　　　　　　　B. 消费偏好
   C. 职业　　　　　　　　　　　D. 婚姻状况

2. 创作成本低，一个人加一部手机就可以完成所有的内容创作形式是（　　）。
   A. 解说类　　　　　　　　　　B. 口播类
   C. vlog类　　　　　　　　　　D. 剧情类

3. 信息从一个官方账号传播出来后，其他多个账号进行转发，再以其他账号为中心进行新一轮的扩散，这种矩阵方式是（　　）。
   A. 1+N矩阵　　　　　　　　　B. AB矩阵
   C. 蒲公英矩阵　　　　　　　　D. HUB矩阵

4. 以塑造、维护品牌形象为目的，同时打造一个形象账号与一个品牌账号，组建抖音矩阵的形式是（　　）。
   A. 1+N矩阵　　　　　　　　　B. AB矩阵
   C. 蒲公英矩阵　　　　　　　　D. HUB矩阵

5. 短视频脚本框架中重要内容，不包含（　　）。
   A. 台词　　　　　　　　　　　B. 镜号
   C. 时长　　　　　　　　　　　D. 拍摄设备

二、多选题

1. 策划选题的基本原则有（　　）。
   A. 以用户为中心　　　　　　　B. 保证内容的价值输出
   C. 保证内容垂直　　　　　　　D. 选题内容多结合行业或网络热点

2. 短视频IP的价值包含（　　）。
   A. 流量价值　　　　　　　　　B. 持续价值
   C. 延展价值　　　　　　　　　D. 情感价值

3. 以下属于消费者动态信息数据的是（　　）。
   A. 商业属性　　　　　　　　　B. 心理属性
   C. 消费属性　　　　　　　　　D. 社交属性

4. 短视频创作积累选题的方法有（　　）。
   A. 从生活中获取选题　　　　　B. 从热门视频中获取选题
   C. 从用户建议中收集选题　　　D. 从其他短视频搬运

5. 脚本类型包含（　　）。
   A. 拍摄提纲　　　　　　　　B. 文学脚本
   C. 分镜头脚本　　　　　　　D. 产品脚本

三、填空题

1. _____是短视频内容最简单、成本最低的展现形式。
2. 可以在两种感官上打造记忆符号，分别是：_____、_____。
3. 进行短视频用户定位、构建用户画像的第一步是对用户信息数据进行分类。用户信息数据分为_____数据和_____数据两大类。
4. 短视频创作者可以从_____、_____、_____、_____、_____这5个维度来寻找选题。
5. 短视频中添加感动、励志、治愈、震撼、解压等情感因素，体现了短视频的_____价值。

四、简答题

1. 短视频定位包括哪些内容？
2. 优质的短视频内容具备哪些特点？

任务实施

（一）实训背景

某乡村以黄桃为主要经济支柱，拥有黄桃果园、黄桃食品公司和黄桃制罐公司，生产的黄桃罐头制品远销海外。该乡村短视频团队想要建设一个短视频账号宣传黄桃产业。

（二）实训目标

（1）掌握记忆符号的打造方法。
（2）掌握短视频主页装修技巧。
（3）掌握短视频脚本的类型及写作要点。

（三）实训内容

（1）黄桃推广的短视频账号如何设置，请将设置方法填写在表2-8。

表2-8　　　　　　　某乡村黄桃推广短视频账号设置

名称	头像	简介	个人背景图

（2）乡村短视频运营团队想要创作一期采摘推广短视频，向当地的旅游人群或者本地居民宣传推广黄桃果园采摘项目，以此实现村民增收。请你根据以上所学知识为该短视频运营团队做短视频脚本策划，填写表2-9。

表2-9　　　　　某乡村黄桃果园采摘项目推广短视频脚本

镜号	景别	运镜方式	时长	画面内容	台词	音效	背景音乐	备注

完成实训任务后，教师安排小组之间互相评比，随后教师对各个小组的实训做出评价。

任务三　拍摄高质量短视频

短视频拍摄是将前期构思转化成视频画面的过程，好的拍摄技术可以保证短视频的画面效果。本任务将从常用的拍摄设备以及景别、光线、构图、镜头运动等方面讲解短视频的拍摄方法和技巧。

案例导读

2024短视频创作系列活动作品展播《乌希买里斯的古丽》

读懂中国·新青年看中国之"新疆行·走进阿克苏"，创作者们以镜头为笔，以创意为墨，通过一系列鲜活生动的故事，细腻描绘出阿克苏的多彩风貌，用宽广的创作视角与灵动的叙事手法，创作出百余部优秀短视频作品，深度挖掘并呈现了阿克苏的人文韵味、壮丽山河及蓬勃发展之姿。

《乌希买里斯的古丽》通过记录阿克苏一个小镇最具特色的食物——赛里木老酸奶，展示了手工古法制作的酸奶如何串起几代人的情感勾连，向国内外受众展现了新疆的风土人情、阿克苏的人文之美、山河之美、发展之美，呈现"丝路古龟兹　神奇阿克苏"的独特魅力。这种通过食物展现地方文化的方式，使得观众能够更加直观地感受到阿克苏的独特魅力。

问题导学

想要拍出优质的短视频，需要选择适合的拍摄设备，并且结合画面景别、光线、构图、镜头运动等理论与相关技巧，才能完美的实现。请思考：

1. 常用的拍摄设备有哪些？
2. 结合图3-1《乌希买里斯的古丽》，分析3个画面的拍摄技法。

图3-1　《乌希买里斯的古丽》

一、短视频的拍摄设备

人们可以通过各种设备来实现拍摄目标，但是不同的设备拍出来的效果是不同的，操作使用难易程度也不同。常见的拍摄器材有智能手机、相机、无人机，辅助工具有补光灯、麦克风、三脚架、自拍杆、滑轨、无人机以及各种镜头，具体可以根据创作需求和自身情况而定。

短视频的拍摄设备

（一）常用的拍摄设备

1．智能手机

在5G时代，智能手机不仅成为人们工作的好助手，人们在生活中也越来越喜欢用手机来记录生活中的点滴。由于智能手机的专业拍摄功能越来越强大，人们可以选择高清像素的智能手机，搭配辅助拍摄工具来进行短视频拍摄。使用智能手机拍摄视频除了设备轻便易携，手机App易于剪辑以外，还具有随时分享、随时观看的优点。

以安卓智能手机为例，其拍摄有照片、视频、人像、夜景等多种模式，上方有灯光、倒计时、画幅比、设置功能，在"更多"里还有更丰富的各种拍摄效果可选，如多景录像、慢动作、延时拍摄、电影、专业、超清画质、全景、AI证件照、微距、扫一扫、美颜、滤镜、景深等。

智能手机的拍摄已经出现了专业模式，其操作更接近于相机，更加精确的设置类似相机的参数，适合拍摄更高级的照片。如白平衡模式、对焦模式、快门时间、ISO感光度、曝光补偿、镜头模式，如图3-2所示。

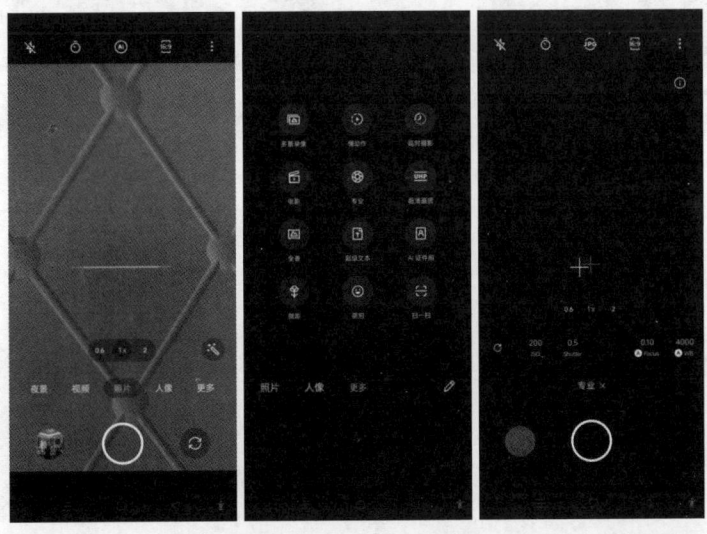

图3-2 智能手机拍摄模式

2．相机

常用的专业视频拍摄工具主要是相机，相机可以分为业务级相机和家用DV相机两种。

业务级相机：常用于新闻采访或者会议等大型活动的拍摄，如图3-3所示，体型较大，拍摄者很难长时间手持或者肩扛，但是它的专业性是无可比拟的。业务级摄像机具有独立的光圈、快门以及白平衡等设置，拍摄的画质清晰度很高，且电池蓄电量大，可以长时间使用，自身散热能力也强，当然价格也比较高。需要用到许多辅助工具，如摄像机电源、摄像机电缆、彩色监视器等。

家用DV相机：专门为普通民众记录生活而设计的一款小型摄像机，如图3-4所示。它小巧方便，适合家庭旅游或者小型活动拍摄使用，其清晰度和稳定性都很高，对于拍摄者不会造成过大的负担。家用DV相机的优点是操作步骤十分简单，可以满足很多非专业人士的拍摄需求，对于新入行的拍摄者十分友好，其内部存储功能强大，可以支持长时间录制，创作者不用担心储存空间的问题，可以尽情拍摄素材，为后期剪辑提供更多可能。家用DV相机还可以外接广角镜头、麦克风，在功能上进行升级。此外，它还具有充电便捷、支持边充边录、Wi-Fi传输等功能特点，专业实用。

3．无人机

无人机是一种遥控设备，体积小、动作灵活、稳定性好，如图3-5所示。在拍摄大面积的俯瞰场景时，应用无人机拍摄，自然风光、环境展示可以达到理想的效果。它具

图3-3　业务级相机

图3-4　家用DV相机

图3-5　无人机

有视野大、广角拍摄、低噪声等特点。但无人机与其他拍摄设备相比,并不能随时随地想拍就拍,在拍摄时,需要先了解所在地区是否允许进行无人机飞行。

(二)拍摄常用的辅助器材

1. 八爪鱼便携三脚架

三脚架是一种专业的照片和视频拍摄辅助工具,能够保证手机和相机拍摄的稳定性,减少画面的晃动,如图3-6所示。八爪鱼便携三脚架是比较便携的小型三角架,能够随意弯曲和折叠,可以放到随身携带的包里,适用于多种拍摄场地。例如,可以绑在栏杆上,挂在树枝上,放在不利于单独使用手机拍摄的地面上,具体可以根据不同的拍摄环境和要求安装其位置。

图3-6　八爪鱼便携三脚架

2. 三脚架与自拍杆

三脚架:如果在短视频拍摄时没有专业的摄影师帮助拍摄,只能自行录制,定点拍摄,而这时需要拍摄更高的视角或进行全身拍摄,三脚架就可以解决稳定性的问题。而在相对平坦开阔的场地中,则需要选择专业的伸缩三脚架,如图3-7所示,其伸缩功能较为强大,三个支架伸长可达1米多。三脚架收缩后可以装到背包里,也具有一定的便携性,其材质不同,品牌不同,价格范围的区别也很大。三脚架是一款用途广泛的辅助拍摄工具,无论是使用智能手机、单反相机,还是摄像机拍摄视频,都可以用它进行固定。

自拍杆:进行动态拍摄时,可以用自拍杆来拉远拍摄距离,如图3-8所示。自拍杆使画面容纳面积更大,具有更多种可能性,能够帮助创作者完成多角度的拍摄动作。自拍杆也带有三脚架功能及防抖功能,想要拍好短视频,选择适合的设备很重要。

 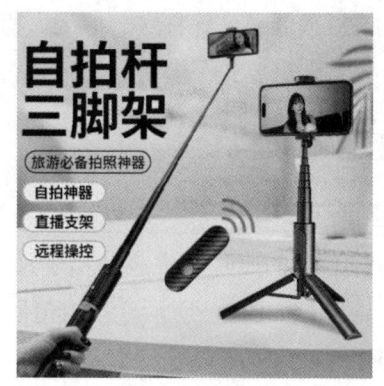

图3-7　伸缩三脚架　　　　图3-8　自拍杆

3. 稳定器

比如抖音的短视频很多是在移动的场景中进行拍摄。此时，人们就需要一种辅助拍摄的画面稳定工具——手持稳定器，尺寸小，可以折叠，便于携带和使用（图3-9）。这种稳定器的工作原理基于计算器的智能算法，不管拍摄时如何晃动，都能通过三个不同方向的轴保持手机的水平状态，而且稳定器上有各种操作按钮，可以轻松拍摄，不需要再按手机。在拍摄过程中手机还可以横屏、竖屏旋转，无论是旋转、跟拍，手机都不会晃动，最大限度地优化了视频画面效果。而且手机稳定器上有自带的三脚架或者外接三脚架，也可以固定拍摄。另外，稳定器自带的App还有丰富的拍摄功能，如慢动作、延时拍摄、人脸追踪、滑动变焦等都可以实现，是拍短视频的良好助手。

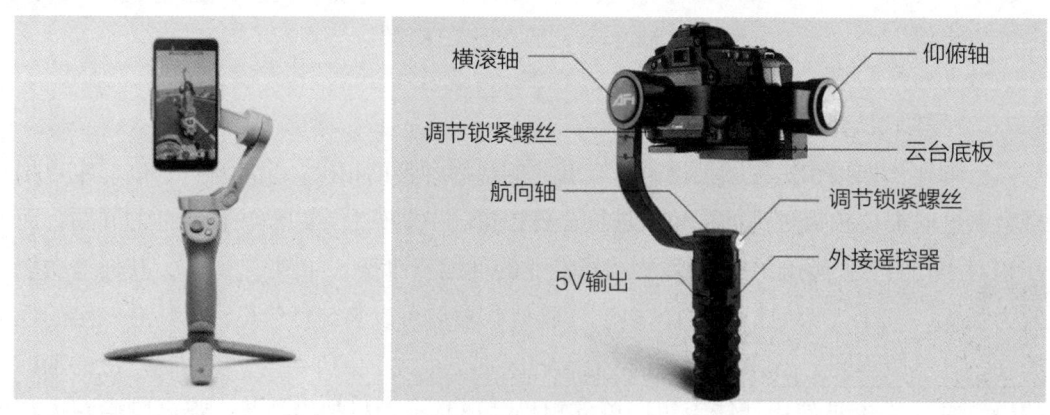

图3-9　稳定器

4. 滑轨

稳定平滑的移动镜头是短视频拍摄的关键，由于摄影师在走动拍摄时，总是会造成画面抖动，因此，可以借助滑轨来实现拍摄稳定与平滑的移动镜头。滑轨是可以固定在某一位置，供摄像机平稳地在轨道上移动进行拍摄的辅助拍摄工具。常见的滑轨如图3-10所示。

图3-10　滑轨

5. LED补光灯

想要拍摄出画面精良的短视频，光线十分重要，不管是在室内进行录制，还是去室外拍摄，光线控制一直都是一个难题。要想一步到位地解决光线问题，在预算有限的情况下，拍摄团队可以选择短视频拍摄的"补光神器"——LED补光灯进行辅助。

LED补光灯可以固定在拍摄机器上方，对拍摄主体进行光线补充，拍摄团队在移动机位进行拍摄时，就无须担心光源位置的改变。LED补光灯有多种形式，应用范围较广泛的是环形补光灯，补光灯可以将播主拍摄得清晰又自然，提高播主的上镜效果。同时，与普通光源相比，补光灯的光源位置不是一个点，因此它的光线不刺眼，能营造出更加自然的效果，补光灯还能在人眼中形成"眼神光"，让播主上镜更加有神。播主若对补光灯的颜色不满意，或是室内光有一定的"色差"，可以通过调节补光灯的色温来搭配出满意的色温效果，如图3-11所示。

图3-11　LED补光灯

6. 反光板、柔光灯罩、灯架

反光板：反光板是拍摄时使用的照明辅助设备，如图3-12所示，其作用是补光，利用反光板反射光线不仅可使平淡的画面变得饱满，还能使画面中的细节部位变得更清晰，突出被摄主体。

柔光灯罩：柔光灯罩是照明灯具的附件，一般采用反光材料制作而成，可扩散普通光源，使其成为漫射光，从而扩大光源的照射范围，避免阴影产生，如图3-13所示。

灯架：灯架用来固定灯具和柔光灯罩，使其保持平衡，并辅助调节照明的高度和角度，如图3-14所示。

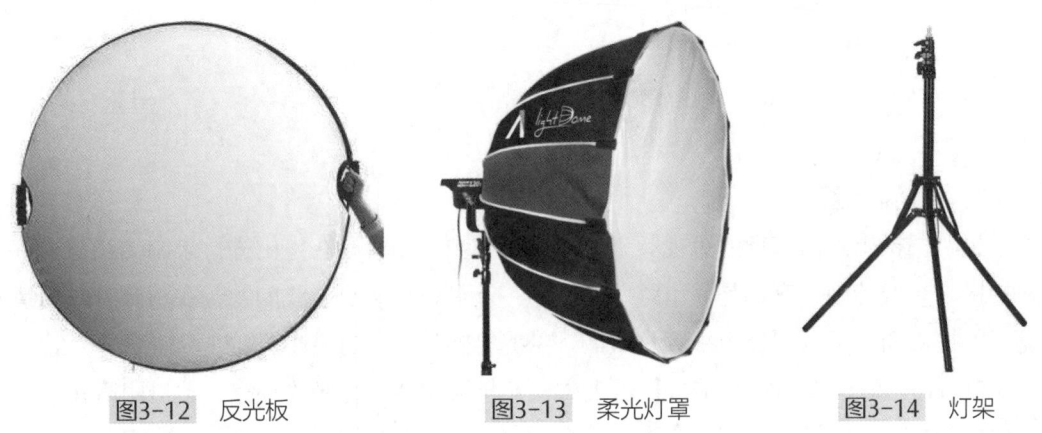

图3-12　反光板　　　　图3-13　柔光灯罩　　　　图3-14　灯架

7. 麦克风

要想追求高层次的短视频视听效果，麦克风可作为提升声音质量的专业工具，如图3-15所示。它的音质都会比原拍摄设备好，同时还有很好的适配性，可以与任意一种拍摄设备相结合。麦克风能保证歌唱类的视频录制的成品效果，不同场景的短视频也可以选用不同的麦克风，比如拍摄旅行花絮类的短视频，可以选用轻便、易携带的指向性麦克风，它可以录入1米范围内的海浪声、风声和人声；拍摄街头采访类的短视频，可以选用线控连接相机的话筒；拍摄带解说美食类的视频，可以选用无线领夹式麦克风，这类麦克风能有效降低环境声音的干扰，突出人声，同时具有100米范围内无线录音的功能，为拍摄增加了很大的灵活性。

无线领夹式麦克风　　　摄像机单反可用摄像采访　　　枪形指向性

图3-15　麦克风

二、短视频拍摄的理论与技法

（一）手机拍摄技巧

短视频拍摄的
理论与技法

手机不是专业的视频拍摄工具，但是因携带方便且常用，因此，可以从设置参数开始，掌握一些技巧，提高短视频的质量。

1．画面比例设置

不同的平台对视频比例的要求不一样，常用的4∶3是SDTV标清电视，几乎已经消失在人们的视野，大部分的平台推荐使用的是16∶9画面，如：爱奇艺、腾讯视频、优酷视频等，当下流行的抖音、快手等平台推荐使用的视频比例9∶16，即竖屏拍摄，大大提高了用户观看手机视频的体验，此外像淘宝、拼多多等电商平台支持的是16∶9、1∶1、3∶4的视频比例，可以根据不同的平台要求选择不同的拍摄比例。

2．选择分辨率

手机的智能化程度越来越高，想要拍摄优质的短视频，选择高性能的手机要求之一是高分辨率，分辨率越高，组成图像的像素点越多，拍出的图像就越清晰细腻，细节更丰富。手机拍摄分辨率的选择主要有：720P标清、1080P高清、4K超清。720P标清画面由1280×720个像素点组成、1080P高清画面由1920×1080个像素点组成、4K超清画面由4096×2160个像素点组成。如果短视频发布到专业平台上，为了提升用户或粉丝的观看体验，建议选择1080P以上的分辨率拍摄短视频。

3．选择帧速率

视频是由很多连续的照片组成的，视频中的30帧指的就是1秒中播放了30张静态的照片，组成了1秒的动态视频，就是30fps（30帧每秒），电影的标准是24帧每秒，但是使用手机或计算机观看视频时，会产生卡顿现象，使用手机拍摄时分辨率可以选择30帧或60帧，当然60帧的视频就会比30帧的视频画面流畅度更高。

4．锁定对焦

对焦就是调节镜头上的调焦环，使影像落在焦点平面上，形成清晰的影像，通常智能手机的对焦都是自动的，但是画面中有人走动或物体移动的话，拍摄出的视频会呈现抖动现象，是因为手机在拍摄过程中在判断哪个移动的物体是主体，因此会不断地变换焦点，最终造成了画面闪动。所以人们在拍摄短视频时如果画面中有很多移动的元素，可以使用锁定对焦的方式来保证画面稳定的清晰度。

打开相机的视频，选定一个焦点长按屏幕3秒钟以上就会出现"对焦/曝光锁定"说明焦点位置已锁定，如图3-16所示。这样即

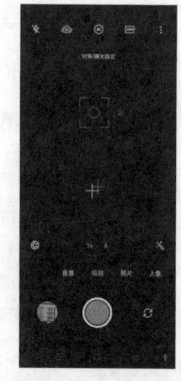
图3-16　锁定对焦

使镜头前有人走动或移动的物体，手机也不会再重新对焦，就不会造成视频的闪动。

5. 手机拍摄的节奏控制

短视频的时长从十几秒到几分钟不等，无论拍摄效果多么优质，如果始终保持一个节奏，就会显得平淡单调，用户会失去观看的耐心。如果像电影一样有节奏上的快慢变化，使剧情张弛有度，有亮点、高潮，才能吸引用户看完整个短视频。

延时摄影：延时摄影即快镜头，不适用于所有的短视频拍摄，虽然只在几种情况下使用，但却是亮点。针对一些单调重复的动作，使用延时摄影的方式拍摄就非常有效果，比如切各种菜备料，或者拍摄一朵花从花骨朵盛开，还有日出日落、车水马龙，短视频的时长本身比较短，一个动作如果拍时过长，就无法体现短视频的特点，且用户也会觉得乏味不爱看。那么用延时摄影就能很好地解决这个问题，将几小时或几分钟的视频通过拍摄压缩为几分钟、几秒钟，节奏变快了，视觉体验效果增强了，视频有视觉冲击力，有节奏感，才能吸引用户观看。

慢动作：慢动作和延时摄影恰好相反，是放慢视频的节奏，突出细节的展示，使画面更具张力，更有视觉的体验感，可以影响观看者的情绪，吸引注意力，例如，《舌尖上的美食》大量使用慢动作让食物更具魅力和诱惑力，比如拍摄手擀面制作过程中拍摄抖面条、吃面条，如果正常速度拍摄是看不出细节变化的，但是用慢动作拍摄抖面条就可以感受到每一根面条的线条感，以及面条上面粉散开的细节，吃面条的慢动作更是让人们感受到了面条的香和美味的体验，非常诱人。

> **拓展知识**
>
> 延时摄影的拍摄技巧：首先，拍摄时间至少5分钟以上，压缩出来的视频才能用，否则太短没内容可看。其次，要用三脚架拍摄保持稳定，并且设为飞行模式，不要让手机的偶尔来电振动影响拍摄，尽量减少和手机触碰，避免画面抖动。最后，要锁定对焦和曝光，避免手机随着光线的不断变化、对焦，导致拍出的效果不稳定。
>
> 慢动作拍摄技巧：首先，要拍摄有明显移动和变化的元素或体育、跳舞等有力量、有激情、有感染力的动作变化；其次，突出细节表现的场景和人物情绪变化或者是夸张的动作变化，如火苗、水滴、眼泪、武打动作等，用细腻有爆发力的情绪才能打动用户；最后，拍摄距离要近，突出质感与细节，可以利用微距拍摄，例如，用慢镜头透过女生的头发，感受在阳光的照射下头发的丝丝分明，更能体现细节的美感，配上优美的音乐，会非常的唯美，凸显青春的美好与年轻的活力。

(二）短视频的画面设计

拍摄优质的短视频画面，除了适合的拍摄工具，还需要对画面进行设计，运用理想的拍摄技法，完成整个拍摄过程。短视频拍摄技法的五大元素为：景别、角度、构图、光线、运镜。

1. 景别

景别是摄像机与被拍摄主体之间的距离，呈现出来就是主体在拍摄画面中的范围和大小，景别分为远景、全景、中景、近景、特写五种，而构图则是主体在画面中的位置，在拍摄时，当我们确定好景别后，就要考虑构图是否有美感。

远景：是视距较远、表现空间范围较大的一种，主要表现地理环境、自然风貌和开阔的场景和场面。如图3-17所示，远景的作用是展示巨大的空间，显示大范围动作，介绍环境展现事物的规模和气势。如果用无人机拍摄还可以体现大远景，比远景更远，拍摄广阔的大自然风景。

全景：主要用来表现被摄场景的全貌或人与动物全身动作，同时保留一定范围的环境和活动空间。全景画面与远景相比，有明显的内容中心和结构主体，重视特定范围内某一具体对象的视觉轮廓形状和视觉中心地位，侧重于叙事和表现情节，如图3-18所示。

图3-17　远景

图3-18　全景

无论是人还是物体,全景的外部轮廓线条以及相互间的关系,都能得到充分展现,环境与人物的关系更为密切。

中景:包括被摄对象膝盖以上部分或场景局部的画面。中景突出人物膝部以上的形体动作和情绪交流,有利于交代人和物之间的关系。另外,中景更重视具体动作和情节,是叙事功能较强的一种景别,如图3-19所示。

近景:包括被摄对象胸部以上部分或物体局部的画面。与中景相比,近景画面表现的空间范围进一步缩小,画面内容更趋单一,突出表现情绪变化与细节展示。近景常被用来细致地表现人物的面部神态和情绪,是将人物或被摄主体推向观众眼前的一种景别,如图3-20所示。

图3-19　中景

图3-20　近景

特写:特写包括被摄对象肩部以上的头像或某些被摄对象局部的画面。特写比近景更加接近用户,从细微之处揭示被摄对象的内部特征及细微的情感表现,更有视觉冲击力,如图3-21所示。特写可起到放大形象、强化内容、突出细节等作用,会给观众带来一种预期和探索的意味。

2.角度

拍摄角度是摄影师在拍摄时选择的高度与方向,直接影响视频画面的构图与美感和

图3-21 特写

情绪的表达，拍摄角度包括两个方面：拍摄高度与拍摄方向。

（1）拍摄高度指相机与被拍摄的画面之间的垂直高度，包括平拍、俯拍、仰拍三种类型，不同的高度拍摄呈现出不同的画面情感与气场。

平拍：是与人眼高度一致的拍摄视角，仿佛自己就在视频中的场景内，是最有代入感的视角类型和常用的拍摄角度，也是人们观察世界的角度，如图3-22所示。

俯拍：就是从高处向下拍摄，被称为"上帝的视角"。俯拍有居高临下的感觉，可以拍出场景的全貌，如大景、大场面，可以用无人机，也可以用手机自拍杆，或站在制高点拍摄等，可以拍出宏伟壮观的场面，如图3-23所示。

图3-22 平拍　　　　　　　　　　　　图3-23 俯拍

仰拍：是低角度仰头向上的拍摄技巧，给用户视觉上的震撼体验，如仰拍高大的建筑，英雄人物的雕像等，突出庄重感与气场。如果拍摄落叶、小动物气势等各种场景，可以将手机放在地面或蹲下向上拍摄，呈现不一样的震撼效果，如图3-24所示。

（2）拍摄方向指相机围绕被拍摄画面的四周选择拍摄点，主要包括正拍、侧拍与背拍。

正拍：在画面的正前方拍摄，能直观地呈现被拍摄画面的外貌形态特征。

侧拍：侧拍包括正侧面、斜侧面拍摄，正侧面拍摄指相机在被拍摄对象的正左侧和正右侧，呈现被拍对象的外部立体轮廓及侧面形态。

图3-24　仰拍

斜侧面拍摄指除正拍、正侧拍、背拍以外的其他任意方向拍摄的方法，不仅能丰富镜头画面，更能展示被拍对象的多面性，体现较强的空间感。

背拍：从被拍对象的后面拍摄，展示其所处环境，增强观众的参与感。

> **拓展知识**
>
> 　　其实，除了正拍、侧拍和背拍以外，还有一种从拍摄者的心理角度出发进行拍摄的，主要有主观镜头和客观镜头。
>
> 　　主观镜头代表剧中人的眼睛，强调"我们的眼睛与剧中人的眼睛合而为一"，是直接目击、观察大千世界中的人和事、景和物，或者表现人物的幻觉、梦幻、情绪等的镜头。
>
> 　　客观镜头代表导演的眼睛，是从导演角度（以中立的态度）来叙述和表现一切的镜头，用来展示情节的发展，呈现客观的描述。

3. 构图

构图源自于拉丁文的composition（构成），是指对造型素材进行取舍、组织、安排、建构，把构思中典型化的人或物加以强调、突出，从而舍弃次要的内容。一幅画面必然要有主要对象即主体，次要对象即陪体、环境背景。根据对象所处的空间，又可分为前景、背景等。突出主体画面要有主次之分，不可杂乱无章。视频拍摄通常有几种基本类型的构图，如中心构图、三角形构图、引导线构图、对角线构图、对称式构图、水平线构图、垂直线构图、三分法构图等。

中心构图突出主体：中心构图是将拍摄主体放到画面中间，达到突出主体平衡画面的目的，如图3-25所示。

三角形构图表现稳定感：三角形构图是指被拍摄对象的位置或形体在画面中呈三角

图3-25 中心构图

状,这种构图具有安定均衡又不失灵活等特点,如图3-26所示。

引导线构图引导形美感:引导线构图指拍摄画面中的对象成引导型线,从前景向中景和后景延伸,以此增强画面纵深方向的空间感。引导线可以是S形、弧形、直线形等各种形状,这种构图让画面独具韵律感,显得优美、雅致、协调,如图3-27所示。

对角线构图形成动感:对角线构图是指拍摄主体沿着画面的对角线进行排列,这种结构图与常规的横平竖直构图相比,在表达画面的动感与不稳定性或是生命力方面画面更加舒展饱满,观者的视觉体验也更加强烈,如图3-28所示。

图3-26 三角形构图   图3-27 引导线构图

图3-28 对角线构图

对称式构图的对称美：对称式构图是指按照对称轴或画面中心线，使画面中的景物呈轴对称或是中心对称的状态，形成一种对称的美感，但又不是完全对称，可以在对称中稍微有些变化，更显灵活，对称图构法常用于拍摄建筑、公路、隧道，效果十分出彩，如图3-29所示。

水平线构图表现平和稳定感：水平线构图整体上以地平线为主线，拍摄出来的画面带给人稳定感和平静安宁的气氛。水平线在画面中所处的位置决定了画面所表现的气氛，强化了平稳、宁静、阔远、宽广的画面氛围，如图3-30所示。

垂直线构图突显高大庄严感：垂直线构图更具深度及梦幻感，使拍摄景物显得高大挺拔，如图3-31所示。

三分法构图更具空间美：三分法构图是一种常用的构图方式，将画面水平分成三份，或者是垂直分成三份，拍摄主体放在画面位置的约1/3处，比如拍摄主体或人物的动作。三分法构图适用于大部分短视频内容的拍摄。在拍摄风景时，可以将画面的2/3留给地面，1/3留给天空，拍摄出来的画面更具美感，如图3-32所示。

4．光线

摄影是光线的艺术，必须选择适合主体的光线。光线宜少不宜多，并不是越多越能突出主体，光线过多反而会影响表达。熟练运用光线不仅是摄影师的基本功，也是体现

图3-29　对称式构图

图3-30　水平线构图　　　　　　　　图3-31　垂直线构图

图3-32　三分法构图

摄影师水准的重要标准。无论是照片还是视频，光线都起着决定性的作用。如果没有光线，那么即便拥有了完美的构图与布局也于事无补。要拍摄出优质的短视频作品，一定要掌握不同光源在不同情况下的使用方法。短视频常用的布光技法如光源、光位、光质等。

（1）光源的类型不同，效果各异，要做到熟练运用光源并不是件容易的事，首先，新手团队需要了解光源的不同类型。在摄影中，照明光源有两大种类：自然光与人造光。

自然光：指日光、月光、星光，以日光为主。其中，日光包括晴天时太阳的直射光与天空光，阴天、下雨天、下雪天时天空的漫散射光。一天之中，太阳光的直射角度会随着时间的推移而产生变化，这使得太阳光可以分为不同的照明阶段，在不同的照明阶段进行拍摄，会出现不同的拍摄效果，可以表达不同的情绪。例如，在早晚太阳光直射的时间段，太阳光与地面呈0~15度的夹角，景物大面积的垂直面被照亮并留下一段很长的投影，太阳光在穿过大气层后，光线变得分外柔和，与天空光的比例约为2∶1，在晨雾与暮霭出现的情况下，空气会产生强烈的透视效果。这时拍摄近景照片，色调会十分柔和。若拍摄场景照片，则能得到层次丰富、空间透视感极强的照片。

人造光：是指人工制造的发光体发出的光线，如聚光灯、漫散射灯、强光灯、溢光灯、石英碘钨灯等。家庭环境中的白炽灯等也属于人造光的范畴。

人造光是摄影常用的光源，它的运用范畴十分广泛，能最大程度上按照摄影师的设想呈现出理想效果。短视频创作团队很难在特定的拍摄时间内遇到合适的自然光，所以要依靠人造光源。对于基本的人造光源，拍摄人员需要不断熟悉，最终做到灵活运用。

（2）光位是指光源相对于被摄体的位置，即光线的照射方向。同一拍摄主体，在不同的光位下能产生不同的明暗效果。摄影中的光位千变万化，但归纳起来主要有7种，即顺光、前侧光、正侧光、后侧光、逆光、顶光及脚光。

顺光：即"正面光"，如图3-33所示，是指光线来自被摄体的正面，被摄主体受光均匀，整体看起来感觉明亮，曝光容易控制，拍摄主体的色彩饱和度高，色彩鲜艳但缺少明暗反差和阴影衬托，立体感较差，缺乏生气。所以，顺光在人像拍摄中常用作辅助光，适用于风光摄影、追求详细记录的侦查取证等。

前侧光：指从拍摄主体正面45度方位照射过来的光，如图3-34所示。前侧光是较常用的光位之一，在它的照射下，拍摄主体富有生气和立体感。在人像拍摄中，前侧光常用作主光。

正侧光：正侧光又称为90度侧光，正侧光下的拍摄主体呈"阴阳效果"。正侧光是人像摄影中富有戏剧性效果的光位，它能突出明、暗的强烈对比，如图3-35所示。

后侧光：又称侧逆光，是指光线来自被摄体的侧后方的光位，能使被摄体的一侧产生轮廓线条，使主体与背景分离，从而加强画面的立体感、空间感，如图3-36所示。

图3-33　顺光

图3-34　左前侧光、右前侧光

图3-35　左正侧光、右正侧光

图3-36 左后侧光、右后侧光

逆光：又称背光。如图3-37所示，是指拍摄时光线来自被摄体的正后方的光位，逆光的特点在于，它能使被摄体产生生动的轮廓光线，使画面产生立体感、层次感，增强画面的质感、意境和艺术感，同时还能使画面具有视觉冲击力。很多时候，逆光的拍摄需要配合反光板或闪光灯来辅助照明，以避免主体曝光不足。逆光多被摄影师用来勾勒被摄体的轮廓形状、拍摄剪影等。逆光构图时很重要的一点是使画面产生深色背景，否则轮廓线就不醒目。

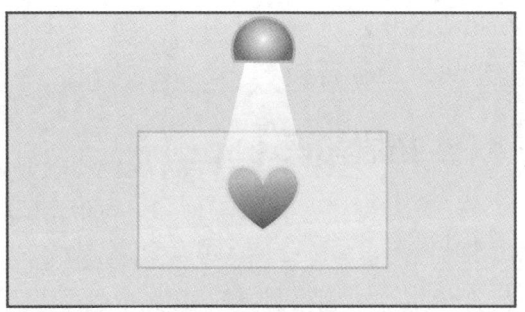

图3-37 逆光

顶光：顶光是指光线来自被摄体的正上方，如图3-38所示，如正中午的阳光。它的特点是，会在人物的眼睛、鼻子及下颌部位形成浓重的阴影，不利于人物的表现，通常不适用于拍人像。

图3-38 顶光

脚光：脚光又称底光。如图3-39所示，是指光线来自被摄体下方的光位，而在自然光中，没有脚光的光位，脚光很难营造出人物的美感，拍摄恐怖片用得多。

（3）光质。光质可以理解为光的性质，具体指光线的聚、散、硬、软，具体含义如下。

图3-39 脚光

聚光是指光来自一个明显的方向，这时被拍摄主体产生的阴影明晰而浓重。

散光是指光线来自若干方向，产生的阴影柔和而不明晰。

硬光一般指的是直射光，例如，闪光灯的光线、晴朗天气直射的阳光等都属于硬光。

软光也叫散射光或柔光，软光的明暗层次过渡柔和，反差小，如多云天气的光线、闪光灯前加上柔光罩后发出的光线、补光灯前加上柔光箱后发出的光线等，都属于软光。

在具体运用中，光能使拍摄主体产生强烈的明暗对比，有助于质感的表现，立体感强，适合表现黑白光影效果等。软光善于揭示物体的外形和色彩，但不善于表现物体的质感和细节，适合拍摄人像。为了营造不同的氛围，表达不同的情绪，拍摄者应当对光质灵活运用。

拓展知识

-布光技巧的提升

1. 室内人物视频的布光技巧

室内拍摄，如美妆、饰品、开箱视频等，要让观众看清楚演员的脸和动作，所以室内拍摄布光非常重要。要将补光灯或柔光灯作为主光布置在镜头后方，照亮画面中的所有演员。

如果发现演员身上留下比较重的阴影，就需要另一盏灯或者是反光板充当辅助光照亮主光留下的阴影。如果由于特殊原因，仍然觉得画面光线不够丰富，可以加一盏灯作为背景光照亮室内背景，让画面更具层次。

2. 室外视频的布光技巧

室外拍摄，由于阳光的漫反射，画面的整体亮度与清晰度高于室内。室外拍摄只需要追加一盏灯或者是反光板作为辅助光来照亮演员身上的阴影部位。

在晴朗的天气下，演员背后的地方会被光照亮，此时需要将背景亮光处进行模糊处理来突出演员，让观众的注意力集中在演员身上。一般的曝光技巧只能使拍摄主体在画面中呈现更清晰的状态，特殊的曝光则突出视频的格调，形成独特的风格，如文艺型布光、晶莹剔透型布光、冷暖对比型布光。

（1）文艺型布光。可以找一些干花、干树枝来制造树影，注意只使用一盏光源，重点是影子轮廓要尽量清晰。文艺型布光的方式拍出来的视频能增强产品的格调或者是人物的故事感。

（2）晶莹剔透型布光。如果拍摄的产品本身就是透明的，可以使用两盏灯作为光源，较大的光源放在产品的正后方充当主光，较小的光源放在产品的侧面形成反光效果。在产品的下方选用倒影板以拍摄倒影,主灯与产品之间放置半透明的PP瓦楞纸或较薄的纸巾来柔化光线,如果主光源用的是LED灯,可以去掉瓦楞纸,这种方法拍出来的视频质感十足。

（3）冷暖对比型布光。将两种不同色调的光打在同一拍摄主体上,适合情境创意拍摄。将两个光源放在拍摄主体的左右两侧,为确保拍摄效果,还可以将黑色的背景布放在前面与灯光之间,确保背景不吃光,且只有拍摄主体被光照射。冷暖对比型布光的拍摄效果更具立体感或神秘感。

5．运镜

拍摄时,镜头的运动被称为运镜。运镜就像是镜头在说话,它把整个画面带动得更有活力,同时也牵动着观众的视角,推动着故事的发展。下面讲述几种常用的运镜技巧：推、拉、摇、移、跟、甩、升降和悬空镜头。

推镜头。推镜头是一种较为常见的运镜技巧,是指拍摄主体的位置固定不动,镜头从全景或其他景位由远及近,向拍摄主体进行推进,逐渐前推成近景或特写的镜头,这种镜头在实际拍摄中主要用于描写细节、突出主体、制造悬念等。

拉镜头。拉镜头的拍摄手法恰恰与推镜头相反,拉镜头是指拍摄主体不动,构图由小景别向大景别过渡,镜头从特写或近景开始向后移,逐渐变化到全景或远景,视觉上会容纳更大的信息,同时营造一种远离主体的效果,给观众带来场景更为宏大的感受。

摇镜头。摇镜头指镜头跟着被拍摄物的移动进行拍摄,脚本中时常提到的"全景摇"就是指用摇镜头的手法,拍摄全景。摇镜头常用于介绍故事环境,或侧面突出人物行动的意义和目的。它与其他拍摄技巧的区别在于,摇镜头拍摄时,镜头相当于人的头部在看四周的风景,但是头的位置不变,只是转头的方向,也就是摄像师不动,相机在动。

移镜头。移镜头指镜头沿水平面做各个方向的移动拍摄便于展现拍摄主体的不同角度。

跟镜头。跟镜头与大家常说的跟拍差不多,拍摄主体的状态为运动状态,镜头跟随其运动方式一起移动。跟镜头在实际运用中,能全方位地展现被拍摄主体的动作、表情,以及运动方向。

甩镜头。甩镜头指一个画面结束后不停机,镜头急速摇转向另一个方向,从而改变镜头的画面内容。甩镜头有两种形式,一种是在同一场景里使用甩镜头切换画面内容,另一种是使用甩镜头切换到不同的场景。

升降镜头。升降镜头分为升镜头和降镜头两种不同手法。升镜头指镜头做上升运动,甚至形成俯视拍摄,这时画面中是十分广阔的地面空间效果。降镜头是指镜头随升降机做下降运动进行拍摄,多用于拍摄较为宏大的场面,以营造气势。

悬空镜头(无人机拍摄)。悬空镜头指摄影机在物体上空移动拍摄的镜头,拍摄团队如果用这种镜头拍摄,画面恢弘有气势,一般会产生浩大壮观的画面效果。

拓展知识

"高级感"短视频的四大拍摄技巧

只要熟练掌握一些拍摄技巧,就可以拍摄出具有高级感的短视频。

1. 巧用构图

优质的视频构图凝聚着拍摄者的匠心与高深技巧,对缺乏拍摄经验的新手而言,在不同的场景中熟练运用高级感的构图是困难的,这里提供三个颇具艺术感的构图技巧,拍摄者可以依据拍摄现场的不同进行灵活运用。

(1)以墙角等为背景进行拍摄。以墙角等为背景面对房间的对角线进行拍摄,会增加空间的深度。

(2)融入外景。如果拍摄场景中有窗户,窗户外的景色进入画面时,这些不起眼的外景能起到强烈的环境暗示作用,同时还能增加画面的深度。

(3)拒绝空旷。室外拍摄时可加入一些景物,如小房子、风车等,可以增加画面的元素。这些景物可以被虚化,但一定要存在,可以为空旷的外景增加层次感。

2. 创造景深

当镜头对准拍摄主体调节焦距时,主体的前方或后方会有一段清晰的距离,这段距离便称为景深。景深有时会成为决定一个镜头是否具有高级感的关键,光圈、镜头到拍摄物的距离是影响景深的重要因素。可以通过给相机配备大的传感器,调出大光圈或调出长焦距等来营造景深。

3. 让配音成为亮点

好的短视频,连声音的处理都精益求精。例如,在电影中凸显一滴水滴入的声音等,可以强化听觉的感受。利用高性能的录音设备,将一切混音在真实的基础上加以戏剧化,让声音成为短视频的亮点之一。

4. 玩转色彩

色彩能决定观众的情绪:冷色调让人感觉压抑、苦闷甚至恐怖;暖色调适合表现神秘的气氛;饱和度对比强烈的色彩让人心情愉悦;黑白色给人满满的怀旧感……用适合的色彩来表达短视频的特定情绪,引起观者的同感。

三、各类主题短视频的拍摄要点

对于优秀的短视频作品,不仅要清晰地展现拍摄主体,还要明确体现视频要表达的主题,针对各种类型短视频都有自己的拍摄要点,熟练掌握这些知识和技巧,才能拍摄出高质量的短视频,这里我们从商品推广类、休闲生活类、美食类和知识技能类短视频入手,对不同类型短视频的拍摄进行分析详解。

各类主题短视频的拍摄要点

(一)商品推广类

以短视频为媒介结合短视频平台,将适合的产品融入短视频营销,商品推广类短视频的拍摄需要遵循一些原则,例如,清晰地展示商品的外观、商品的功能优势,并且赋予情感内涵。

1. 展示类短视频

商品展示类短视频需要运营者将商品放入一定的场景进行展示,或是在视频中构思简单的故事情节将视频变得更加丰满。商品展示类短视频的拍摄要点如下。

营造适合的拍摄场景。商品展示类短视频要做到自然、生动、有生活气息,能吸引和打动观众,比较好的方式之一就是将商品融入适合的场景中进行拍摄。如图3-40所示,厨房用品选择干净整洁的厨房内拍摄。

图3-40　营造适合的拍摄场景

构思故事情节、融入生活技巧。除了适合的场景，运营者还可以让短视频更富有情节性。比如，构思一个故事情节引入商品，或是将商品展示融入一些生活技巧中，这样的展示形式更容易被观众所接受，如某抖音博主在展示洗碗机时，就在展示之前安排了一个小故事，在短视频中，故事开头是男主人公的妻子提议买一个洗碗机，而婆婆不同意，丈夫则夹在两个女人之间左右为难。这时主播突然出现表达自己的观点，并以实物为例进行展示，打消婆婆的疑虑。

而另一种方式是将商品融入生活技巧中进行介绍，如大多数的服装穿搭账号，都是以不同风格的穿搭技巧来展示，配合模特试穿，将上衣或短裙、裤子等服装组成不同的套装展示给观众。观众看到一件单品可以有这么多种搭配，并且上身效果非常好，解决了自己不会搭配的困惑，感觉非常有吸引力，很容易下单购买。

2. 制作类短视频

商品制作过程类的短视频，因为拍摄出了美食的色香味，更能吸引用户，增进食欲。制作类短视频以甜品类美食为典型代表，通常甜品类食品的外观十分诱人，而视频拍摄的过程则一定要展示出外观"色"的变化，以及简单易学的制作程序，吸引用户一起学做美食，其拍摄要点如下。

（1）机位灵活切换。在拍摄商品制作过程短视频时，一方面需要对于制作的关键步骤进行讲述，另一方面需要对看上去色香味俱浓的成品进行展示，让人看了就想咬一口，就有购买的欲望。在拍摄制作步骤时，如果是多个位置固定拍摄，就要对制作平台的备料、每一个操作过程进行俯拍及特写来突出细节。而在拍摄成果时，可以采用移镜头进行拍摄。

（2）高颜值的道具配合。烘焙是一件很美、很雅致的享受生活的乐事，能为生活增添许多浪漫情趣。所以与之配合的道具也需显得"雅致"且"颜值高"，才能将观众带入生活的氛围。在如图3-41所示的短视频中，不管是制作美食所用的餐盘工具、包装纸盒，还是食物本身，都十分赏心悦目，而美食更是诱人。

图3-41　高颜值美食

3. 评测类短视频

商品评测类短视频的内容重点是播主对商品进行测评，在拍摄中全面展示该商品的外观、性能、材质及使用方法等，增强视频内容的信服度。从这一角度出发，商品评测类短视频的拍摄要点如下。

（1）真人出镜。商品评测类短视频需要做到真人出镜，可以增加信服度，同时塑造播主极具特色的个人风格，增加账号魅力，吸引更多的用户，打造专属IP。比如B站的某博主是国内比较有名的数码类产品评测团队，其目前拥有百万粉丝，每一期视频都是播主真人出镜讲解。

（2）多景别灵活切换。为了体现商品评测的客观性，需要对于评测的商品进行多方面的展示，同时配合播主的语言讲解。所以在视频中，会涉及测评商品的全景镜头和特写镜头的不同景别切换。在展示一款或是多款商品时，需要运用全景镜头向观众展示商品的全貌，也需要特写镜头来放大商品的多处细节。多景别的结合能体现评测的全面性与缜密性，增加观众对内容的信服度。

（3）纯色背景与台面。在后期制作时，通常需要将播主的讲解转化为字幕，因此，布置用纯色背景与台面进行拍摄，更能提高后期制作的效率，使得字幕清晰又突出。

4. 采摘类短视频

农产品采摘、装箱类短视频所拍摄的商品，属水果类较多，消费者一开始担心平台销售的产品"货不对板"，为了打消消费者的顾虑，一些比较原生态的采摘果园，商家将采摘与装箱过程拍摄出来，以此体现商品的真实、新鲜。商品的产地采摘、装箱类短视频的拍摄要点如下。

（1）尽量采用长镜头。在产地拍摄采摘或是装箱的短视频，其中一大目的是向观众展示水果原产地的真实性，表明水果十分新鲜。如果短视频中出现过多的剪辑镜头或许会让短视频变得更加精致，但却会让观众留下"采摘的水果是否与发给我的为同一批"这样的疑惑。

（2）让水果看起来干净、新鲜。在拍摄产地采摘、装箱类短视频时，让商品看起来更诱人，会对销量产生积极的促进作用。当商品为水果时，拍摄在果园里现摘现吃的视频，将水果切开，看到果汁水分超多，可以表现出水果的新鲜，激发人们的购买欲望。例如，山西省隰县玉露香梨的短视频就是在果园中拍摄，播主现摘现吃，看到梨的果肉晶莹剔透，而且咬一口听到声音酥脆，满口水嫩的梨汁，小孩老人都能轻松咬动，如图3-42所示。

图3-42　水果采摘干净、新鲜

（二）休闲生活类

以记录生活和休闲时光为主题的短视频，如短剧类、街拍类、日常生活类。新媒体时代，每个人都是生活的主角，都可以自己的视角记录生活，分享生活，其拍摄需要遵循的原则如下。

保持真实，"源于生活，又高于生活"是获得万千观众喜爱的原因之一。拍摄要领是从平凡的生活中提取能让大众产生共鸣的主题录制，不用包装，简单真实，易感染人。

镜头稳定，画面清晰。生活记录类视频拍摄大多在户外，或需播主手持相机进行拍摄，建议选用高清防抖相机或配备云台等稳定器，保持画面的清晰稳定，结合走心的文案和精彩的内容才能让观众看得更舒心。

1．短剧类短视频

短剧类短视频比较依赖剧本，在前期策划的时候就需要准备大量的创意剧本，以便后期持续进行输出，其拍摄要点如下。

（1）镜头稳定。短剧类短视频大部分选用的画面比例为9∶16，需要前期设计好每一帧画面的构图，最好是在优化拍摄脚本后，再进行拍摄。B站某博主的短视频就用9∶16的画面展示故事，情节设计及拍摄效果优如看电影，一下子吸引了观众，效果相当不错，很受欢迎。

（2）转场镜头自然流畅。短剧类短视频尤其要注意转场镜头的衔接，是为了让整段视频显得自然流畅，建议最好是采用剧情推动转场。常见的剧情推动转场包括特写转场、主观镜头转场、声音转场等方式。不建议采用十分花哨的转场特效，在娓娓道来的故事叙述中，过分花哨的转场反而会造成突兀感。

2．街拍类短视频

街拍类短视频一般以街头采访为主流，而街头采访的即时性和不确定性恰恰是这类视频的趣味所在。由于视频受众一般以年轻人居多，他们对于新鲜事物的接受度较强，也乐于参与自发性传播，因此街头采访中具有话题性的"神回复"往往能获得受众的青睐与转发，从而获得较多的流量。除街头采访外，街头"潮人"们的穿搭拍摄也是街拍的重点。总体来说,要做好街拍短视频,需要注意以下两个拍摄要点。

(1)在对象人流密集处取景。街拍类短视频需要到采访对象或是拍摄对象的聚集处进行,这样才能收集到足够多的原始素材。如"潮人"的穿搭,如果是拍摄街头采访,那么要依照问题限定的采访对象来进行选择,如某抖音账号的拍摄地点就是在成都的著名的太古里,吸引了更多的人来这里打卡。又如爆笑街头采访"如果只剩两块钱你会拿来干什么"就在街头年轻人多的地方,年轻人的回答问题也是让人爆笑不断。

(2)提前锁定焦距。街头采访与街拍类短视频都有一个共同点,拍摄地点位于室外,导致不可控的环境因素较多。例如,拍摄主体身后来来往往的人潮就是影响拍摄的因素之一,尤其是对焦距的影响很大,所以在开始进行录制前,拍摄者需要提前锁定焦距,而不要使用自动对焦功能,否则拍摄主体身前身后一旦有路人经过,就可能产生拍摄设备自动调焦而导致主体虚焦的问题。

3. 日常生活类短视频

这类短视频最符合抖音的"记录美好生活",吸引更多人在平台发布美好生活。虽然短视频类型很多,但日常生活类是最"接地气"的类型,有很多新入行的创作者都选择成为"vlogger"记录日志者,也就是持续发布短视频来记录日常生活的人。这类短视频的拍摄要点如下。

(1)播主不可占满画面。日常生活类短视频常见的一种拍摄手法就是播主以自拍的形式,记录和讲述自己的生活,这也是最早兴起的vlog模式。但在进行这类拍摄时注意,不要让自己的上半身占据了整个画面,一定要为身后的场景留出展示的空间。这样让观众能切实看到播主所处的环境,有相似的环境,才会产生共鸣,对于其讲述的事情才会更加感同身受。

(2)花样拍摄与剪辑为视频增加亮点。日常生活类短视频很大程度上依靠播主的个人魅力吸引粉丝,因为不会有过多转折性的剧情。这类短视频可以考虑在拍摄与剪辑上下功夫,为短视频增加亮点。比如某B站博主的"vlog|学习&生活|效率还行的日常|每天都很充实"的短视频,如图3-43所示的短视频里就有很多拍摄与剪辑手法,采用

图3-43　花样拍摄与剪辑亮点

了对播主做菜吃饭、倒饮料的特写，以及镜头的慢放，与这条短视频中学习镜头的快速度、多机位的拍摄手法相对比，显得非常有故事感。在短视频中还出现了一只漂亮的白色的猫在懒懒地睡着觉，舒服地蜷成一团，显得温馨有爱，背后平拍、后侧俯拍不同的学习画面，近景、中景与特写的切换，使画面和谐，节奏感强。

（三）美食类

美食是人类永恒的主题，那些令人垂涎欲滴的美食，是观众喜爱的短视频类型之一。物质生活丰富的今天，人们对于食物的要求越来越高，食物不只是解决温饱，更是享受的体现。各类美食主题主要包括探店、评测、制作三大类型。不管是哪种类型的美食类短视频，都需要遵循美食类短视频的统一拍摄原则。

（1）寻找合适的光线与角度。美食不仅仅是美味的，其外观也一定是诱人的。因此，需要寻找适合的光线及角度进行拍摄。例如，对于色彩饱和的冰激凌，可以选择在日光下进行拍摄，角度可以按照不同的视频需求进行选择；而热气腾腾的红油火锅，则最好在暖光下，从台面的45度角方向进行拍摄，否则水蒸气容易沾到镜头上，影响拍摄效果。

（2）注意保持画面的简洁。在拍摄甜点或是火锅等美食时，对台面上的杯盘碗碟及物料用品进行技巧性的摆放，以保证视频画面的简洁、有序，营造构图上的美感。注意：不要使用透明胶垫或是一次性塑料桌布这类物品，这类物品不够雅致且易反光，使用不当会严重影响视频的观感。

1. 美食探店类短视频

美食探店类短视频，是记录播主亲身探寻当地人气美食的过程与体验的短视频。这类短视频的播主大多会真人出镜，提前对人气美食进行品鉴，并将自己的体验和感受及时进行分享，为"粉丝"给出"是否值得一去"的建议。这类短视频的拍摄要点如下。

（1）提前展示周边环境。在进入店铺或是美食街等目的地前，最好提前拍摄下其周围环境，甚至可以在配音与字幕中描述一下附近的标志性店铺和外部环境，如店外的环境、店铺的招牌、特殊的装饰物、代表性的吉祥物以及附近的标志性建筑物等。这样一方面向观众介绍店铺的层次、格调等，让观众从店铺的外观了解其风格形成记忆；另一方面方便观众自行前往探寻打卡，更精准地找到目的地的位置，如图3-44所示。

（2）抓住拍摄时机。最好选在用餐高峰时段拍摄美食探店类短视频，对店外排着长队的各色情态的人群，店内用餐的各种热烈兴奋的人群进行画面的展示，最能吸引粉丝的进入。虽然会增加拍摄的时间成本，但也带来了两大好处：一是向观众展示这家店的火爆情况，二是提醒观众在实际到店时需要预留出排队时间，也可以提醒观众在美团等App提前预约，节省排队时间，如此便可以优化观众的体验感，提升观众对播主及账号的忠诚度。

图3-44　展示店铺外环境与招牌

如果探店时在用餐高峰时段并不存在排队的情况，那么播主可以向观众展示店铺当下真实的客流量，并结合对店内美食点餐店的体验，进行话术上的提炼。如"无人知晓的宝藏店铺""冷门美食""特别的味道"等。另外，在进行探店类短视频的拍摄时，最好自带补光灯。因为不同类型的美食店铺，为了营造氛围，会应用不同亮度、色调的灯光。例如，有的店铺灯光通常会设计得比较暗，给客人营造一种静谧的氛围，而这样的灯光不利于视频拍摄，所以自带补光灯为播主或是美食进行补光就十分必要。

探店类短视频主要是展现当地各个类型的店铺，包括了衣食住行各个方面，可以看作地域性的吃喝玩乐攻略。其中最受欢迎的是美食探店，因为这类短视频往往由个人风格极强的播主出镜，搭配自带流量的美食，而美食又是所有人的必需品，也是人们很热衷的享受，吸引人们的眼球。具有代入感的心理，再加上营销性的语言推广，让观众们难以抵挡。

2. 美食评测类短视频

美食评测类短视频，与美食探店类短视频乍一看十分相似，细究起来却有许多不同。探店类短视频包括对一个人气美食店方方面面的体验，即对美食味道的品鉴、对店铺装修风格、服务品质和上菜速度的体验等。而美食评测类短视频，则更精专于对某款美食味道的品尝。美食评测类短视频的拍摄要点如下。

（1）多方位的点评与展示。既然精专于品鉴美食，就需要对美食的外形、气味、口感等发表自己的见解，并向观众进行清晰的展示，让观众产生好像自己正在食用这款美食的沉浸感。拍摄美食评测类短视频的关键在于播主除了要对美食进行点评与展示，还要及时分享自己的感受。例如，吃到甜食感觉心情愉悦，吃到辣椒感觉嘴部发麻等。

（2）多款美食进行对比。单评测一款美食，播主只能通过语言、面部表情及动作展示等，将对美食的体验传达给观众。如果语言形容不到位，则容易让观众产生乏味感，那么这段短视频的数据也会受到影响。一些播主会将不同的美食进行对比评测，这种方式不仅可以增强短视频的趣味性，也可以给观众带去更直观的感受。例如，某位播主将鬼椒面与火鸡面进行对比评测，看哪个更辣。这样新颖的方式，观众会觉得十分新鲜，大家都知道火鸡面特别辣，那么鬼椒面与火鸡面对比到底辣到什么程度？观众能通过生活经验直接地体会到。

3. 美食制作类短视频

美食制作类短视频是美食类短视频中对播主要求最高的一类。如何制作？如何拍摄？如何才能让观众最大限度地体会到治愈感与满足感呢？重点在于要让观众在视频画面中看到了色香味俱全的食物，隔着屏幕仿佛闻到了味道，刺激了观众的味蕾食欲大增，如同眼睛"吃"到美食。要做到这点，拍摄美食制作类短视频就需要满足以下两个要点。

（1）展示美食的变化过程。制作美食的本身是一个非常治愈的过程。食材与调味料巧妙结合后，通过炒锅或是烤箱的加工，会产生魔法般的变化，不仅食材的模样变得成熟，空气中也会弥漫诱人的香气，这就是制作美食之所以治愈人心灵的原因。拍摄美食制作类短视频的关键之一，就在于展示美食变化的过程，如图3-45所示。例如，蛋挞随着烘烤时间的推移，中间的部位慢慢凸起，在这个过程中，好像蛋挞的浓香已经飘浮在空中。这样美妙的过程，无疑能让观众们紧绷的神经，在一整天的繁忙工作后慢慢放松下来，想要享受这美好食物带来的快感。

图3-45　展示美食的变化过程

（2）运用高颜值道具。短视频要打造能让观众用眼睛"吃"到的美食，除了展示美食变化的过程，还有一点是十分重要的，就是要运用高颜值的道具。美食制作类短视频之所以如此受欢迎，就是因为它在治愈人情感的同时，展示了一种精致舒适的生活态度，观众在观赏美食制作的同时，也在憧憬这样精致、美妙的生活。所以，美食制作类短视频必须"精致到骨子里"，做到台面整洁、摆放有序、构图合理、道具精致，如图3-46所示。某主播在短视频中复刻出了某影视剧的马奶糕，既有中原糕点的口感，又带有内蒙古的特色。在剧中，这道马奶糕都是某公主对皇上的一片孝心所奉，也能表现人们对父母亲人的爱，其制作食物和道具都十分讲究，画面也运用了典型的对角线构图，颜值都十分在线，精致感扑面而来，观众看着自然心情愉悦。

图3-46 运用高颜值道具

（四）知识技能类

知识技能类短视频以知识分享为主，是大众学习专业技能和获取更多生活知识技能的良师益友。基于其表达方式的不同，可以分为：技能展示类、教学类、知识、技巧分享类短视频等。拍摄知识技能类短视频的根本目的，是教授观众一项技能，以解决实际生活中的某个问题，实用性强。拍摄这类短视频需要遵循的原则如下。

（1）以展示问题、解决问题为主。抓住用户群体在工作中常见的问题展示，具体到问题的每一处细节，让观众有沉浸感，有继续观看的欲望，再针对这一问题给出有效的解决方法和具体的操作方式。同时把握好节奏，不可拖沓。

（2）重在操作。首先展示的解决方法真实有用，其次展示操作要熟练专业，清晰明了。让观众有良好的视觉感受。

1. 技能展示类短视频

技能展示类短视频也可细分到各个领域，比如绘画技能、舞蹈技能甚至各种冷门技能。播主需要用自身所掌握的某方面技能来吸引粉丝，配合音乐与剪辑，营造自己的独特形象，打造领域个人IP。这类短视频的拍摄要点如下。

（1）拍摄时保持设备平稳。如果展示的技能是运动类技能，如滑板、舞蹈、篮球等，那么很可能要涉及同步拍摄。需要借助辅助设备来完成拍摄，如手机稳定器或是相机稳定器等，可以保持画面清晰、不晃动。

（2）合适的景深。在拍摄静态的技能展示视频时，如唱歌类短视频，通常都是播主位置不变，加上乐器的配合，所以需要固定机位进行拍摄。在这类短视频中，由于整段视频的画面构图，即拍摄主体与背景之间的距离基本保持不变，所以要在拍摄前就设计好合适的景深让画面保持主体清晰背景模糊的状态。

2. 教学类短视频

教学类短视频侧重于"教学"，通常在片头就会抛出本次视频所教授的知识技能，然后再利用播主所掌握的知识、方法来进行具体的教学。目前短视频平台上比较常见的是各类软件教学或者技能教学等。这类视频在细分领域后面比较窄，感兴趣的播主可以加大难度进行教学，最好逐渐形成独特的个人风格，语言上尽量通俗易懂。教学类短视频的拍摄要点如下。

（1）剪辑清晰、步骤齐全。常见的教学类短视频中的每一项技能，都包含几个关键步骤，不是一步就能完成的。而教学类短视频的核心也是向观众展现这些步骤，因此，在进行短视频拍摄或录制时，播主需要将技能的每一步都进行清晰的展示，如果是PS这类技能教学，则需要做到让观众看清楚每个步骤所使用的工具是在哪里选中的，将每一步选用的工具，或是使用的快捷键都展示得十分清楚，如图3-47所示。

图3-47　剪辑清晰、步骤齐全

（2）字幕、语速很重要。教学类短视频的字幕与画面是指导观众进行技能学习的两大关键之处，在观众无法理解或不能确定一些语句或词汇时，能依靠的便只有字幕。所以，在教学类短视频中，字幕是十分重要的，后期制作时一定要加上。

除此之外，播主在对短视频进行配音时，整体语速偏快一些更佳，这样既能保证完播率，也能让观众在短时间内获得更多的"干货"知识。但要注意的是，在不同的地方可以使用不同的语速，例如，在步骤讲解处语速要适当，让观众听清楚，而在评论之类的语句上，则可以加快速度，避免观众因为失去耐心调整进度条或是放弃观看这段短视频。在进行软件教学时，播主们大可不必循规蹈矩地教课，而是应当拓展思路，结合在实际运用的过程中会遇到的各类问题进行趣味教学。

3. 知识、技巧分享类短视频

知识、技巧分享类短视频有别于教学类，这类视频偏向于分享小知识、小技巧，可以帮观众解决一些生活中的小问题，或是增加一些生活中的小乐趣。这类短视频的拍摄要点如下。

（1）用特效将步骤形象化。在知识、技巧分享类短视频中，时常涉及某件事的完成步骤，如套被子的步骤、叠衬衣的步骤等。在制作视频时，为了将步骤表现得更加形象生动，便于观众理解、学习，可以选择为每一个步骤添上后期特效。如图3-48所示，将方法中的关键点用图形特效加以标明。

（2）运用俯拍镜头。知识、技巧分享类短视频在拍摄时，要注意配音与剪辑速度的节奏匹配，可以多运用俯拍镜头，便于更好地进行展示，如图3-49所示。

短视频的类型很多，各有特色，制作也各有不同的要求，想要做好各类优秀的短视频，清晰地展现拍摄主体，明确表达其主题，我们还是要多去了解各种类型短视频的拍摄要点，熟练掌握这些知识和技巧，才能拍摄出高质量的短视频。

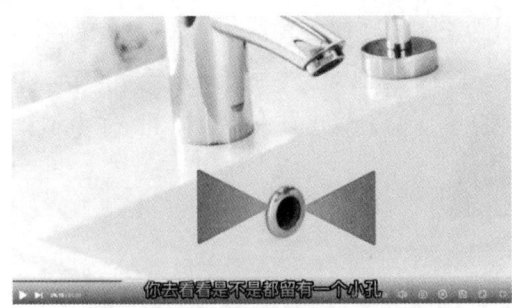

图3-48　用特效将步骤形象化

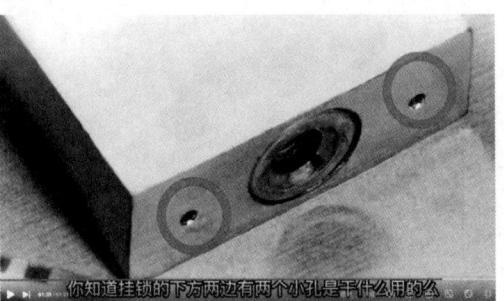

图3-49　运用俯拍镜头

拓展知识

绿幕拍摄

在视频制作中，当我们需要的外景或背景无法拍摄时，可以对人和物进行绿幕拍摄，然后抠图放入外景及相关背景中，实现合成效果。绿幕的拍摄中相关注意事项如下。

（1）背景架尽量用高一点、宽一点的，如3米左右，同时注意减少褶皱。

（2）人物不要站得离背景太近，避免绿色的光反射在身上。

（3）可以适当地用大光圈来拍摄，有一定景深，通过背景虚化，让后面的绿幕变得平滑，没有褶皱。另外，还可以消除可能存在的阴影和高光点，能让后期处理简单方便些。

（4）不要穿绿衣服、首饰等，拍摄对象的颜色尽量不要和背景颜色重合。

（5）尽量用散射光在左右两边各打一处灯光，使背景色均匀，保证人物后面用于抠像的轮廓部分比较均匀。

（6）面光和背景光要保持均衡，避免面光太亮，背景光太暗，背景太黑，不好抠图，且面光不要打得太高、太硬，避免人物脖子上留下对比过于强烈的阴影。

思政园地

中国玉露香梨第一县 数字化产业振兴之路

2019年5月16日,中共中央国务院办公厅发布《数字乡村发展战略纲要》,即肯定了乡村数字化建设在推动农业农村现代化中的重要作用,同时,将数字乡村提升到数字中国战略的重要高度。

山西省隰县依托玉露香梨产业,借助"互联网+",大力发展农村电商,不但成功脱贫摘帽,更从一个不知名的偏远县域一度成为全国知名的网红县。隰县是国家命名的"中国金梨之乡"和"中国酥梨之乡",先后被确定为国家生态原产地产品保护示范县、山西省"一县一业"玉露香梨生产示范基地县、国家级出口水果质量安全示范基地县,如图3-50所示。

图3-50　玉露香梨生产示范基地

隰县所产玉露香梨被国家梨产业体系专家公认为"中国第一梨",先后荣获北京奥运推荐果品一等奖、中华名梨北京梨王擂台赛金奖、"中国大美梨""后稷特别奖""中国果品区域公用品牌50强"等。从"中国玉露香梨第一县"到国家"数字农业先进县",隰县抓住产业互联网机遇,再次走在了数字化转型的前列,此间大力发展了短视频宣传的新媒体功能,如图3-51所示,振兴农村发展,助力农民创收。

图3-51　短视频宣传的新媒体功能

同步练习

一、单选题

1. 哪种拍摄工具最能拍出气势磅礴的大场面？（ ）
   A．智能手机　　　B．专业相机　　　C．无人机　　　D．家用DV摄像机

2. 哪种景别的拍摄能从细微之处揭示被摄对象的内部特征及细微的情感表现，更有视觉冲击力？（ ）
   A．远景　　　B．特写　　　C．近景　　　D．中景

3. 手机的智能化程度越来越高，想要拍摄优质的短视频，选择高性能的手机首先是高分辨率，为了提升用户或粉丝的观看体验，建议选择（ ）以上的分辨率进行拍摄短视频。
   A．720P标清　　　B．1080P高清　　　C．4K超清　　　D．1280×720像素

4. 为使剧情张弛有度，有亮点、有高潮，吸引用户看完整个短视频，可以用快镜头来增强视觉体验效果，使视频富有视觉冲击力和节奏感，从而吸引用户观看，以下哪个功能能实现快镜头的拍摄？（ ）
   A．对焦　　　B．延时摄影　　　C．微距　　　D．慢动作

5. 哪种角度的拍摄能给用户视觉上的震撼体验，体现高大的建筑及英雄人物的雕像？（ ）
   A．侧拍　　　B．平拍　　　C．俯拍　　　D．仰拍

二、多选题

1. 拍摄常用的辅助器材有哪些？（ ）
   A．稳定器　　　B．LED灯　　　C．三脚架与自拍杆　　　D．麦克风

2. 不同的平台对视频比例的要求不一样，目前多个不同平台适用的比例有哪些？（ ）
   A．1∶1　　　B．16∶9　　　C．9∶16　　　D．3∶4

3. 商品展示类短视频的拍摄要点应该从哪些方面考虑？（ ）
   A．营造适合的拍摄场景　　　B．提前锁定焦距
   C．构思故事情节或融入生活技巧　　　D．尽量采用长镜头

4. 美食类短视频都需要遵循的统一拍摄原则有哪些？（ ）
   A．用特效将步骤形象化　　　B．寻找合适的光线与角度
   C．专业人士出镜　　　D．注意保持画面的简洁

5. 当需要的外景或背景无法拍摄时，可以对人和物进行绿幕拍摄，然后抠图放入外景及相关背景中，实现合成效果。绿幕的拍摄中相关注意事项有（ ）。
   A．不要站得离背景太近，避免绿色的光反射在身上

B. 尽量用高一点、宽一点的背景架，最好用3米左右，同时注意减少褶皱

C. 面光和背景光要保持均衡，避免面光太亮，背景光太暗，背景太黑，不好抠图

D. 尽量用散射光在左右两边各打一处灯光，使背景色均匀，保证人物后面的用于抠像的轮廓部分比较均匀

三、填空题

1. _____构图从前景向中景和后景延伸，以此增强画面纵深方向的空间感。
2. 摄影中的光位千变万化，但归纳起来主要有7种，即_____、_____、_____、_____、_____、_____、_____。
3. 光质可以理解为光的性质，具体来说，就是指光线的_____、_____、_____、_____。
4. 拍摄角度是摄影师在拍摄时选择的高度与方向，拍摄高度是指相机与被拍摄的画面之间的垂直高度，包括_____、_____、_____三种类型。拍摄方向是指相机围绕被拍摄的画面的一周选择拍摄点，主要包括_____、_____、_____三种。
5. 短视频常用的布光技法有_____、_____、_____等。

四、简答题

1. 简述拍摄高级感的短视频有哪些拍摄技巧。
2. 简述布光技巧的提升策略。

任务实施

根据选题、对策划好的短视频类型、进行拍摄。

以当地的旅游与电商融合为大环境，为某休闲生态旅游区或最美乡村为任务，设定为制作宣传推广的多个系列短视频为项目的工作任务。

（一）实训背景

（1）大数据资料：收集和检索本地区的休闲生态旅游区或最美乡村的相关信息和资料。

（2）实地考察：结合对本地区的休闲生态旅游区或最美乡村的相关信息和资料的深入了解，进行实地考察，从风景、人文、生活（美食、娱乐）、经济各方面综合考评，进行短视频运营的工作项目式训练，策划制作多个系列短视频，如某最美乡村作为实训任务。

（二）实训目标

（1）了解短视频拍摄的设备和技法。

（2）掌握根据实际情况，运用相关拍摄技法，对策划好的短视频类型进行拍摄。

（三）实训内容

根据大数据资料和实地考察，确立项目选题为"某最美乡村短视频运营"，从风景、人文、生活（美食、娱乐）、经济等各方面内容策划，为不同内容的短视频类型进行拍摄。根据前期调研材料结合实训背景，分析并完成表3-1。

表3-1　　　　　　　　　　某最美乡村短视频运营

主题	包含的类型	拍摄要点
美食		
生活		
人文		
风景		

（1）总结四大主题各类短视频的拍摄要点。

（2）结合"最美乡村"的项目，分组拍摄四种类型的短视频，从四大主题中各选一类拍摄，每个主题选一种类型拍摄。从经济、生活、人文、风景四个方面宣传和打造"最美乡村"。

完成实训任务后，教师安排小组之间互相评比，随后教师对各个小组的实训做出评价。

任务四　短视频剪辑创作

短视频拍摄与剪辑是将前期构思转化成视频画面的过程。好的拍摄技术可以保证短视频的画面效果与质量，好的后期剪辑可以对短视频画面进行美化，使画面过渡更加自然、合理。

本任务将从视频的基础知识，以及PC专业剪辑软件、手机端剪辑软件的剪辑技法，视频的发布等方面讲解短视频的创作。

案例导读

不用放味精就能提鲜的盐你还没用过？

该视频的品类是食盐素材类型，单人口播时长为21s，视频的观看及转化效果非常好，点击率：A，点击转化率：A，曝光转化率：A。

视频亮点：

1. 播主开头的话题就很有吸引力"不放味精就能提鲜的盐，你家吃过吗？"开篇提出问题，与我们印象中"不健康"的味精对比，触达用户关注食品安全的痛点，吸引观众停留。

2. 视频中间展示原产地画面："源自纯净无污染的茶卡盐湖"，增加了观众的信任度。

3. 产品真实包装成分展示："只有日晒盐这一种成分""17种天然氨基酸"，再次增加了信任度。

4. 在视频播放第8秒出现第一波点击高峰，对应视频中的原产地说明和美丽风景画面，在第17秒出现第二次点击高峰，对应痛点触达话术，增强了信任感和吸引力，如图4-1和图4-2所示。

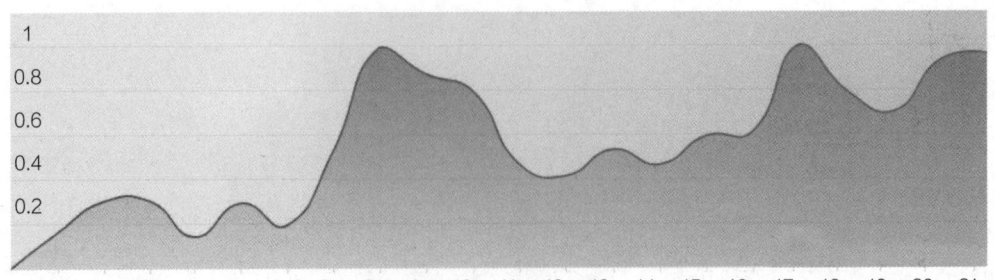

图4-1　用户点击分析

图4-2 短视频内容

问题导学

1. 在视频剪辑中突出标题设计，美化和创意封面。
2. 视频剪辑中展示产地、画面、包装、成分的剪辑技巧有哪些？

一、短视频剪辑基础

短视频的后期制作是一项十分关键的工作，它意味着要将多项杂乱的素材进行有序整合，取其精华，去其糟粕，最后生成一段条理清晰，画面精美的短视频，以获取更多观众的关注和点赞。首先要了解短视频的制作规范、制作步骤以及注意事项，这样才能编辑制作出符合平台要求、能突出主题的优质短视频作品。

短视频剪辑基础

（一）短视频的制作规范

短视频的分辨率、时长、格式等，每一个细节都需要严格遵循平台的规则。

1. 短视频的分辨率要求

各大短视频平台都对视频分辨率有一定的要求。抖音、快手两大平台主要针对竖版视频，规定分辨率不低于720P×1280P，建议分辨率为1080P×1920P，横版视频，要求分辨率为1280P×720P或1920P×1080P。

淘宝主图短视频的画面为正方形，比例为1∶1，分辨率要求不低于540P×540P，推荐800P×800P。其他主流视频平台，如哔哩哔哩、爱奇艺、优酷视频等，横版高清视频，分辨率为1920P×1080P，西瓜视频支持上传4K高分辨率的视频，即4096P×2160P。

2. 短视频的时间要求

不同的平台对短视频的时长有不同的要求，抖音支持的最长视频时长为15分钟，视频大小不超过4GB。淘宝短视频的时长不得超过1分钟，而且只能绑定一个商品。4分钟为最适合西瓜视频平台的时长。哔哩哔哩规定单个视频最大时长为10小时。单个视频时长在5分钟以内的可以直接将它上传到西瓜视频等主流平台，但是抖音、快手将单个长视频分为多段来发布会比较好。

3. 短视频的格式要求

大部分短视频平台支持的常见格式为MP4，还有FLV、AVI、WAV、MOV、WEBM、M4V、MPEG-4、3GP等。MP4格式拥有兼容性高，允许在不同的对象之间灵活分配码率、在低码率下获得较高清晰度的优点。

（二）短视频剪辑规则

1. 短视频的制作流程

剪辑短视频最重要的是理清思路，把控故事走向，包括素材的整理、镜头的筛选、配乐、字幕、特效的选择与添加等。整个剪辑流程分为几个步骤，分别是整理原始素材、剪辑素材、添加画面特效、制作片头片尾、添加字幕、添加音效、渲染导出。

（1）整理原始素材。第一，熟悉素材，将所有素材浏览1遍以上，剔除拍摄效果不佳的素材。第二，整理思路，将素材与剧本结合，整理出清晰的剪辑思路，完善故事细节。第三，镜头分类，按照剪辑思路，将素材进行筛选、分类，最好是将不同场景的系列镜头分类整理到不同文件夹中，可以按序号重命名所有可用的素材，按照视频进展的时间对素材进行整理归纳。

（2）剪辑素材。一个制作精良的短视频，其素材剪辑及检验是必不可少的，通常分为粗剪和精剪两个环节。

粗剪是将素材分类整理完之后，选用素材库中的最优的素材，按照分类好的场景戏份导入剪辑软件中进行拼接，将每一场戏的分镜头，流畅地剪辑出来，最后将每一场戏按照剧本的叙事方式进行拼接，将之前剪辑完的视频仔细观看一遍，确保分镜头的顺序与剧本相符。

精剪可以说是短视频剪辑步骤中最重要的一个，每一帧剪辑成果都会影响到视频画面及观众的观赏体验，粗剪构建了镜头的叙事顺序，而精剪是对视频的节奏、氛围等进行精细调整，在不影响剧情的情况下，修剪掉拖沓冗长的段落，或调整视频的速度，让视频镜头的节奏更加紧凑，使短视频的情绪氛围及主题得到进一步升华。检查视频末尾是否有空白镜头，视频是否出现丢帧的情况。

（3）添加视频特效。短视频的视频特效主要包括画面特效、切换特效以及关键帧动画特效等，特效有时是营造短视频氛围的关键，产生自然动人或酷炫的效果。

（4）制作片头片尾。精彩的片头或片尾画面是对短视频有效的传播，也是吸引观众的流量入口。

（5）添加字幕。字幕一般包括片头名、片尾字幕、正文字幕，也可添加花字、特效与动画。

（6）添加视频音效。声音部分主要包括配乐、配音与声音效果。配乐是短视频风格构成的重要部分，对短视频的氛围、节奏有很大影响，而对正文字幕的配音，是为了方便观众观看时更清楚地了解视频的内容，强化记忆，形成流量。

（7）渲染导出。制作短视频的目的就是在平台发布并形成流量，在发布前要为短视频设置标题、封面、标签、话题、热点、文案、"@朋友"等，还要优化账号名片，为引流推广做好准备。

2. 短视频的剪辑要点

一个好的剪辑师可以将众多视频要素有机地排列起来，从而让整体故事流畅自然、有起有落，并且让观众感觉不到人工剪辑的痕迹，这需要全面考虑剪辑的信息、动机、镜头构图、摄影机角度、画面连贯性、声音这六个要素。

（1）信息。信息指创作者试图通过镜头呈现给观众以及镜头想要表达的内容。这些信息一般由视觉信息和听觉信息构成：视觉信息指画面呈现的一切内容，包括演员的演绎、字幕；听觉信息主要包括背景音乐、音效与配音。

（2）动机。镜头之间的切换、转场一定是有动机的，这涉及整个视频的内在逻辑。例如，一段视频中，女演员因为被叫住所以回头，镜头便从女演员行走的镜头切换到女演员回头的脸部特写，再切换到女演员回头所看到的画面。

（3）镜头构图。通过调整被摄主体、周边对象以及背景的关系，可以让构图变得更加合理。不同构图所展现的含义是不一样的，摄影师要保证镜头语言与脚本意图的一致性。

（4）摄影机角度。摄影师和剪辑师在工作中一定要考虑摄影机该放在什么位置，画面中有几个人物，拍摄的主要对象是谁，如何展现人物的特点等重要问题，通过一系列精心的角度设置，往往可以拍出较好的视频效果。

（5）画面连贯性。好的剪辑能够实现平稳连贯的视频效果，给观众提供行云流水般的感官体验。

（6）声音。对声音的剪辑有两个重要概念，即对接剪辑和拆分剪辑。对接剪辑就是指画面和声音的剪辑点一致。拆分剪辑是指画面先于声音被转换，保证画面切换更自然。

（三）视频剪辑专业基础知识

电视的制式有PAL、NTSC、SECAM三种，NTSC制式是正交平衡调幅制式，NTSC

制式电视系统帧速率为30帧/秒，属于美国标准，被大部分西半球国家以及日本、韩国、菲律宾等采用。PAL制式是逐行倒相正交平衡调幅的技术，帧速率为25帧/秒，克服了NTSC制式相位敏感造成的彩色失真的缺点，英国、新加坡、中国、澳大利亚、新西兰等国采用PAL制式。SECAM制式是顺序传送彩色信号与存储恢复彩色信号制式，为法国标准，克服了NTSC制式相位失真的缺点，采用时间分隔法传送两个彩色信号。如果短视频是在手机和电脑上播放，我们可以自定义设置制式。在拍摄、剪辑制作短视频作品的过程中，还会涉及相关的专业知识，如：数字视频基础及视频、音频、图片的相关格式等。

1. 数字视频基础

电视采用复合的YUV信号方式，是隔行扫描的模拟视频，采用分量数字化。计算机工作在RGB空间，是逐行扫描的数字视频。我们听到的声音都是模拟信号，是通过模拟数字转换器将模拟音频转换成数字音频的，采样频率为44.1kHz/s，采样的频率越大音质越好，采样频率最少是录制对象的最高频率的两倍。而音频的工业标准规定48kHz为采样频率。作为数字音乐文件格式的标准，WAV格式体积过大，一个3分钟左右的音乐文件大小为30～50MB，使用起来很不方便。因此，一般情况下把它压缩为MP3等体积更小的格式。

2. 音频文件格式

一般的音频压缩方法分为无损压缩和有损压缩。其中，有损压缩是以破坏源文件数据方式（直接删除人耳听力范围之外的数字信息，甚至是删除部分人耳听力范围之内的信息，只保留基本声音）来换取小体积文件的，如常见的MP3、OGG、WMA等格式，这种破坏是永久性的、不可逆的。稍加比较，就能听出（如MP3）低于120K码率的文件和320K码率文件音质的区别。无损压缩就是只改变源文件数据的记录方式，使其体积变小，它对原数据不做任何不可逆性的破坏。目前常见的无损压缩数字音乐格式有APE、FLAC、WAV等。

3. 常见的音频、视频、图片文件格式

常见的音频文件格式如下。

WAV格式。WAV格式是无损压缩波形声音文件，Windows平台及其应用程序所支持的音质与CD相差无几，所占存储空间小，便于交流。

MP3（*.mp3）格式。有损压缩格式，MP3指MPEG标准中的音频部分，以高音质、低采样率对数字音频文件压缩，手机录音就是mp3格式。

MP3Pro格式。可以在基本不改变文件大小的情况下改善原先MP3的音质，MPEG音频文件的压缩是一种有损压缩，MPEG3音频编码具有1∶10到1∶12的高压缩率，同时基本保持低音频部分不失真，但是牺牲了声音文件中12kHz到16kHz高音频这部分的质量来换取文件的缩小，相同长度的音乐文件，用*.mp3格式来储存，一般只有*.wav文件

的1/10，因而音质要次于CD格式或WAV格式的声音文件。

WMA（*.WAV）格式。微软在因特网的音频、视频领域中的格式，用于保存Windows平台的音频信息资源，被Windows平台及其应用程序所支持。保持音质但实现更高的1∶18的压缩率。WAV格式的声音文件质量和CD相差无几，也是PC机上广为流行的声音文件格式，还可防止盗版，来自微软的重量级选手，音质要强于MP3格式。

常用视频文件格式如下。

MPEG格式。MPEG格式包括MPEG-1，MPEG-2和MPEG-4在内的多种视频格式，受到大部分机器的支持。其储存方式多样，可以适应不同的应用环境。是一种通用的视频文件格式，具有较好的压缩效率和广泛的兼容性。其缺点是体积过于庞大，而且压缩标准不统一。

AVI格式。由微软开发的视频文件格式，具有较高的视频质量和可编辑性，但文件体积较大，占用空间大，优点就是兼容性好、调用方便而且图像质量好，且AVI文件的分辨率可以随意调整。

FLV格式。一种Adobe Flash Player支持的视频文件格式，通常用于网络视频传输和流媒体传输。

MOV格式。由苹果公司开发的视频文件格式，常用于媒体制作和后期处理，同时也被广泛用于网络视频传输。

WMV格式。由微软开发的视频文件格式，通常用于网络视频传输和流媒体传输，具有较高的压缩效率。

常用图片文件格式如下。

BMP格式。一种与硬件设备无关的图像文件格式，使用非常广，是Windows环境中交换与图形图像有关的数据的一种标准，因此在Windows环境中运行的图形图像软件都支持BMP图像格式。BMP格式几乎不进行文件压缩，也不适用于网页，为了保证照片图像的质量，可以使用PNG、JPEG、TIFF文件格式。

JPEG格式。目前网络上最流行的图像格式，是可以把文件压缩到最小的格式，在Photoshop软件中以JPEG格式储存时，可以提供13级压缩级别，即使采用细节几乎无损的10级质量保存时，压缩比也可达5∶1。

经过多次比较，采用第8级压缩是存储空间与图像质量兼得的最佳比例。对摄影作品或写实作品支持高级压缩。利用可变的压缩比可以控制文件大小。不适用于所含颜色很少、具有大块颜色相近的区域或亮度差异十分明显的较简单的图片。

TIF格式（或TIFF）。一种无损压缩格式，TIF文件一般具有较高的颜色深度和分辨率，支持多通道颜色和透明度，能够存储元数据和多页文档等各种信息。因此，TIF格式被广泛应用于图像编辑、打印和出版等领域，以及GIS（地理信息系统）等领域。

PNG格式。一种便携式网络图形格式，支持高级别无损耗的压缩，是网上接受的最新图像文件格式，PNG能够提供长度比GIF小30%的无损压缩图像文件。它同时提供24位和48位真彩色图像支持以及其他诸多技术性支持。Photoshop软件可以处理PNG图像文件，也可以用PNG图像文件格式存储alpha通道透明度和透明背景的文件。

（四）常用的短视频剪辑软件

短视频在拍摄完成后并不会直接发布到短视频平台，为了更好地表达短视频的意图与效果，都会适当进行后期剪辑与处理，优秀的短视频作品，除了创意、拍摄，更重要的是通过后期剪辑与美化，让最终展现在用户面前的短视频内容更加丰富、有特色、有吸引力，从而吸引大量的粉丝，所以后期的剪辑是必不可少的，目前市场上剪辑视频的软件非常多，基本功能大同小异，剪辑软件分为电脑端的专业版和手机端的快速便捷版。

1. 电脑端视频剪辑软件

常用的电脑端视频剪辑软件有Premiere、爱剪辑、绘声绘影、Final Cut Pro X、Filmora等，有代表性的是Premiere软件。

Premiere软件是一款专业的视频剪辑软件，它提供了丰富的剪辑工具和特效，可以满足各种复杂的视频剪辑需求。Premiere是视频创作爱好者和专业人士必不可少的视频编辑工具。可以提升作者的创作能力和创作自由度，又是易学、高效、精确的视频剪辑软件。

Premiere提供了采集、剪辑、调色、美化、音频、字幕添加、特效、动画、输出、DVD刻录等的一整套流程，并且可以与其他Adobe软件（如After Effects、Photoshop等）高效集成，可以跨平台进行视频制作，达到效果的完美结合，满足用户创建高质量作品的要求。

2. 手机端视频剪辑软件

手机端视频剪辑软件有剪映、抖音、快手、快剪辑、巧影、美拍等。

剪映。剪映是抖音短视频官方推出的一款手机短视频剪辑软件，整体界面设计简单，软件本身容易上手，功能丰富，有大量的曲库资源，支持变速、多样滤镜效果，模板丰富，效果时尚，符合抖音的风格，能够满足用户日常的视频剪辑需求。

苹果系统和安卓系统都可以免费下载和使用，剪辑后的视频可以一键分享到抖音平台，方便剪辑同款的视频，同时可以参与抖音短视频同款话题活动。

剪映的账号可以与抖音短视频平台共享。在抖音平台收藏喜欢的视频，其效果可以直接应用到剪映中，并能实现一键选取。

剪映支持手机端和电脑编辑。剪映支持在手机移动端，Pad端，Mac电脑，Windows电脑全终端使用。剪映专业版界面更清晰，面板更强大，布局更适合电脑端用户，适用更多专业剪辑场景，为高阶专业人群提供了更多创作空间。剪映Windows专业版，实现了移动端/Pad端/PC端全终端覆盖，支持创作者在多种场景下自由创作短视频。

二、PC端专业剪辑软件的应用

Premiere是Adobe公司推出的一款功能强大的非线性视频编辑软件，能对视频、声音、动画、文本等多种元素进行剪辑加工并生成视频文件，还可创建网上视频动画，对视频格式进行转换，广泛用于短视频制作、广告制作、视频影片及多媒体应用，以下是该软件的基本操作。

Premiere软件的基本操作

Premiere Pro CC 2021界面认识：双击桌面上的 图标，或在"开始"菜单中选择Adobe Premiere Pro 2021命令，启动并运行Premiere软件。

步骤1　新建文件

单击菜单中"文件"/"新建"/"项目"（快捷键Ctrl+Alt+N）。在打开的对话框中输入项目名称如"剪辑"，如图4-3所示。

（1）【常规】中会显示视频渲染与回放、视频、音频、捕捉相关参数的设置与格式信息。

（2）【暂存盘】可设置捕捉的视频、捕捉的音频、视频预览、音频预览、项目自动保存、动态图形模板媒体、文件存储的位置，默认情况下是与项目文件存储在相同位置，可以单击"浏览"修改文件保存的位置。

建议在D盘新建一个文件夹，命名"短视频"，并且在"短视频"中再建立三个文件夹，一个"视频"文件夹，一个"音频"文件夹，一个"图片"文件夹，将拍摄的所有视频素材文件都拷贝到"短视频"文件的"视频"文件夹内（可用快捷键Ctrl+C拷贝，Ctrl+V粘贴），声音文件拷贝到"音频"文件夹内，图片拷贝到"图片"文件夹内，分类保存方便使用素材。

这里我们再单击"浏览"，设置保存文件的位置为D：/"短视频"文件夹。

🔶 拓展知识

文件的保存位置

通常软件装在C盘也就是系统硬盘，我们拍摄的视频文件和制作短视频作品文件非常大，如果和系统放在同一个硬盘，占用的空间越大，文件的读取速度就越慢，软件容易卡顿，如果死机或系统崩溃需要重装系统的话，那我们放在C盘的文件就丢失了，所以最好的方法是在D盘或其他硬盘建立文件夹，将素材和制作的文件都保存在里边。

（3）修改文件位置如果一开始没设置保存位置，会默认保存在C盘中，后期可通过菜单"项目"/"项目设置"修改文件的保存位置。

步骤2　新建序列

进入界面之后，如图4-3所示，时间轴显示"无序列"，单击菜单中的"文件"/"新建"/"序列"（快捷键Ctrl+N），如图4-4所示，选择HDV-1080P30，右侧会显示相关信息，如宽屏指比例为16∶9的屏幕等，（我们在用手机拍摄视频的时候设置分辨率1080P，帧率30fps，然后设置16∶9的横屏画面进行拍摄）。在下方输入序列名称：如"风景"，然后"确定"。这样序列就建立好了，我们剪辑制作的作品就是要放入到序列中。

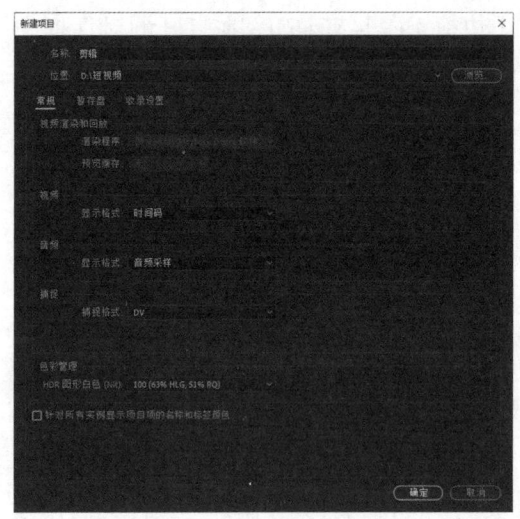
图4-3　新建文件

图4-4　新建序列

步骤3　导入素材

接下来导入素材：在界面中的【项目：剪辑】窗口下方单击"新建素材箱"命名为"视频"，然后双击打开"视频"素材箱，在视频素材箱中的空白处双击鼠标左键，在对话框中选择视频素材"1.mp4""2.mp4"导入，或单击"文件"/"导入"，或按快捷键"Ctrl+I"导入，在"视频"素材箱中导入素材，这样分类管理，便于查找和使用。

上方控制面板中单击选择图形，显示【图形】面板的界面，如图4-5所示，界面中的每个模块都可以拖动调整位置，也可以单击每个模块右上角"三条横线"的按钮，打开菜单进行关闭等设置。

用户操作界面介绍。

【标题栏】。显示软件名称、文件名称和文件位置。

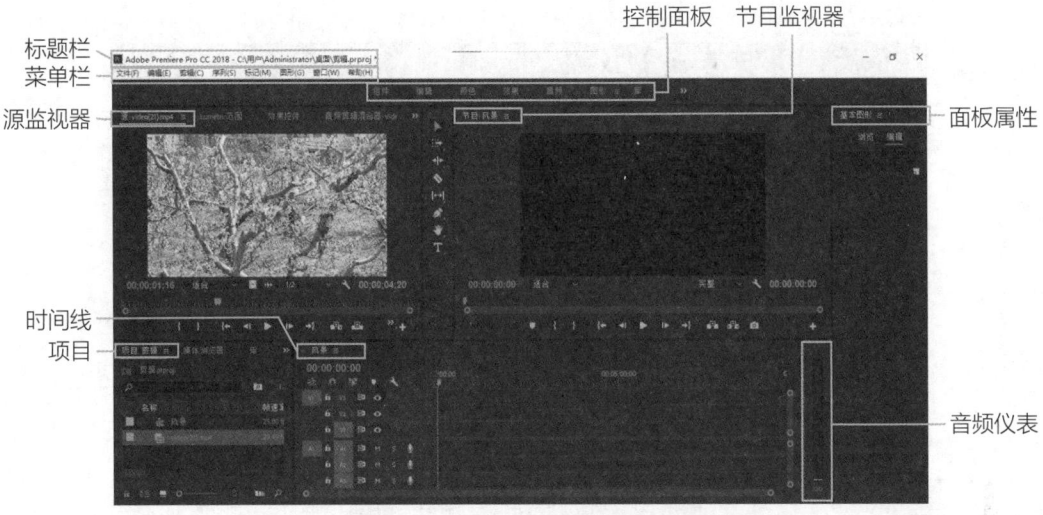

图4-5 用户操作的"图形"界面

【菜单栏】。提供各种命令，有些命令后边带有快捷键，注意快捷键的使用。

【项目】窗口。导入和存放原始素材，下方按钮可以设置素材的显示方式。

【源监视器】窗口。用来观看和剪辑原始素材。

【节目监视器】窗口。用来观看和设置项目编辑中的视频，只有将素材放在时间线上，节目监视器才会显示正在编辑的视频。

【时间线】窗口。剪辑视频的主要场所，可以实现对素材的插入、剪辑、复制、制作特效等编辑，可以创建多个序列，多个序列可以同时编辑，序列还可以放入另一个序列中使用。

【效果】窗口。存放视频效果、视频过渡、音频效果、音频过渡，为音视频添加丰富特效。

【效果控件】窗口。控制对象的位置、缩放、旋转、透明度、运动、切换及特效等。

【音频仪表】窗口。编辑音频，调节音频音量等。

【工具面板】。选用适合的工具对时间线中的音频、视频进行编辑，可撤销错误。

步骤4 切换到【编辑】界面

选择不同的面板，用户操作界面会有不同的布局，选择【编辑】面板的界面布局如图4-6所示，与图形界面有所不同，注意使用时灵活切换。

如果不小心拖动了某个模块，调整了界面又不适应，想回到原来的界面状态，可以选择菜单中的"窗口"/"工作区"/"重置为保存的布局"，回到初始状态。

步骤5 从源视频窗口插入素材

在【项目：剪辑】面板中单击"图标视图"显示视频画面，然后双击"1.mp4"就

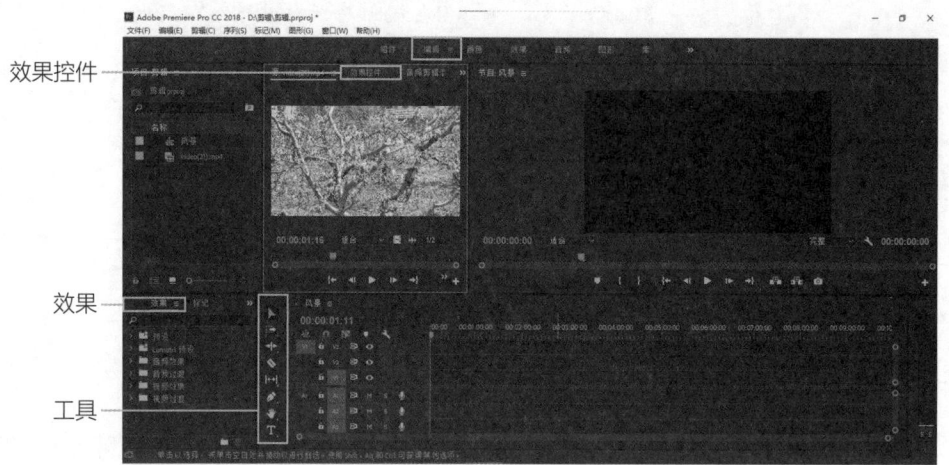

图4-6 用户操作的"编辑"界面

会在【源1.mp4】视频窗口中显示，可单击下方的"播放"按钮观看，在【源1.mp4】视频窗口下方单击"插入"按钮，将视频放到时间线上，视频自动显示在V1轨道，音频显示在A1轨道，同时在右侧的【节目：风景】窗口显示"1.mp4"的桃花视频，可单击【节目：风景】窗口下方的"播放"按钮观看。拖动时间线窗口下方的"缩放"右侧的小圆圈，可放大和缩短时间线中的视频显示。

用与上述所提相同的方法在【项目：剪辑】窗口的"视频素材箱"中导入素材"2.jpg"，单击【节目：风景】下方的"转到出点"按钮，这时时间线上的"播放指示器"会定位到"1.mp4"桃花视频的结尾处，然后单击【源2.jpg】视频窗口下方"插入"按钮，梨花视频素材"2.jpg"插入到时间线中并放在桃花视频素材"1.mp4"的后边，单击"节目：风景"窗口的播放按钮查看，发现两个视频剪辑到了一起。

时间线和节目窗口的作用。【节目：风景】窗口显示的就是我们剪辑在一起的两段视频，在【节目：风景】窗口的右下方显示"00；00；13；14"（时；分；秒；帧）是时间线上两个视频的总长度为13秒14帧。左下方的数据则是显示的"播放指示器"在时间线上的位置。可以在时间上拖动"播放指示器"查看视频，相当于快速播放，如图4-7所示。

【节目：风景】窗口左下方的蓝色数据"00；00；10；02"，就是视频播放时"播放指示器"的位置变化，方便快速观看视频的效果。"播放指示器"的位置可以输入数据定位，也可以直接拖动定位。

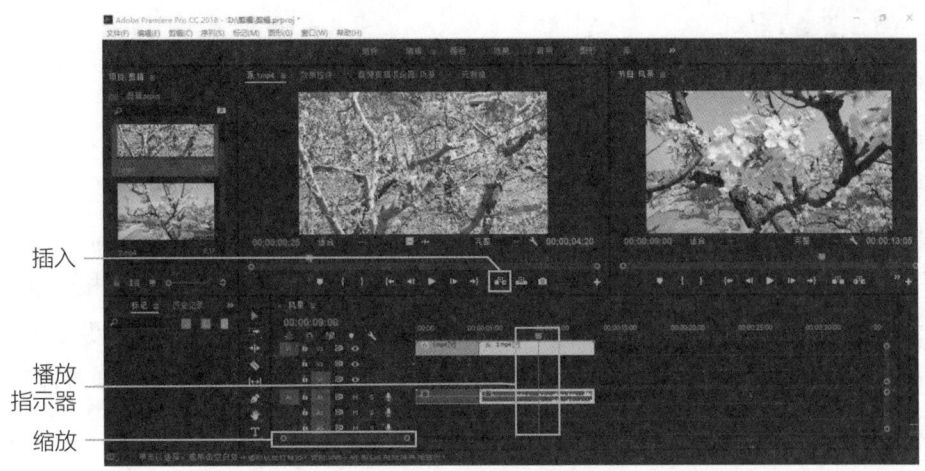

插入

播放指示器

缩放

图4-7　时间线和节目窗口的作用

步骤6　保存文件

可使用四种方式保存文件，菜单中打开"文件"/"保存"（快捷键Ctrl+S），保存为.prproj格式，或选"文件"/"另保存"，重新命名保存，还可以选"文件"/"保存副本""文件"/"全保存"。

步骤7　导出媒体

菜单中打开"文件"/"导出"/"媒体"，导出的快捷键为"Ctrl+M"，打开"导出设置"对话框，设置"格式"为"H.264"（高清格式），"预设"为"匹配源—高比特率"，（也可以导出AVI格式，或选择与序列设置匹配导出），"摘要"下方的"输出"显示了文件保存的路径和相关的参数信息。

也可以单击"输出名称"后边的"风景.mp4"重新设置保存路径，然后"确定"。

步骤8　关闭文件

菜单中单击"文件"/"关闭"关闭的快捷键为"Ctrl+W""文件"/"关闭项目""文件"/"关闭所有项目"。

步骤9　下次使用时打开项目文件

菜单中单击"文件"/"打开项目"打开文件的快捷键为"Ctrl+O"，或单击"文件"/"打开最近使用的内容"。

案例实训1　软件的基本应用——"春"

步骤1　编辑素材

在D盘新建文件夹"春"，将视频素材复制到"春"文件夹中。

步骤2　新建项目

"文件"/"新建项目"为"春"，保存位置为D：/春，"确定"。

案例实训1

步骤3　新建序列

"文件"/"新建序列",在"设置"/"编辑模式"中选择"自定义模式",设置时基为30帧/秒,"视频"/"帧大小"为1920水平,1080垂直,"像素长宽比"为方形像素(1.0),"序列名称"为"春",然后点击"确定"。新建序列界面如图4-8所示。

步骤4　导入素材

在【项目:春】面板空白处双击导入素材或选择"文件"/"导入",也可按快捷键(Ctrl+I)导入所有视频,共9个视频文件。如果序列设置不匹配,可以选择"更改序列设置",在项目面板下方选择"图标视图",可以看清每个视频的画面内容,项目面板的列表视图如图4-9所示,图标视图如图4-10所示。

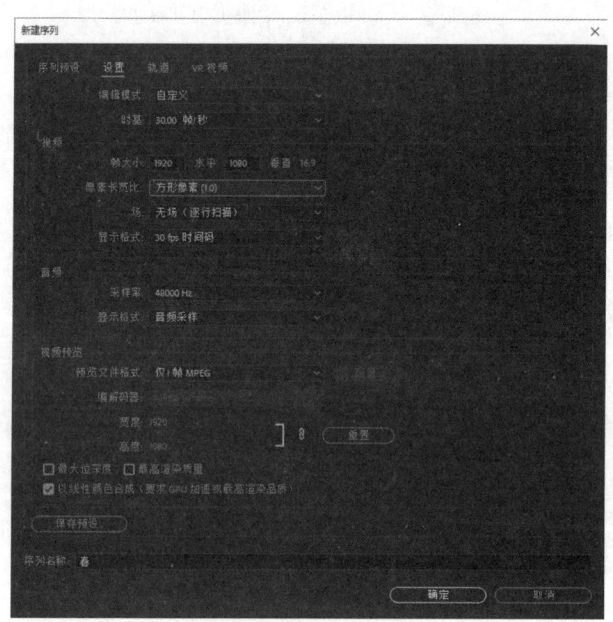

图4-8　新建序列界面

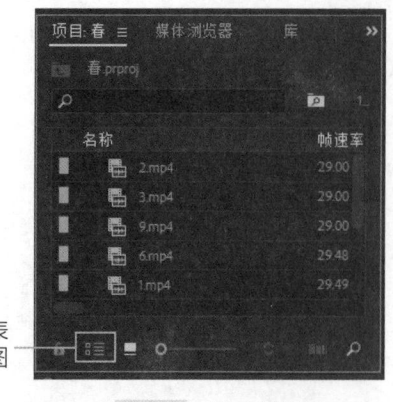

图4-9　列表视图

图4-10　图标视图

步骤5　剪辑素材1

在【项目：春】面板中双击文件"1.mp4"图标，在【源1.mp4】监视器窗口播放，窗口右下方显示"00；00；04；20"为影片持续时间，就是总长度为4秒20帧。【源】视频窗口功能应用如图4-11所示，缩放级别选择"适合"，影片显示大小匹配视窗显示，视频开始位置为"00；00；00；00"，直接输入数值"00；00；02；29"按回车将"播放指示器"定位到2秒29帧，单击"标记出点"，也就是说素材1视频只选2分29帧前的部分，舍去后面的部分，然后单击"插入"按钮，放到时间线上。

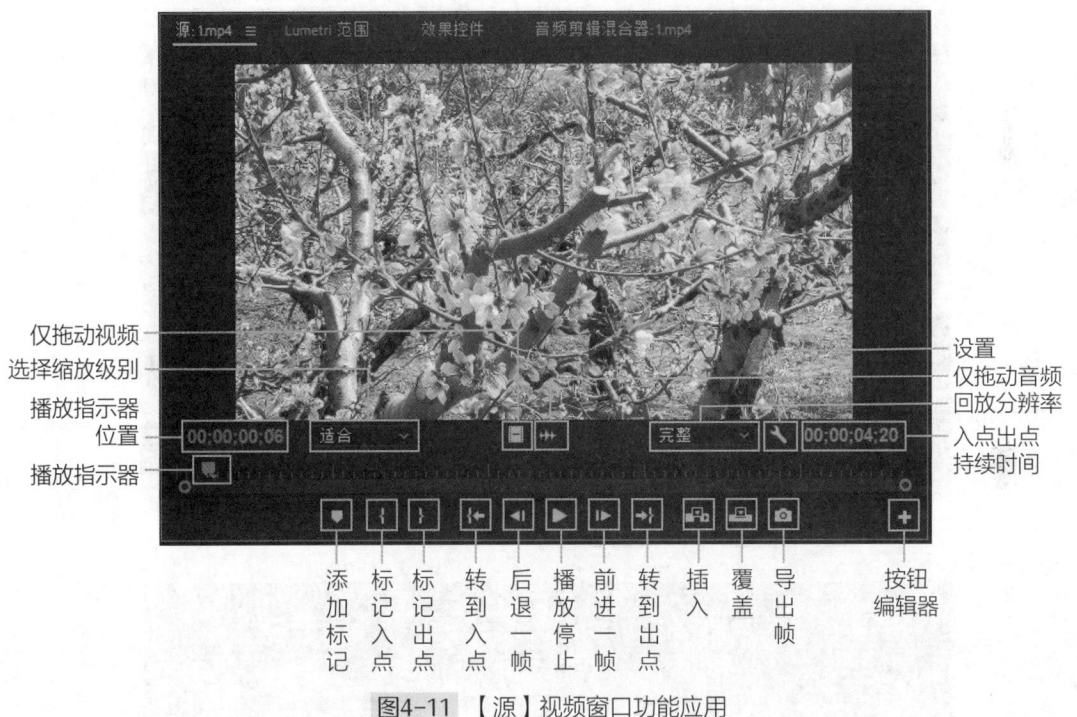

图4-11　【源】视频窗口功能应用

步骤6　效果控件的应用

在【节目】监视器中单击"转到出点"按钮，将时间线中的指示器定位到素材"1.mp4"的结尾。在【源】视频窗口设置素材"2.mp4"的出点为"00；00；02；13"，单击"插入"按钮，插入到时间线素材"1.mp4"后边。

步骤7　剪辑其他素材

（1）设置素材"3.mp4"的入点为"00；00；03；16"，插入到时间线素材2后边。

（2）设置素材"4.mp4"的入点为"00；00；00；15"，出点为"00；00；01；15"，放到素材"3.mp4"后。设置【效果控件】中"运动"下方的缩放为150，放大突出左上角花朵，然后单击"运动"两个字，用"选择工具"可直接拖动视频画面，移动位置。也可以直接在位置后边输入数据，如：水平位置1500、垂直位置940。【节目】监视器中视频会出现蓝色的缩放框（缩放级别设为10%就可以看见了），如图4-12所示。

（3）设置"素材5.mp4"的入点为"00；00；02；29"，出点为"00；00；05；13"，插入到【时间线】素材"4.mp4"的后边，缩放150，可移动突出显示花朵。

（4）视频的非线性剪辑就是对素材的随意组合，如将素材"3.mp4"移到最后，用"选择"工具在【时间线】上直接将素材"3.mp4"按住拖到最后即可，然后在空白处右击选择"波纹删除"，也可以拖一个框，框选素材"4.mp4"、素材"5.mp4"、素材"3.mp4"，一块向前移与素材2.mp4连起来。如图4-13所示。

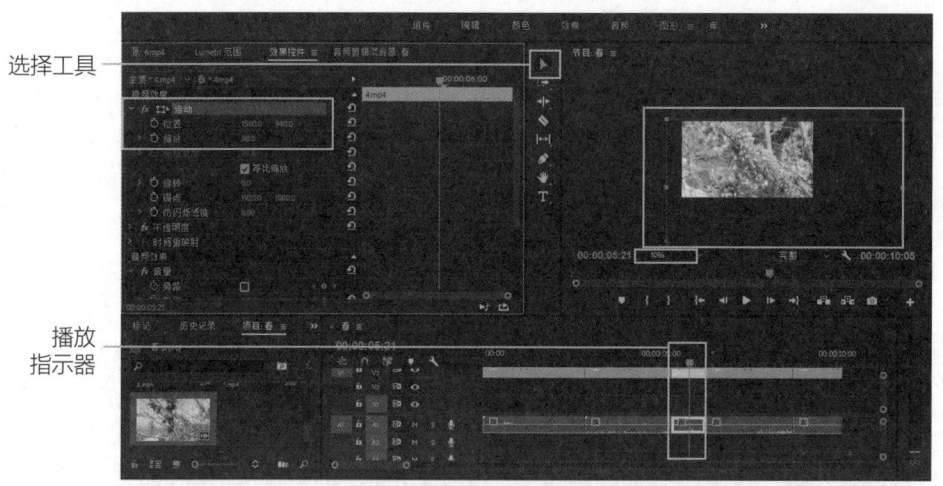

图4-12 效果控件中"运动"的应用

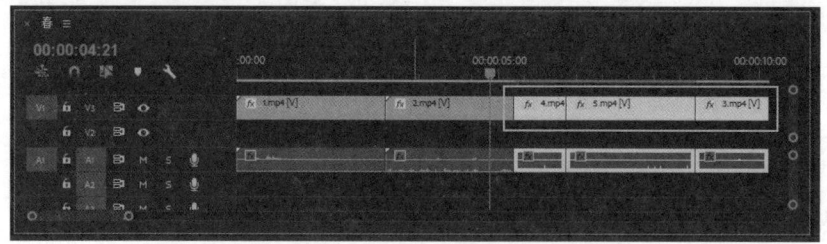

图4-13 删除空白片段或选择与移动素材

（5）可以在【项目】窗口按住鼠标左键，将素材"6.mp4"拖到【时间线】的素材"3.mp4"后导入。在【节目】监视器左侧设置时间为"00；00；12；00"，时间线上的"播放指示器"会自动定位到12秒位置，选择"剃刀工具"在"播放指示器"的位置单击，将素材"6.mp4"在12秒位置切开，分成两个视频片段，如图4-14所示。

（6）将"播放指示器"定位到"00；00；17；10"，用"波纹编辑工具"，移到后半截视频的开始位置，光标就会变成"黄色的向右箭头"按住向右拖到"00；00；17；10"的位置，就会剪掉前边不要的部分，视频自动前移。

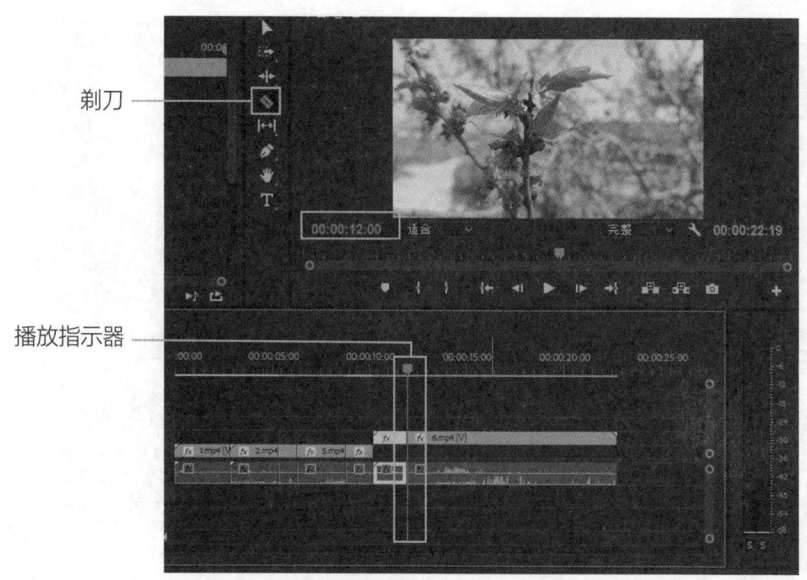

图4-14 "剃刀工具"的应用

（7）设置播放指示器位置为"00；00；12；00"左右，用"波纹编辑工具"剪掉前半截视频后边不用的部分，"缩放"到150，可移动，放大显示突出山楂的幼果。

步骤8 视频特效的应用：绿幕拍摄人物与风景的合成

（1）在视频"6.mp4"的后边导入视频素材"7.mp4"，然后从【项目】窗口直接将视频素材绿幕文件"8.mp4"拖到【时间线】中视频素材"7.mp4"上方，放到V2轨道。

（2）双击视频素材"7.mp4"，在【源】视频窗口查看其长度为"00；00；03；08"，然后右击视频"8.mp4"，在"速度/持续时间"中设置持续时间为"00；00；03；08"，保持素材"7.mp4"与"8.mp4"视频左右对齐，也就是长度相等。

（3）"播放指示器"定位并选择"8.mp4"视频，设置"位置"为420，400。

（4）在【效果】窗口双击"视频特效"/"变换"/"垂直翻转"和"裁剪"会添加到【效果控件】中，调整裁剪的顶部和底部剪掉多余的部分。如图4-15所示，人物原来是从右向左走，现在是从左向右走，从画面外走入（根据背景情况而定）。

（5）在【效果】窗口双击"视频特效"/"键控"/"超级键"添加到【效果控件】中。单击【效果控件】中"超级键"下方"主要颜色"右侧的"吸管"在【节目】监视器中人物周围的绿色幕布上单击吸取颜色，发现"吸管"左侧的"矩形"变成了绿色，而右侧视频中人物周围的绿色幕布已经消失，人物就好像走入了"7.mp4"的视频中，如图4-16所示。

（6）视频素材"9.mp4"设置入点为"00；00；06；14"，设置出点为"00；00；10；07"，放在视频的最后，因为这段视频是无人机拍摄，看起速度比较慢，所以右击

图4-15 视频效果"垂直翻转"

图4-16 视频效果"超级键"

"9.mp4"将持续时间设为"00;00;03;00",就是3秒长度,画面的节奏感增强。调整持续时间界面如图4-17所示。

步骤9 添加视频过渡效果

(1)选择【效果】窗口中包括视频效果、音频效果、视频过渡和音频过渡。这里我们选择视频过渡,为两视频添加切换效果,溶解是剪辑视频转场时经常用的一个效果,用于完成两个镜头的连接与过渡,展开"溶解"将"叠加溶解"拖到第一个视频和第二个视频的中间。

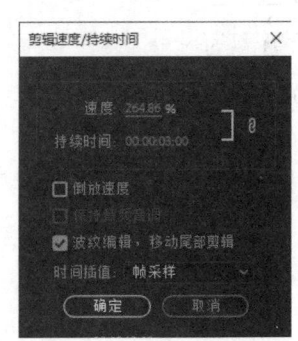

图4-17 调整持续时间界面

(2)【时间线】上单击"叠加溶解",【效果控件】中就会显示该过渡效果的调整参数,勾选显示实际源,会显示第一个视频与第二个视频真实画面,如图4-18所示。

(3)将"对齐"调整为"中心切入",播放查看效果,可以根据情况输入数据调整长短,也可以直接拖动调整fx右侧的矩形条的宽度,来改变持续时间的长短与位置,如图4-19所示。

(4)在第二个与第三个视频中间加入"交叉溶解"查看效果并与"叠加溶解"进行对比,为其他视频添加视频过渡,观察其变化,如果觉得效果不理想可以右击"清除",如图4-20所示。

步骤10 添加片头片尾

(1)片头图片。导入素材"图片1.jpg",插入到开始位置,视频"1.mp4"的前边。

如果不在V1轨道中,可以向下拖放到V1轨道中,右击"图片1.jpg"设置持续时间为2秒。

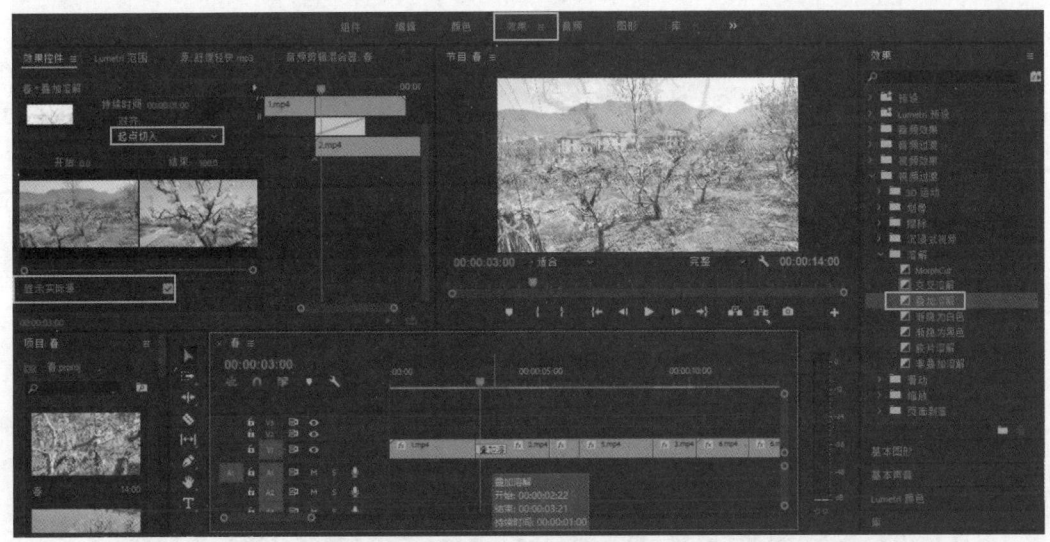

图4-18 "叠加溶解"的应用

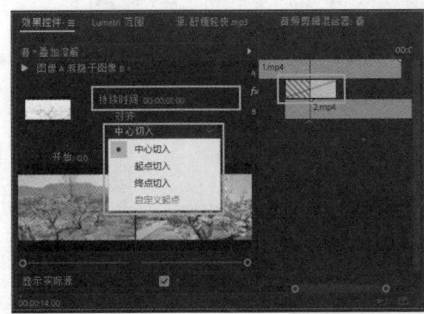

图4-19 改变持续时间的长短与位置

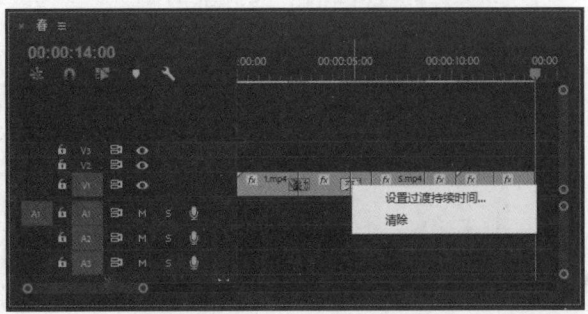

图4-20 清除视频过渡

> **拓展知识**
>
> **视频过渡效果"溶解"的应用技巧**
>
> 渐隐为白色：一般这个转场用于某人回忆某一件事或者某一段时光，如果转场速度快了，就相当于我们常说的闪回。在做抖音快闪的时候我们也经常看到它的出现，闪回也可以代表相机快门的咔嚓，然后接定格镜头。比如，男人看到桌子上的发卡，就想起了他曾经深爱的那个女人，这时候，发卡的特写镜头和男人的回忆之间的转场连接就可以用白场过渡。
>
> 渐隐为黑色：一般用于某一故事情节的结束或者场景的调度。比如，看着父亲的背影渐渐远去……这时候可以放父亲慢慢远去的镜头，然后拉一个较长的黑场。所有的转场过渡的目的是更好地用镜头去讲述故事，已经是镜头语言的一部分了。但是每一个转场的过渡并不是胡乱加的，它是为了辅助镜头更好地完成故事的发展。所以我们要培养合理精彩的剪辑思维，学会用镜头讲出好故事。

（2）片头图形。在【时间线】中将"播放指示器"移到开始位置，单击菜单"图形"/"新建图形"/"矩形"，在【节目】监视器的画面中会出现一个矩形，拖动框子四周的调节点调整矩形宽度和高度，在上方单击【图形】，在右侧的【基本图形】中选择"编辑"，选择"形状01"在下方调整颜色为淡绿色，不透明度60%，放在画面下方，如图4-21所示位置。

图4-21　制作图形和文字

（3）片头文字。在【节目】窗口左侧工具箱中选择"T"文字工具，在视频画面中单击输入文字"花开了!"在"编辑"中设置字体STLiti，文字大小100，白色，然后用"T"文字工具单独拖选"花"，大小调到188，切换到"选择"工具拖动文字四周的蓝色框子，将文字移到合适位置。再输入"相约浪漫花海……"大小设置为146左右，如图4-22所示。

（4）片头图形和文字动画。单击选择【时间线】上V2轨道中的图形和文字，在【效果控件】中单击位置左侧圆按钮"切换动画"，在开始位置添加了一个关键帧，将图片移到左侧画面外，如图4-23所示。

图4-22 "相约浪漫花海……"文字设置

图4-23 制作图形和文字的第一个关键帧动画

在【节目】监视器下方将左侧的"播放指示器"位置设为"00；00；00；24"，按回车键。在【效果控件】的位置右侧单击小菱形块"添加关键帧"，然后单击"运动"，再用移动工具将"文字和图片"向右拖到画面中合适位置（也可以设置位置右侧的水平移动数据，正数向右移，负数向左移，垂直数据不变），如图4-24所示。

播放，"图形和文字"从左侧画面向右移到画面中间的动画，就是关键帧动画。

（5）片尾图片。将素材"图片3.jpg""图片2.jpg"，依次放到最后，持续时间都设为1秒，中间添加【特效】/"视频过渡"/"擦除"/"油漆飞溅"。

（6）片尾文字。输入文字"等你来噢……""最美乡村韩李"，然后设置字体格式，注意长度与"图片3.jpg"的开始位置，"图片2.jpg"的结尾位置调齐，如图4-25所示。

（7）片尾图形。"播放指示器"移到片头位置，在【时间线】中单击选择V2轨道中片头的矩形，在【基本图形】/"编辑"下方右击"形状01"，下拉菜单中选择"复制"。

图4-24 制作图形和文字的第二个关键帧动画

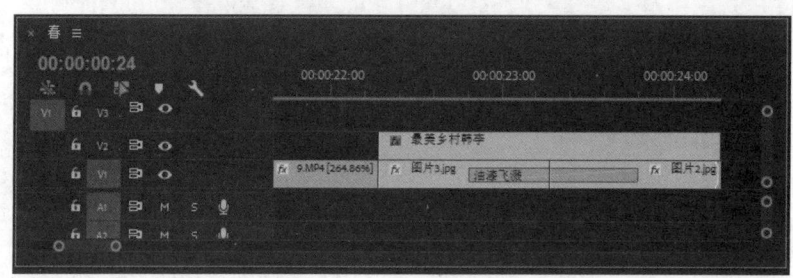

图4-25 片尾图片和文字

将"播放指示器"移到片尾位置。选择片尾的图形和文字,在【基本图形】/"编辑"下方空白处右击,选择"粘贴",将"形状01"复制,即将片头的矩形复制到片尾使用,在"编辑"中将形状01拖放到文字层的下方,图形的复制与粘贴如图4-26所示。

图4-26 图形的复制与粘贴

(8)片尾图形和文字动画。选择片尾的图形和文字,单击"运动"/"旋转"左侧的"切换动画"按钮,在开始位置添加关键帧,旋转参数为0度,将时间帧向后拖到1/3的位置,单击"小菱形块"添加第二个关键帧,设置旋转360度,显示为1×0.0度,表示转了一圈,播放。旋转动画设置如图4-27所示,旋转动画效果如图4-28所示。

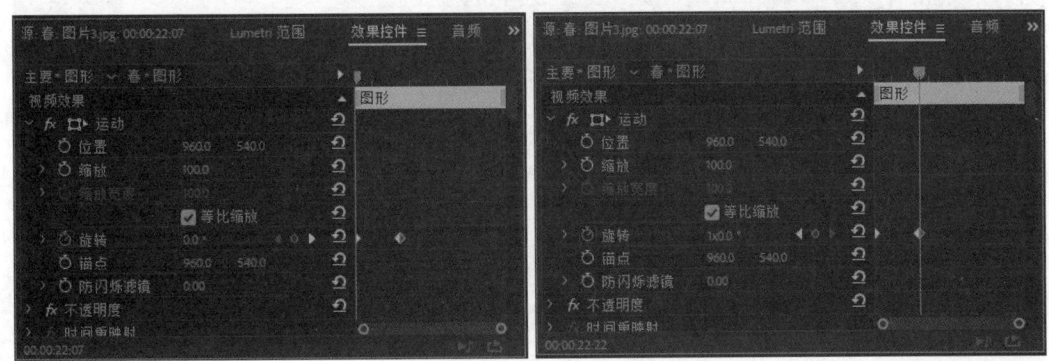

图4-27　旋转动画设置

图4-28　旋转动画效果

步骤11　配乐

因为在拍摄视频时声音不理想,要去掉声音,重新配乐,所以在时间线上右击每个视频,选择"取消链接",如图4-29所示,将视频和音频分开,然后单击A1轨道的音频,按"delete"删除音频。

(1)导入素材"舒缓轻快.mp3"音乐,设置入点、出点,截取其中符合视频节奏的音乐片段。

"覆盖"到音频A1轨道中的开始位置,调整长度与"6.mp4"视频结尾对齐。

(2)其后导入"温暖轻松.mp3"音乐,调整长度与最后的视频结尾对齐,如图4-30所示。

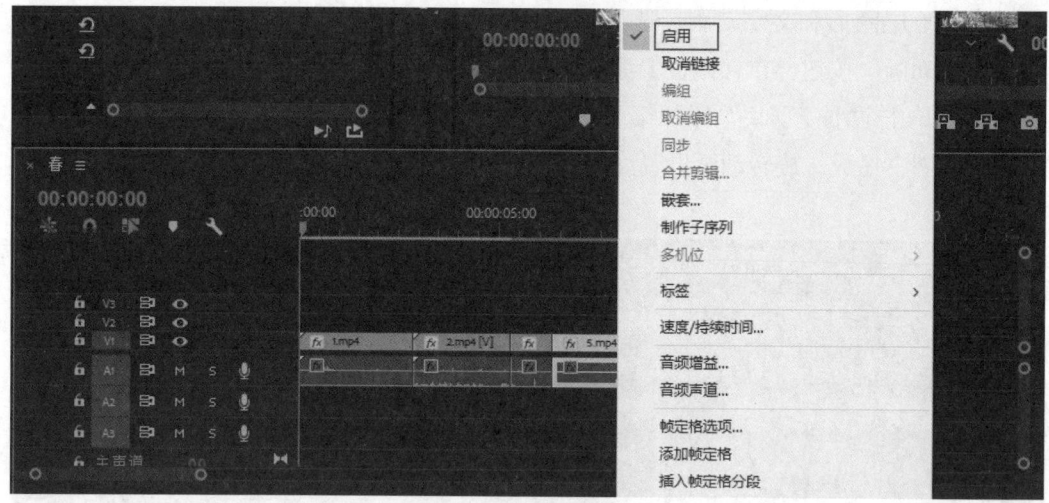

图4-29 取消链接

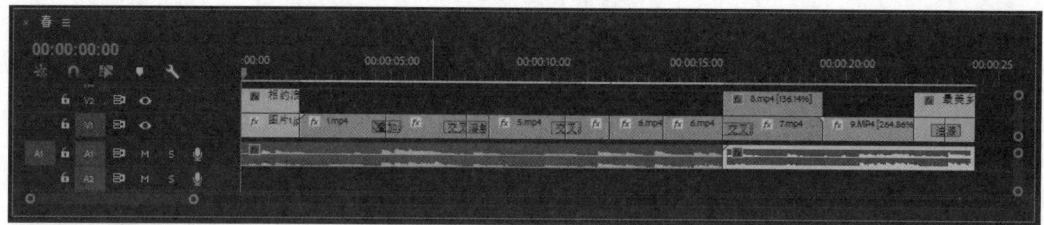

图4-30 添加配乐

（3）选择音乐，在【效果控件】中的"音频效果"下方调低"音量"/"级别"如-10.0dB，如图4-31所示，让音乐作为背景音乐，烘托画面的抒情与浪漫之美。

步骤12 文件的渲染输出

打开"文件"/"导出"/"媒体"（快捷键Ctrl+M），"导出设置"对话框中设置"格式"为"H.264"（高清格式），"预设"为"匹配源—高比特率"，点击确定。案例的制作可以灵活应用，可以根据自己独到的见解，在原案例的基础上进行创意设计。

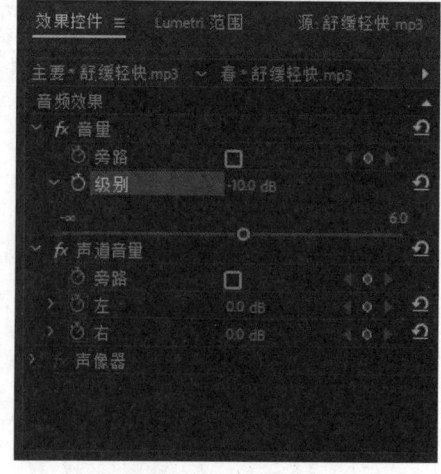

图4-31 调整音量级别

案例实训2　综合应用——最美乡村

步骤1　视频的剪辑

（1）新建项目"最美乡村"，新建序列"梦幻"，点击确定。

（2）导入所有视频素材，将素材"1.mp4"放到V1轨道，"缩放"为268左右。放大视频画面。右击轨道中的"1.mp4"视频，选择"速度/持续时间"设置"速度"为300，点击确定。

案例实训2

（3）将素材"2.mp4"放到"1.mp4"视频后，设置"速度"为600，确定。

（4）素材"3.mp4"设置"00；00；03；09"为出点，放到素材"2.mp4"后面，设置"速度"为200，确定。

（5）素材"6.mp4"设置"00；00；02；00"为入点，设置"00；00；04；28"为出点，放到素材"3.mp4"后面，速度为200，勾选"倒放速度"，点击确定，视频可以从后向前播放。"取消链接"，按"Delete"删除音频（后期配乐）。

（6）素材"7.mp4"设置"00；00；01；28"为入点，设置"00；00；02；28"为出点，放到素材"6.mp4"后面，同法删除音频。

（7）在轨道中顺序放入素材"9.mp4"，确定，再右击选择"取消链接"，删除音频。

视频特效"色阶"的应用：调整视频的颜色，在【时间线】单击选择"9.mp4"视频，在【效果】窗口中双击"视频效果"/"调整"/"色阶"添加到【效果控件】中，设置"（RGB）输入白色阶为170，（RGB）灰度系数77"，其他不变，如图4-31所示。

（8）素材"8.mp4"设置"00；00；01；00"为入点，设置"00；00；03；21"为出点，放在【时间线】的V2轨道上，左侧与"9.mp4"视频开始位置对齐，设置"持续时间"为"00；00；01；26"，确定，"取消链接"，删除音频。

视频特效"裁剪"的应用：选择"9.mp4"视频，双击"视频效果"/"变换"/"裁剪"在【效果控件】中，设置裁剪参数：左侧25.0%，右侧25.0%，就是剪掉一半，然后移动视频放在右侧位置。

这样同一个画面显示两段视频，左侧为杏子，右侧为油桃，如图4-32所示。

（9）再放入"黄桃.mp4"素材，设置缩放140左右，并且删除音频。

（10）在【源】视频中将素材"4.mp4"设置"00；00；02；15"为入点，设置"00；00；05；15"为出点，按住鼠标左键拖到素材"黄桃.mp4"后面。

（11）在【项目】中按住鼠标左键将视频素材"5.mp4"直接拖到时间线轨道的最后，用移动工具选择视频"5.mp4"，设置缩放150，"取消链接"，删除音频。将"播放指示器"拖到视频的中间位置，用"剃刀工具"单击切开，将视频分为两个视频，然后用"波纹工具"在两段视频的首尾拖动选择需要的部分，这样可以在同一个视频中截取多个片段。

图4-32 调整颜色与裁剪效果

①在【时间线】双击素材"5.mp4"切开的第一个片段，可以在【源】视频窗口看到出点和入点之间的片段，单击"转到入点"按钮，可以看到"播放指示器"定位到入点位置，也可以重新输入数据设置入点，如"00；00；01；12"，单击"转到出点"按钮，设置出点位置为"00；00；03；24"。

②同法设置素材"5.mp4"第二个片段，入点为"00；00；08；06"，出点为"00；00；10；18"。

步骤2　视频的过渡效果

（1）将"播放指示器"放在"2.mp4"和"3.mp4"中间，按"Ctrl+D"，添加"交叉溶解"的视频切换特效，也可以从【效果】/"视频切换"/"溶解"中直接拖放"交叉溶解"到两个视频中间，设置中心切入。

（2）为其他视频添加过渡效果，如"3.mp4"和"6.mp4"的时钟式擦除，"6.mp4"和"7.mp4"的叠加溶解，"黄桃.mp4"和"4.mp4"的交叉缩放，"4.mp4"和"5.mp4"的双侧平推门，"5.mp4"两个片段间的叠加溶解，这里可以根据自己的理解选择合适的过渡效果，体现不同的变化。多看一些优质的视频，从中学习一些好的技能方法。图4-33所示为视频的组接与过渡。

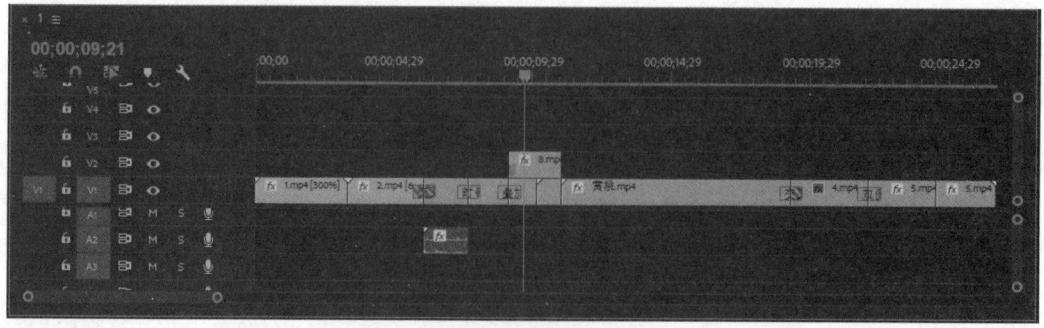

图4-33 视频的组接与过渡

> **拓展知识**
>
> 　　如果在轨道中设置视频"素材1"的"速度/持续时间"时，轨道中该视频的后方已经放入了"素材2"视频，那我们应该在设置"素材1"的"速度"后，再勾选"波纹编辑，移动尾部剪辑"和"保持音频音调"，这样就可以保持在设置过后，"素材2"视频会同步前移或后移，而且声音不会变调。

步骤3　片头文字特效——关键帧动画

（1）定位到视频开头位置，选择文字工具"T"，输入"最"字，显示在时间线的V2轨道。设置字体为隶体、大小300、颜色为"白色"阴影为"黑色"，用选择工具将文字移到画面左侧合适位置。调整长度为"00；00；06；05"与下方第二段视频尾部对齐，如图4-34所示。

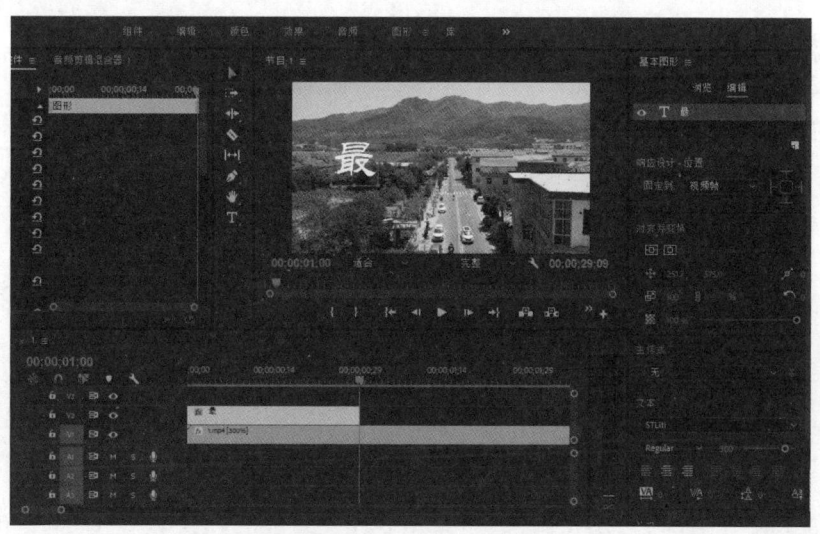

图4-34　输入文字设置格式

（2）选择V3轨道，在【节目】画面中"最"的右侧输入"美"字，结尾与V2轨道中的"最"尾部对齐，开始位置调到"00；00；01；00"。

（3）在【时间线】左侧部分的空白处位置单击右键，出现菜单，选择"添加轨道"，在视频3之后添加2个轨道，出现V4、V5轨道，如图4-35所示。

（4）单击V4轨道输入"乡"，V5轨道输入"村"，结尾与V2轨道中的"最"尾部对齐，"乡"的开始位置调到"00；00；03；00"，"村"开始位置调到"00；00；04；00"，在每个轨道分别输入文字的目的是分别制作关键帧动画，如图4-36所示。

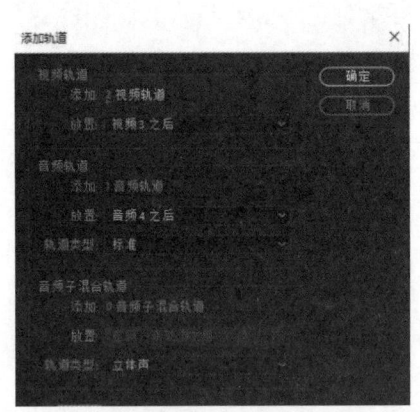

图4-35 添加轨道

图4-36 输入所有文字

（5）"最"——位置及旋转关键帧动画。"最"字的动画效果就是先从画外的上方垂直移入，然后旋转了一下，再转为正向。

①选择"最"，在视频开头打开"位置"动画，出现第一个关键帧，在"00；00；02；00"位置，添加第二个关键帧，如图4-37所示。

②在【效果控件】中单击"添加关键帧"左侧的三角形"转到上一个关键帧按钮"，播放指示器回到第一个关键帧位置，选择"运动"用移动工具，将文字"最"垂直向上移到画面外（可以设置位置参数中右侧的数据为负数，观察会发现文字上移）播放，文字从上方画面外移入画面的动画。

③单击"转到上一个关键帧按钮"或"转到下一个关键帧按钮"将指示器定位到"位置"的第二个关键帧。打开"旋转"动画，添加"旋转"动画的第一个关键帧，此时默认"旋转"为0度。

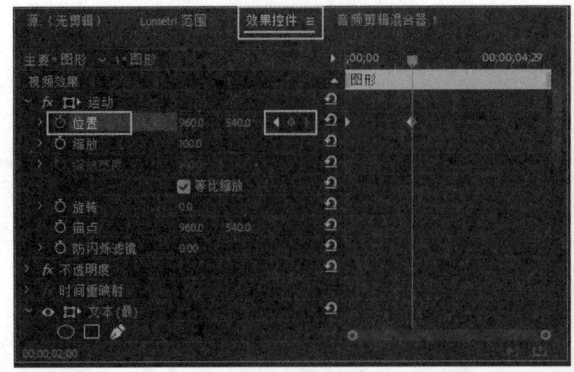

图4-37 位置动画

④在"00；00；03；00"位置，添加"旋转"动画的第二个关键帧。设置"旋转"为-20度，如图4-38所示。

⑤在"00；00；04；00"位置，添加"旋转"动画的第三个关键帧。设置旋转为0度，如图4-39所示。

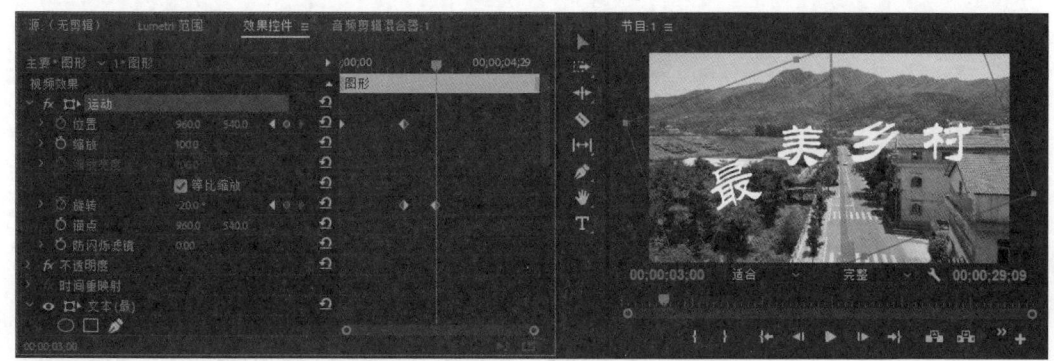

图4-38　"旋转"动画第二个关键帧

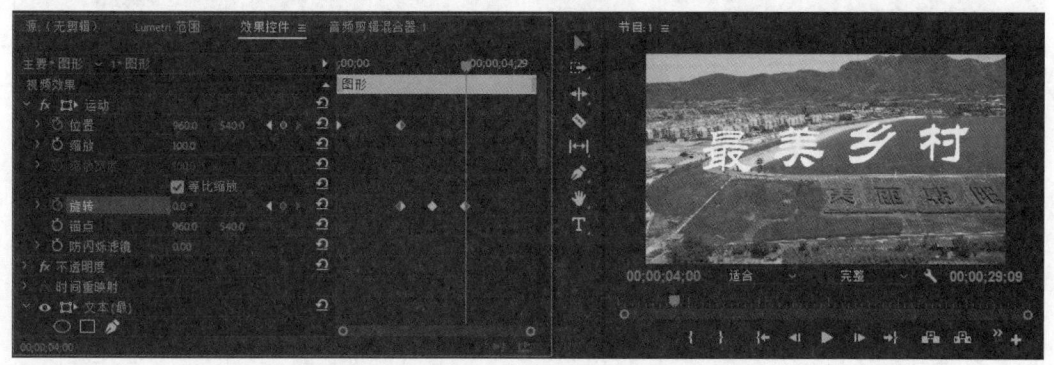

图4-39　"旋转"动画第三个关键帧

⑥在【节目】监视器窗口播放，文字从上方画面外移入画面中，然后旋转了一下。

（6）"美"——位置、缩放及颜色关键帧动画。"美"的动画效果就是先从画外的上方垂直移入，然后放大，再由白色变为红色。

①选择"美"字，在"美"的开始位置"00；00；01；00"，打开"位置"动画，出现第一个关键帧，将文字"美"垂直向上移到画面外。在"00；00；02；00"位置，添加第二个关键帧，"美"字移到画面中"最"的后面。

②定位到"美"字的"位置"动画第二个关键帧。添加缩放动画第一个关键帧，如图4-40所示。

③在【效果控制】中打开"文本（美）"下方"源文本"的"切换动画"按钮，自

动添加"源文本"的第一个关键帧,外观设置"填充"白色。

④在"00;00;02;15"位置,添加"缩放"的第二个关键帧,缩放120,文字放大,同时添加"源文本"的第二个关键帧,单击"填充"左侧的白色方框,将颜色设置为"红色",如图4-41所示。

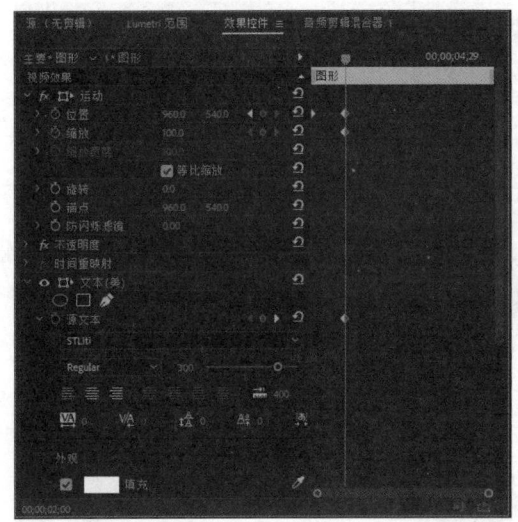

图4-40　缩放及颜色第一个关键帧

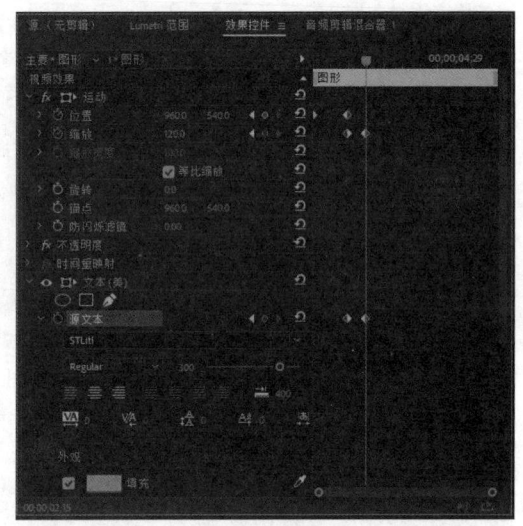

图4-41　缩放及颜色第二个关键帧

(7)"乡"——位置、透明度关键帧动画。"乡"的动画效果就是先从画外的上方垂直移入,然后变为透明,再显示出来。

①选择"乡",在开始位置"00;00;02;00",添加位置动画第一个关键帧,将字移到画面外的正上方,在"00;00;03;00"位置,添加位置动画的第二个关键帧,将字移到画面中"美"的右侧。

②定位到"乡"位置动画的第二个关键帧,添加"不透明度"动画第一个关键帧,在"00;00;03;15"位置添加"不透明度"的第二个关键帧,并将不透明度数值调到0,隐藏文字。

③在"00;00;04;00"位置,添加"不透明度"的第三个关键帧,并将不透明度数值调到100,"乡"字显示。如图4-42、图4-43所示。

对所有文字,都可用【效果控件】下方"文本"中的"变形"制作动画效果。

(8)"村"——位置斜入、旋转,多个关键帧的曲线动画。

①选择"村",在开始位置"00;00;03;00",单击"运动""源文本"左侧的折叠按钮">"将不用的命令折叠起来,在"文本(村)"的下方展开"变换",单击"位置"左侧的"切换动画"按钮,添加"位置"动画的第一个关键帧。在"00;00;05;00"

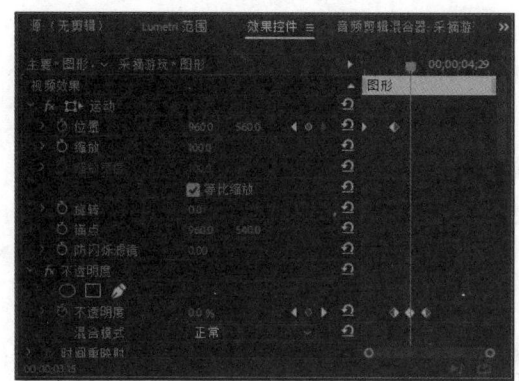
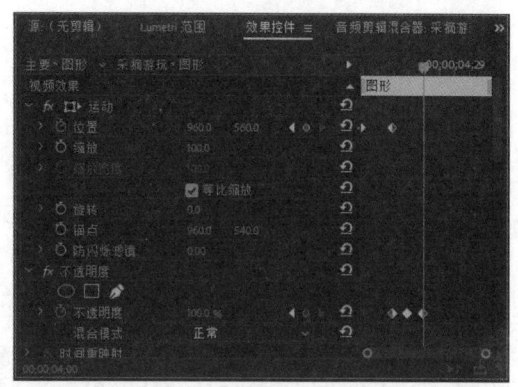

图4-42 不透明度动画第二个关键帧　　　　图4-43 不透明度动画第三个关键帧

位置，添加"位置"动画的第二个关键帧。设置【节目】窗口缩放级别为10%，显示更多的画外空间。

②在【效果控制】中定位到"位置"动画的第一个关键帧，单击"文本（村）"，【节目】窗口中"村"字的四周出现"蓝色外框"，将"村"字拖到画面的左上角外侧，如图4-44所示的②，播放，文字"村"从左上角画面外斜着移入画面中停到"乡"字后面。

③在"00；00；03；15"位置，添加关键帧"文本（村）""位置"动画的第三个关键帧。

④同时打开"旋转"动画，在"00；00；03；15"位置，添加"旋转"动画的第一个关键帧。然后单击选择"文本（村）"，在【节目】窗口的画面中按住鼠标左键将"村"字拖到画面中"美"字上，（这里可以看到文字运动的曲线路径，我们可以通过拖动，调整文字运动的轨迹），如图4-45所示的③。

⑤在"00；00；04；10"位置，为"位置"和"旋转"各加一个关键帧，即"位置"的第四个关键帧，旋转的第二个关键帧，然后单击选择"文本（村）"。

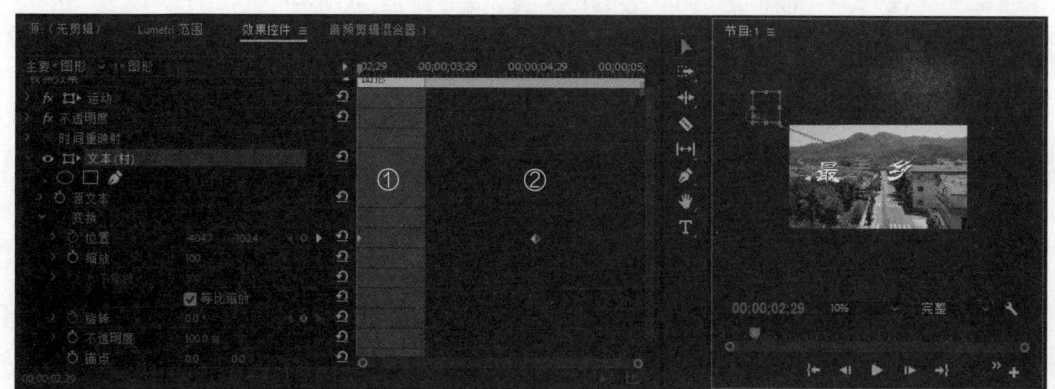

图4-44 "村"的"位置"动画第一个关键帧

⑥在【节目】窗口的画面中将"村"字拖到画面中"乡"字的垂直上方,在【效果控制】中将"旋转"后面的参数改为360度,显示为1×0.0,就是转了一圈,如图4-46所示的④。

⑦在【效果控制】中让播放指示器定位到最后一帧上,即第二个关键帧,然后单击选择"文本(村)",将"村"移动到"乡"的右侧与其他字都平行,如图4-47所示。

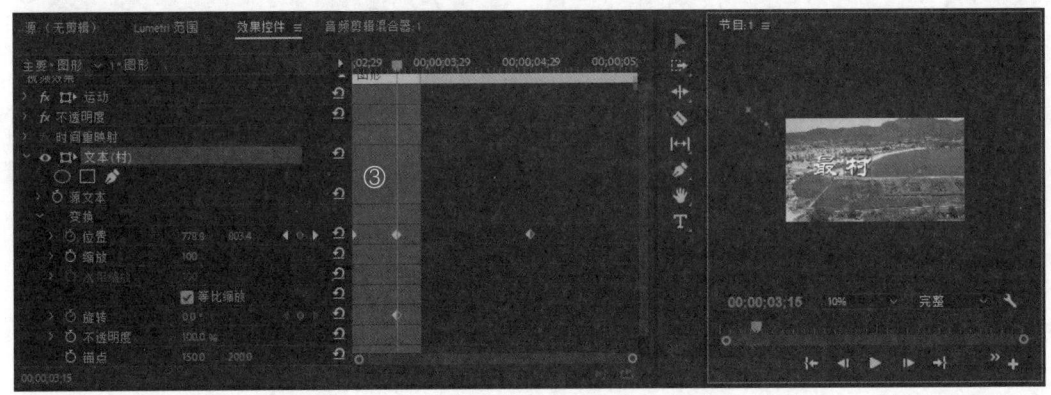

图4-45 "村"的"旋转"动画第一个关键帧(一)

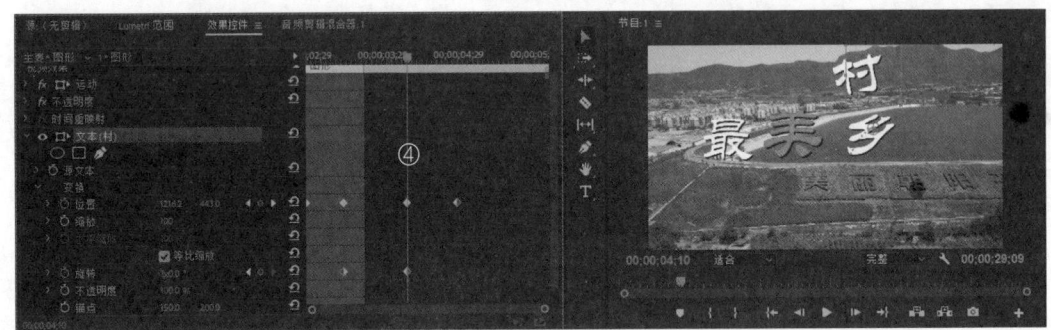

图4-46 "村"的"旋转"动画第一个关键帧(二)

图4-47 "村"的斜入旋转动画第二个关键帧

步骤4 "梦幻特效"——Pr与PS的跨平台应用、Pr软件的序列嵌套

PS软件中制作"笔划.psd"文件。

（1）在PS软件中新建文件"笔划"，宽1920、高1080、分辨率72（和Pr中文件大小一致），设置背景为黑色。

（2）打开"心形.jpg"图片文件，用钢笔工具沿湖水心形的内圈绘制路径，然后转换为选区，如图4-48所示。用选框工具将选区移到"笔划"文件中。可以用"变换选区"适当调整大小，如图4-49所示。

图4-48　绘制路径转为选区　　　　　图4-49　选区移入"笔划"文件

（3）新建"图层1"，选择画笔工具，设置前景为"白色"，画笔"大小"为160左右，硬度为0，在选区内左上方画一条斜线。因为有选区的情况下只能画在选区内，线条要一笔一笔画，就是一个图层内画一条。

（4）选择"图层1"，按"Ctrl+J"复制为"图层1拷贝"，重命名为"图层2"，并移到"图层1"下方，然后在第一条线的下方再画一条线，注意和第一条线连成一片。

同法制作"图层3""图层4""图层5"，每复制一个层就多画一笔，最后按"Ctrl+D"取消心形选区，如图4-50所示。存储文件为笔画.psd文件（注：图层从上到下1-5层排列）。

Pr软件中制作"笔划.psd"文件。

（1）在Pr中的V1轨道中视频"5.mp4"前，放入"湖.mp4"视频素材，调整位置和缩放。

（2）在"湖.mp4"的上方，V2轨道中放入"舞.mp4"视频素材，调整位置和缩放。"取消链接"，删除音频。

（3）右击"湖.mp4"视频，设置持续时间为"00；00；09；01"，使两个视频长度相同。

（4）在A1轨道中放入"万疆.mp3"音乐，直接用"选择工具"在结尾处向前拖，剪去后截，调整长度与视频结尾对齐。

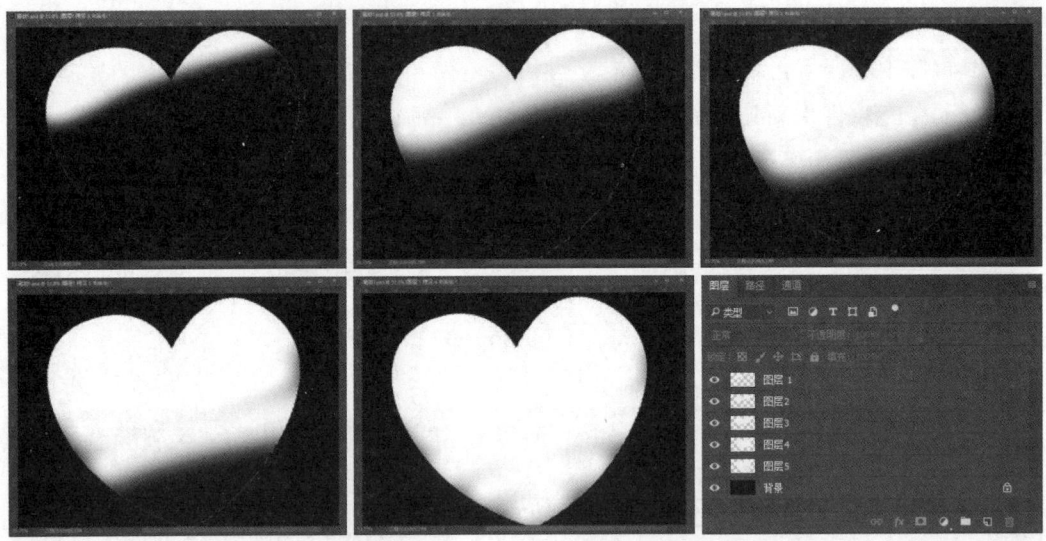

图4-50　笔划的形状与图层的顺序

（5）导入素材"笔划.psd"，导入为：选择"各个图层"，但是不勾选"背景"层，单击"确定"。如图4-51所示，在【项目】窗口中就会出现"笔划"素材箱。

（6）双击打开"笔划"素材箱，选择【项目】窗口下方的"列表显示"会看到5个图层的文件名，如图4-52所示。选"图标显示"会看到5个文件中的画面内容，如图4-53所示。

（7）"笔划"素材箱，如图4-54所示。拖到V3轨道"舞.mp4"的上方，然后框选所有的笔划图片，被选中的反白显示，然后在视频上右击，在下拉列菜单中选择"嵌套"，保存为"嵌套序列01"，嵌套以后连成一体，方便同时修改属性，如图4-55所示。

（8）右击"嵌套序列01"，持续时间调整为"00；00；09；01"，如图4-56所示。

（9）双击打开"嵌套序列01"可以单独编辑，在开头为"图层1"添加【效果】/"视频过"/"擦除"/"划出"，设置持续时间为"00；00；02；25"，单击确定。

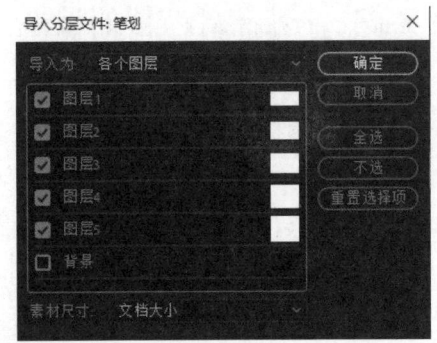

图4-51　导入PSD文件

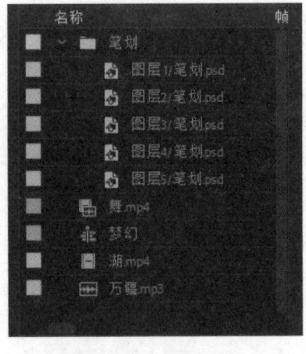

图4-52　列表显示

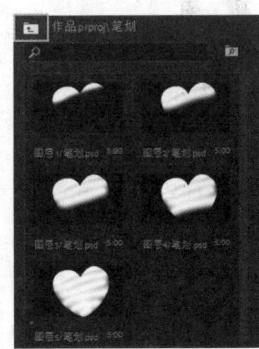

图4-53　图标显示

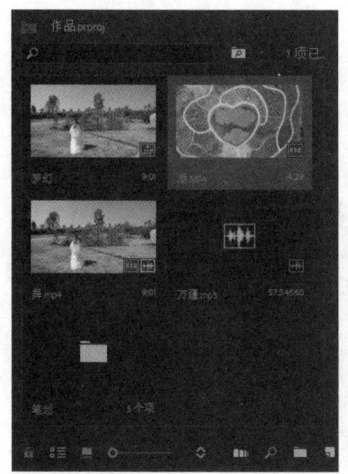
图4-54 "笔划"素材箱

图4-55 "嵌套"的应用

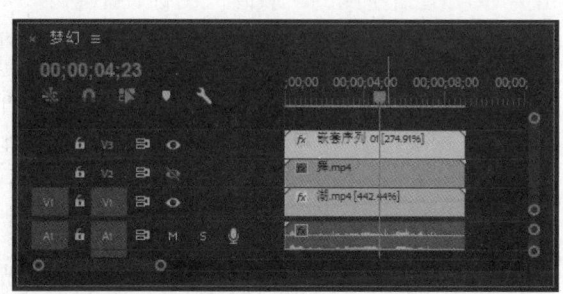
图4-56 调整视频长度

（10）在【时间线】中两个视频中间的"划出"方框上单击，在【效果控件】中勾选"显示实际源"，动画效果设置区四周会有9个小三角形，光标移到动画设置区左下方的三角形上，三角形会变成"桔红色"并出现文字"自西南向东北"，单击选择，可以单击左上方的播放按钮查看效果，如图4-57所示。

（11）在"图层1"和"图层2"中间添加"划出"，选择"自东北向西南"，擦除方向根据设计的效果而定，如图4-58所示。

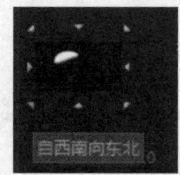
图4-57 调整时间

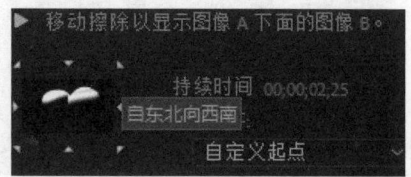
图4-58 自东北向西南划出

其他同法设置"图层2"和"图层3"为"自西南向东北"划出。"图层3"和"图层4"为"自东北向西南"划出。"图层4"和"图层5"为"自西南向东北"划出,所有的"持续时间"都为"00;00;02;25",如图4-59所示。单击"梦幻"切换到"梦幻"序列。

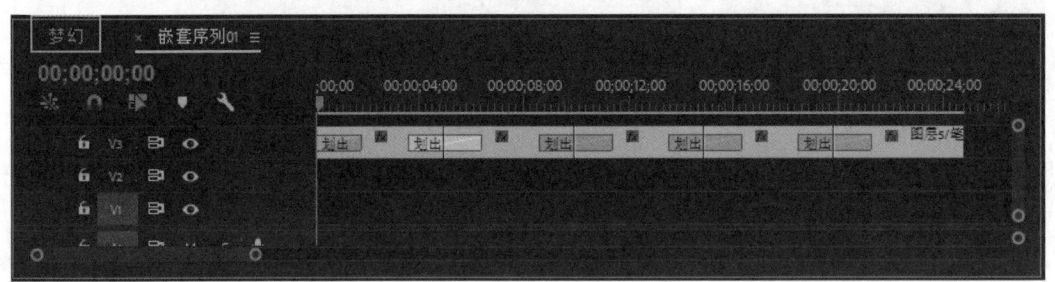

图4-59　单击"梦幻"切换到"梦幻"序列

在【时间线】单击为V2轨道中左侧的"眼睛"图标,不显示"舞.mp4"视频。

选择"湖.mp4"视频,"播放指示器"定位到"湖.mp4"视频的开始位置,将湖的"心形"大小,与笔划中"心形"大小相比较进行调整。

选择"嵌套序列01",在开头位置打开"位置"与"缩放"动画。添加第一个关键帧,单击"运动",用选择工具拖动调整"笔划"大小、位置与湖中"心形"大小、位置相同。

在"00;00;02;04",添加第二个关键帧,调整"笔划"大小、位置与湖中"心形"大小、位置相同,如图4-60所示。

图4-60　"嵌套序列01"视频的第二个关键帧参数

同法，分别在"00；00；03；12""00；00；04；14""00；00；05；24"和结尾位置添加第三个、第四个、第五个、第六个关键帧，分别调整"笔划"大小、位置与湖中"心形"大小、位置相同。

在【时间线】中单击为V2轨道中左侧的"眼睛"图标，显示"舞.mp4"视频，并单击选择"舞.mp4"视频，在【效果】窗口中添加"视频特效"/"键控"/"轨道遮罩键"，设置遮罩为"视频3"，如图4-61所示。

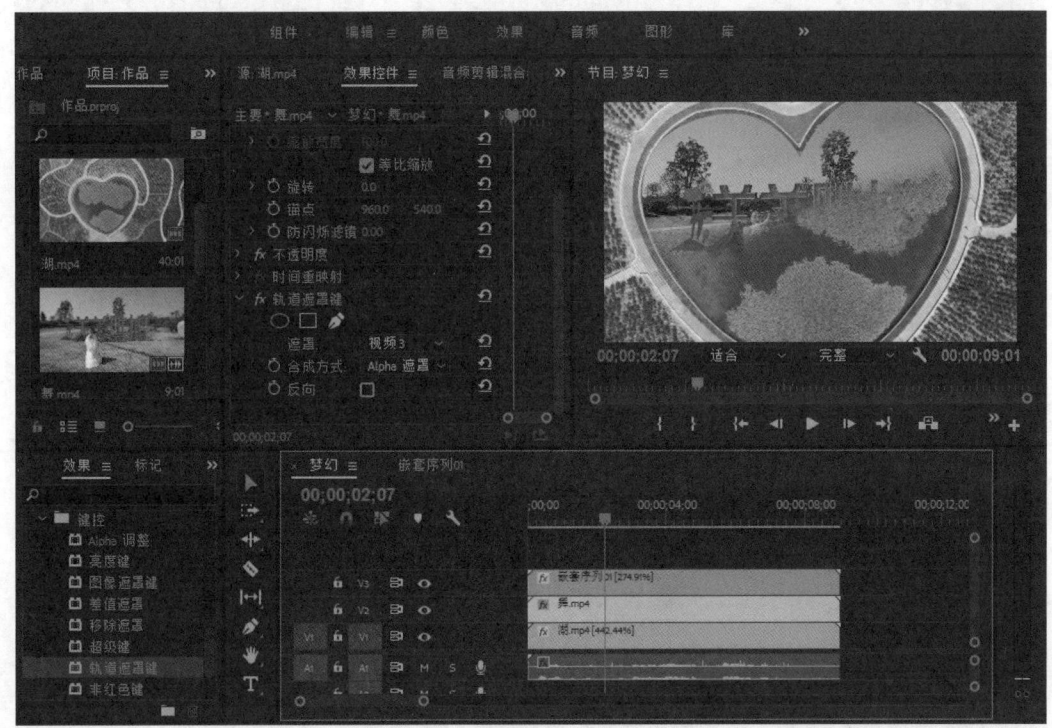

图4-61 "轨道遮罩键"的应用

步骤5 正文字幕的输入

定位到视频"3.mp4"的开始位置，输入文字"这里风景如画"，设置"字体"为黑体，"大小"为80，"颜色"为白色，勾选"阴影"为黑色，在图形编辑中设置"对齐并变换"下方的"水平居中对齐"，在"位置"中调整垂直距离，放在画面下方中间位置，如图4-62所示。

同法，为其他视频添加文字。如"生态宜居，产业兴旺，杏子、油桃等、特产丰富、是全国知名的'黄桃之乡'，休闲娱乐，生活美好，富裕的居民生活舒适悠闲，也动感热烈，来！享受生活吧！"，如图4-63所示。注意：正文字幕文字重在整体统一。

图4-62　正文字幕文字的编辑

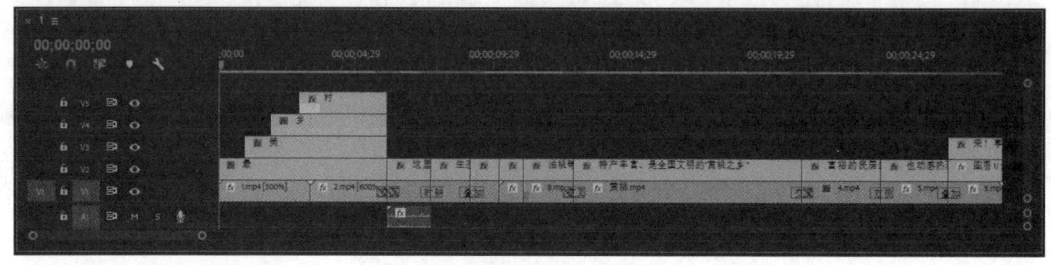

图4-63　正文字幕

步骤6　背景音乐、画外音

音频是完整的影视作品中不可缺少的组成部分，正确的处理和运用音频效果，能增强作品的真实感和艺术感染力，音效包括了配音、配乐、声音特效等。背景音乐的旋律要和画面动画的节奏匹配。

（1）背景音乐的添加。

①导入音乐素材，在【时间线】中将"3.mp4"和梦幻笔划的视频声音向下拖到A2轨道中，在【项目】中双击"搞怪调皮.mp3"音乐，在【源】视频窗口设置入点为"00；00；00；27"，出点为"00；00；04；26"，在【时间线】中将"播放指示器"移到开始位置，在【源】视频窗口中单击"覆盖"按钮，将截取的音乐插入到A1轨道中。

②为"搞怪调皮.mp3"素材,设置入点"00;00;09;11",出点"00;00;11;17",将截取的音乐插入到A1轨道中第一段音乐的后边。这段音乐主要配合"村"的旋转动画效果。

③为"舒缓轻快.mp3"音乐,设置入点"00;00;03;29",出点"00;00;16;05",将截取的音乐插入到A1轨道中,放到"3.mp4"视频的结尾位置。

④为"动感.mp3"音乐,设置入点"00;00;04;14",出点"00;00;06;26",将截取的音乐插入到A1轨道中。为"5.mp4"视频的第一段配乐。

⑤为"动感.mp3"音乐,设置入点"00;00;00;21",出点"00;00;02;23",插入到A1轨道与最后一个视频对齐,为"5.mp4"视频的第二段配乐,如图4-64所示。

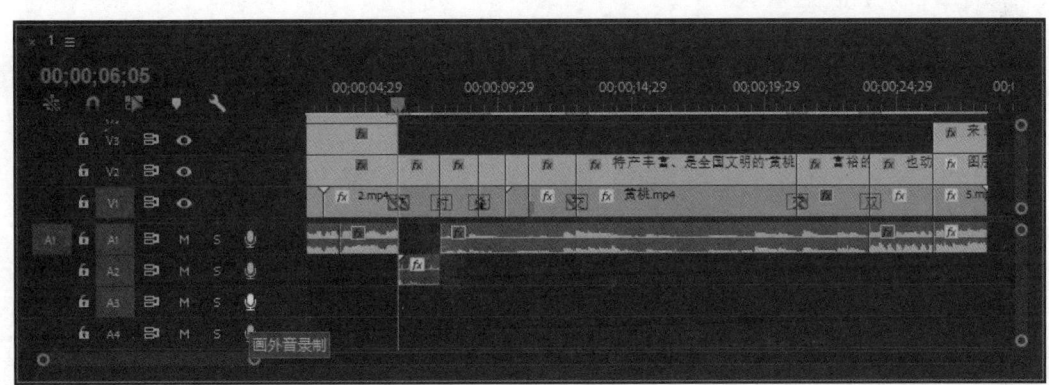

图4-64 配乐

(2)声音特效。

①制作声音淡出效果,在【时间线】选择"5.mp4"视频的第二段配乐,在【效果控件】中将"播放指示器"移到结尾处,单击"音量"下方"级别"左侧的"切换动画"按钮,在结尾处出现关键帧,然后将"播放指示器"前移到一定距离,然后再添加关键帧,默认的音量级别为0.0dB,单击"转到下一个关键帧"将"播放指示器"移到结尾的关键帧上,设置音量级别为-8.0dB,播放声音由强渐弱,如图4-65所示。

②整体调整音量,分别选择每个音频,在【效果控制】中设置音量级别到-6~-15dB。根据不同情况调整让音量稍低一些,起烘托作用,不能太吵。

(3)画外音:字幕配音

①手机录音。打开手机录音,一边播放【节目】中的视频,一边读画面中的文字,阅读节奏配合画面的播放,生成"配音.mp3"文件。在Pr软件的【时间线】A3轨道导入配音.mp3文件,如果有与画面对应不准确的,可以用"刻刀工具"在中间切开,前后移动与之匹配。

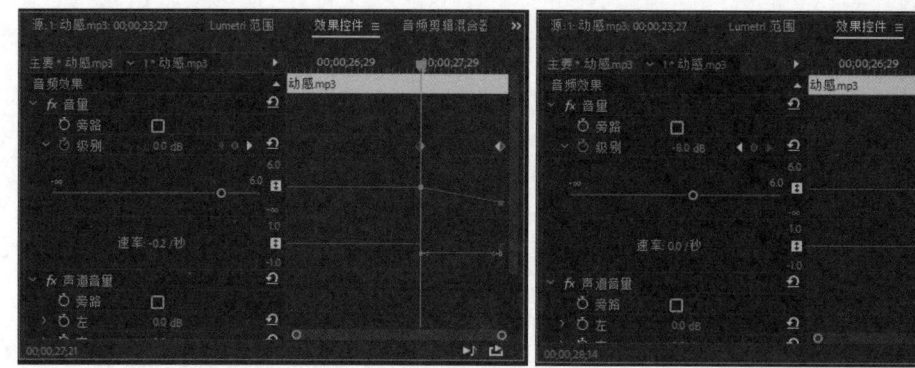

图4-65 声音特效

②录音设备。佩戴专业录音的耳机，收声专用设备，在Pr中将"播放指示器"定位到视频开始位置，将电脑的扬声器调到最小（否则录出来有杂音），单击A3轨道中的"画外音录制"，开始录音，结束后点击停止，录音自动生成到A3轨道中。

③将电脑的扬声器音量调到最高，在【效果控件】中将A3轨道的音频3的音量也调到最大，再单击播放按钮。

④其实声音可以通过文字生成，如"剪映"中的"文字转音频"，但是想要生动有特色的配音需要自己录，我们在练习的时候要求低或者条件不具备，可用笔记本电脑或手机录音，有条件的，对设备的要求比较高，需要准备专业设备。

步骤7 文件的渲染输出

菜单中打开"文件"/"导出"/"媒体"（快捷键Ctrl+M），在"导出设置"对话框中设置"格式"为"H.264"（高清格式），"预设"为"匹配源—高比特率"，确定。

> ### 拓展知识
>
> #### 如何做好短视频音乐的匹配
>
> 音乐风格很容易判断，但是同一风格的音乐有很多，在海量音乐库中如何选择与视频最契合的音乐呢？短视频配乐的三大要点：风格匹配、节奏匹配、音量匹配。
>
> 音乐风格匹配：如美食类短视频给人有"治愈"的情感，选择有幸福感或悠闲感的音乐，如同我们享用美食一样快乐。娱乐类短视频符合年轻人喜好，对接我们账号粉丝画像的特点，选择时尚动感的流行音乐，给人以青春活力的感觉。
>
> 音乐节奏匹配：要做到与视频动作的韵律合拍、韵律稳定。
>
> 音乐的音量匹配：就是要突出人物对话，把控好音乐的淡入和淡出。调整音频效果，不能让背景音乐掩盖人物对话的声音。

前期的策划是把控视频的大方向与整体效果，但是在制作视频的过程中，往往会有新的想法出现，尤其是在剪辑的时候，使用不同的特效技巧产生各种不同的效果，可能比预期的要更有特色，所以，我们在制作过程中要多实践、多对比、多尝试各种技巧的应用与新想法的实现，让视频出现更加奇妙和丰富多彩的效果，只有不断尝试和改进，才能做得更好。

案例的实践是引导我们如何去设计制作短视频，也为设计制作和完成一个完整的作品提供思路与实践方法，具体在掌握了这些方法之后，我们要在此基础上进行更好的创意。

三、手机端视频剪辑软件的应用

大多数剪辑软件的操作界面基本相似，其剪辑操作大同小异，剪映的界面和基本操作如下。

步骤1　导入素材

打开剪映的主界面，点击"开始创作"按钮，如图4-66所示，然后选择并导入拍摄的视频素材，即可开始剪辑，这里我们都选择的竖版视频。

步骤2　剪辑与特效制作

导入视频素材后，进入剪映的视频剪辑操作界面，如图4-67所示。视频剪辑操作界面主要有3个区域，由上到下分别是"效果展示区域""编辑素材区域"和"操作工具区域"。

（1）剪辑。选择"素材1.mp3"点击下方"操作工具区域"中的"剪辑"按钮，此时在中间"编辑素材区域"被选中的视频片段左侧出现白色竖条，即"裁剪"按钮，按住向右拖可以剪掉前边多余的部分，按住右侧的白色竖条向左拖动剪掉后边多余的部分。剪辑后"素材1.mp3"长度为2秒，选中视频，视频条的左上角会显示"2.0s"。在上方"效果展示区域"中"播放"预览效果。如果需要可单击右侧的"+"按钮在此素材后边添加"视频素材"，如图4-68所示。

（2）删除素材。不需要的视频素材可以选择下方的"删除"按钮进行删除，如图4-68所示。

（3）变速。拍摄的"素材2.mp3"视频节奏慢时间长，在进入"剪辑"后，可以为视频添加"变速"，使视频播放的节奏变快，变速有两种，常规变速和曲线变速，变速界面如图4-69所示。

"曲线变速"如图4-70所示，可以从几种曲线选择，也可以自己设置曲线，有效果的快慢变化。"常规变速"是直接将速度调快，如图4-71所示。将"素材2.mp3"视频调为变速5.0×，长度就会变为1.8s，视频速度加快，长度变短。变速后中间的视频条上会显示长度和变速倍率，将"素材3.mp3"视频调为变速2.6×，长度自动变为1.7s，"素材3.mp3"变速如图4-72所示。

图4-66 开始创作

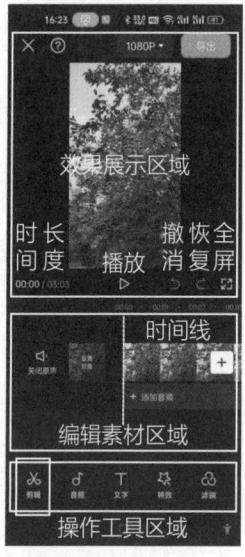
图4-67 操作界面

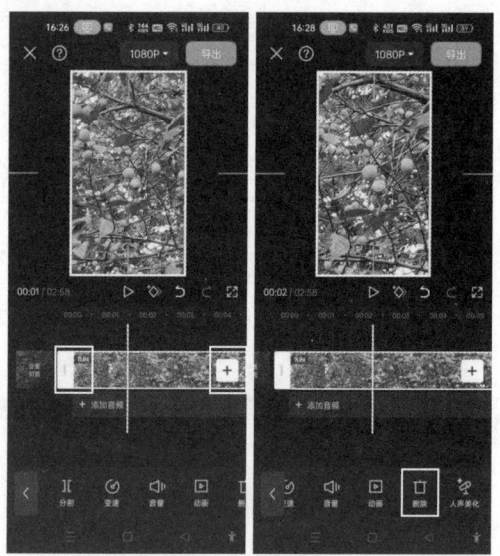
图4-68 剪辑和删除视频

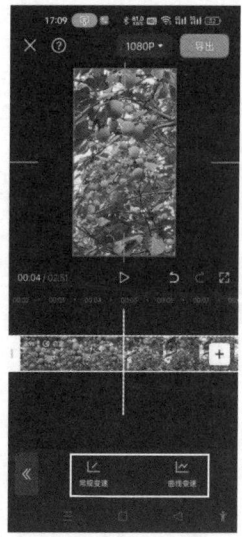
图4-69 变速界面

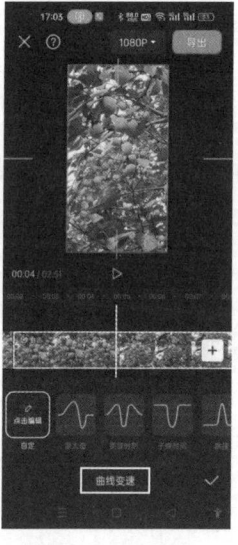
图4-70 曲线变速

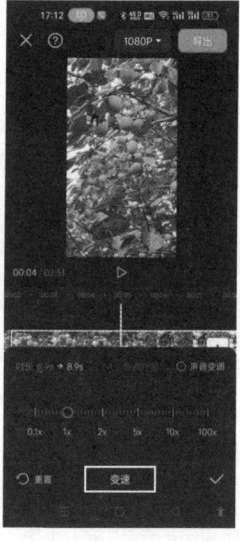
图4-71 常规变速

图4-72 "素材3.mp3"变速

（4）调整视频素材位置。"素材3.mp3"视频画面天空很蓝，衬托红色的樱桃特别漂亮，如果将"素材3.mp3"视频移到"素材1.mp3"视频的前边，可以按住"素材3.mp3"视频，按住后视频变成方形，不要放开，直接拖到"素材1.mp3"视频前边。调整视频位置如图4-73所示。

（5）分割视频。第四段视频"素材4.mp3"太长，我们分割素材并且变速，如图4-74所示，在中间左右拖动白色"时间线"，移到00:10s的位置，单击"剪辑"/"分割"

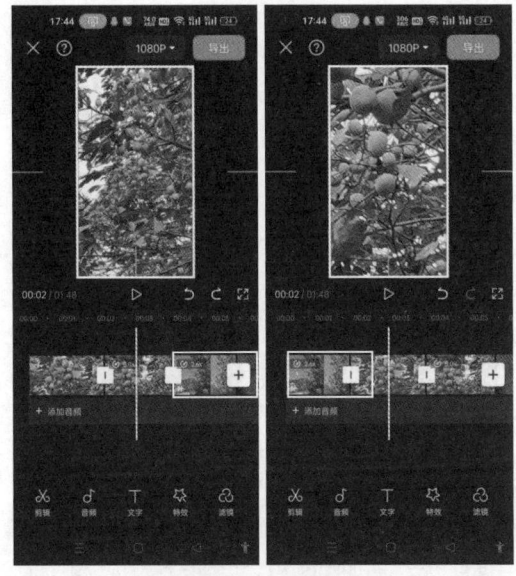
图4-73 调整视频位置

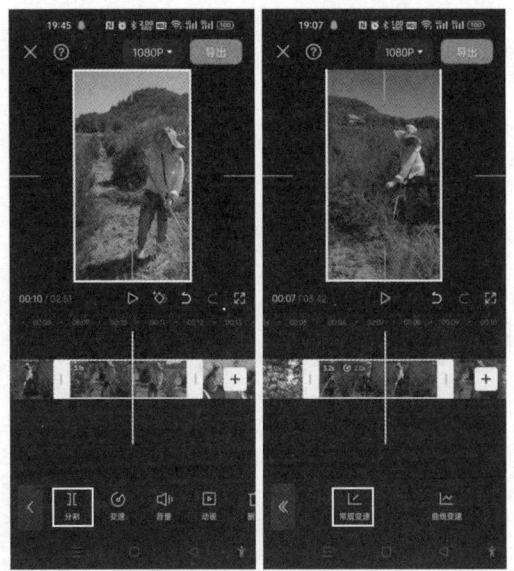
图4-74 分割素材并且变速

可以将视频切开,删除前边部分,后边的视频会自动前移。

然后"时间线"移到00:11s的位置和00:23s的位置点击"分割",再删除11秒和23秒之间的视频片段,再移到00:14s的位置分割,删除后边的视频画面。这样我们就从一个视频中截取了两个片段,为"素材4.mp3"第一个片段设置变速2.0×,长度变为3.2秒,第二个片段不变速,长度3秒左右。

(6)音频分离。"时间线"放在"素材5.mp4"的00:13s的位置,"分割"并删除00:13s之前的部分,如不需要声音,可以设置"音频分离",如图4-75所示,点击选中声音,删除视频原来的声音,如图4-76所示,(在剪映中有的功能显示为"VIP"才能用,如"人声分离",是要注册会员付费的,不是会员的只能选择非"VIP"功能)。

(7)添加滤镜。在下方操作工具的左侧显示"<"表示可以回到上一级别,"<<"表示可以回到上两个级别,点击后为"素材5.mp4"添加"滤镜"/"暖食",如图4-77所示,让画面变得温暖有爱。

(8)放大画面。"素材6.mp4"是横屏画面,在中间选中视频,在上方用两个手指向外划,放大视频图像使之充满整个画面,如图4-78所示。将人物移到中间合适位置显示,并在00:22处分割,删除后边的部分。

(9)添加贴纸。为"素材7.mp4"添加贴纸效果,可同时添加多个,如图4-79所示。

(10)画中画。选择"素材8.mp4",设置变速2.0×,长度变为3.2秒,选择"画中画",加入视频"素材12.mp4",选择"素材12.mp4"单击下方的"编辑"按钮,出现"旋

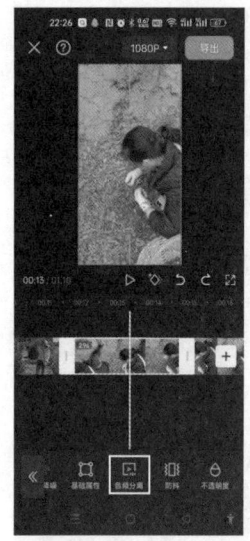
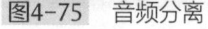
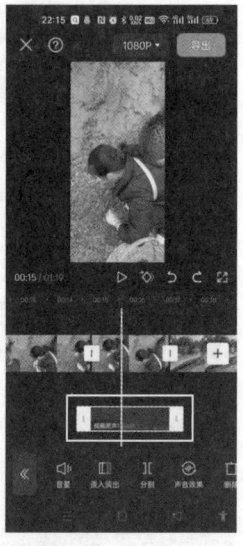
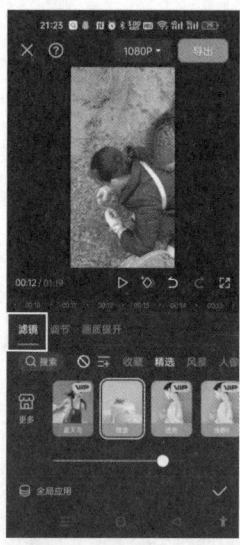
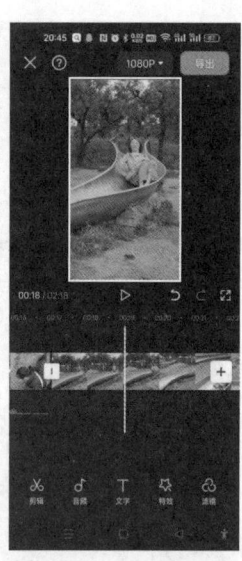

图4-75 音频分离　　图4-76 删除声音　　图4-77 添加滤镜　　图4-78 放大画面

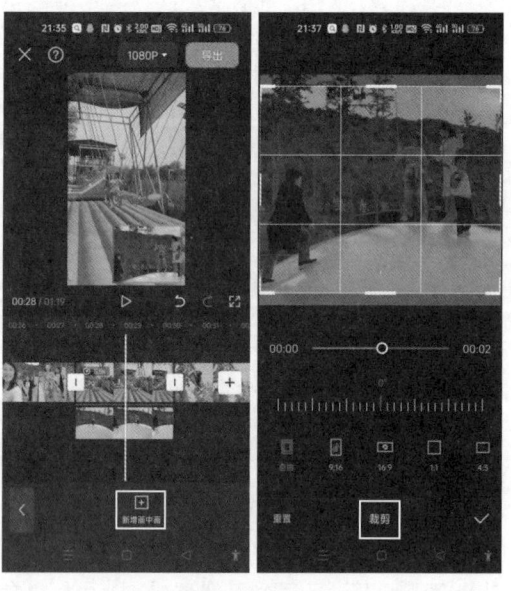

图4-79 添加贴纸效果　　　　　　图4-80 画中画

转""镜像""调整大小",选择"调整大小",将画面外侧多余的切掉,并将图片调大,放在"素材8.mp4"画面中合适的位置,如图4-80所示。

(11)添加特效。回到上一级别,直到出现"剪辑",对"素材9.mp4"在00:40处切割,删除后边部分,不选择视频,但是将时间线放在"素材9.mp4"开始位置,添加"特效"/"心跳",如图4-81所示,只放在"素材9.mp4"的开始部分。

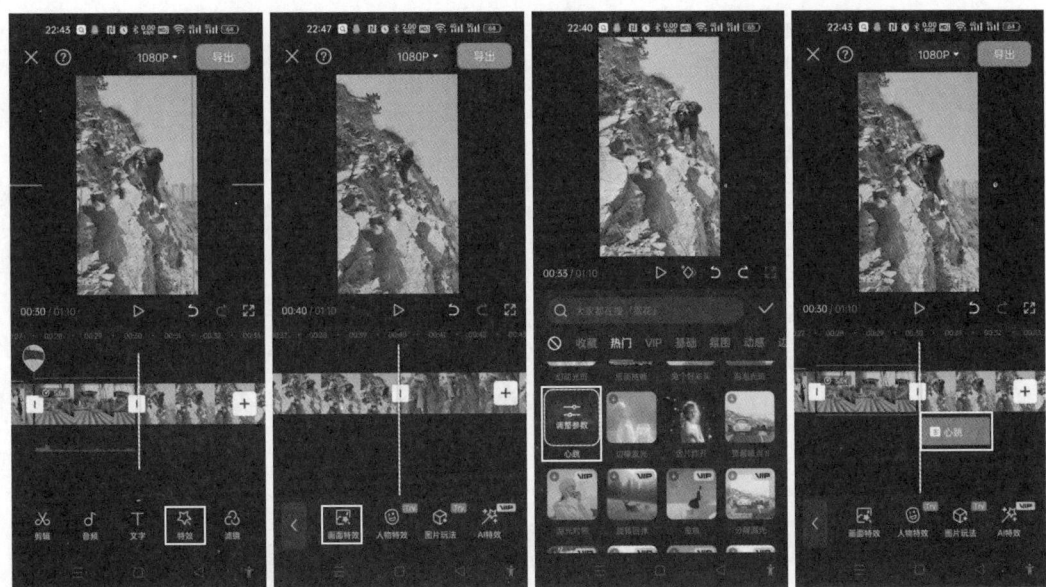

图4-81 心跳特效

图4-82 动感荧光特效

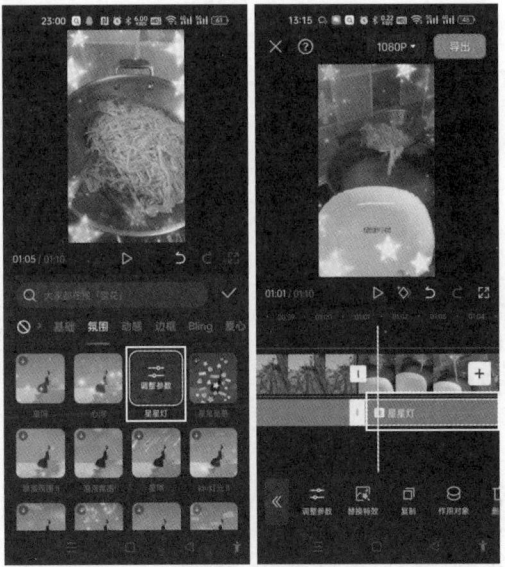

图4-83 星星灯特效

（12）后边的部分与"素材10.mp4"，添加"特效"/"动感荧光"效果，如图4-82所示。

（13）为"素材11.mp4"添加"特效"/"氛围"/"星星灯"，特效运用的时长与视频时长相同。星星灯特效如图4-83所示。（在操作过程中，如果想中断，可以点击左上角的"×"取消）。

步骤3　字幕的编辑

（1）添加花字。点击向上一级别，回到剪辑首页，点击下方的"文字"会进入添加文字界面，其中操作工具有新建文本、添加贴纸、识别字幕、文字模板等。

（2）输入文字。将"时间线"放在视频开始位置，不选择视频，下方会出现"文字模板"如图4-84所示，点击"文字模板"，出现文字输入画面，输入"最美乡村"后，点击"√"，如图4-85所示，文字显示到画面中。

（3）编辑文字。点击选中"最美乡村"，如图4-86所示，文字周围出现白框，四个角显示按键分别是，右上角为"编辑"按钮，点击可以重新输入或修改文字，右下角是"缩放并旋转"按钮，可以按住将文字调大或旋转一定角度。左上角是"删除"按钮，点击后可以取消添加文字，左下角是"复制文字"按钮，在文字制作时根据不同的情况灵活应用。

（4）调整文字长度与位置。点击视频轨道下方的文字条，左右出现白色的裁剪按钮，按住"裁剪"按钮拖动调整长度与"素材3.mp4"同长，单击长按文字条，可以前后移动整个文字，放到合适位置。

（5）为其他视频添加花字。同法为"素材1.mp4"和"素材2.mp4"配上花字字幕"有美味好果"，如图4-87所示。为"素材4.mp4"配花字字幕"有大汗淋漓"，如图4-88所示。

为"素材5.mp4"配花字字幕"有小可爱"，如图4-89所示。为"素材6.mp4"配字幕"嗨起来吧！"，如图4-90所示。为"素材8.mp4"配字幕"太开心了！"，如图4-91所示。

图4-84　文字模板

图4-85　输入文字

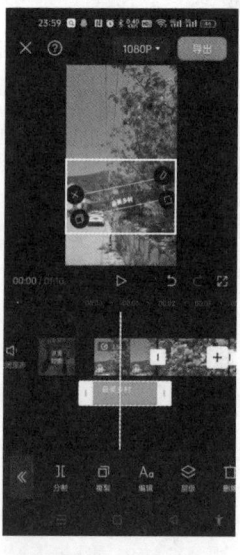
图4-86　编辑文字

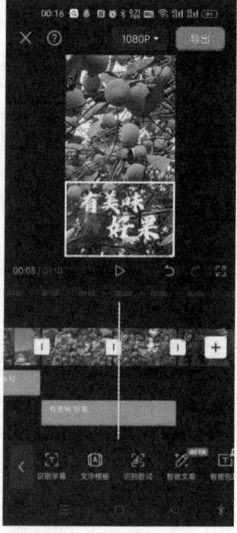
图4-87　素材1和2字幕

为"素材9.mp4"配花字字幕"运动中""爬山的乐趣"。为"素材10.mp4"配花字字幕"尽在山顶那一刻"。为"素材11.mp4"配花字字幕"自己做的美食""好诱人!",如图4-92、图4-93和图4-94所示。

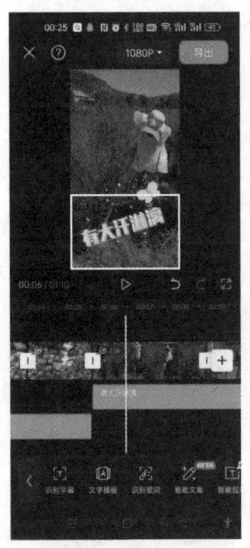
图4-88　素材4字幕

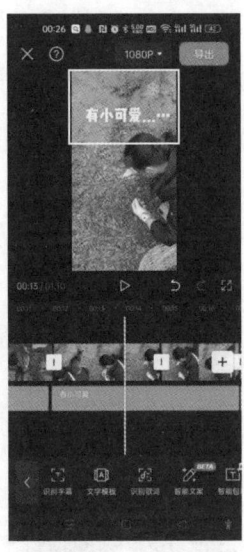
图4-89　素材5字幕

图4-90　素材6字幕

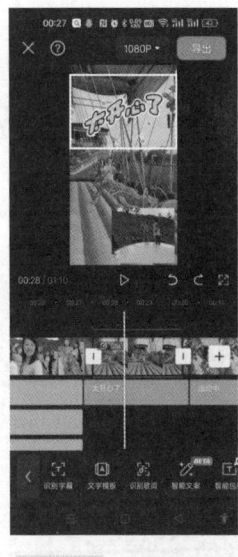
图4-91　素材8字幕

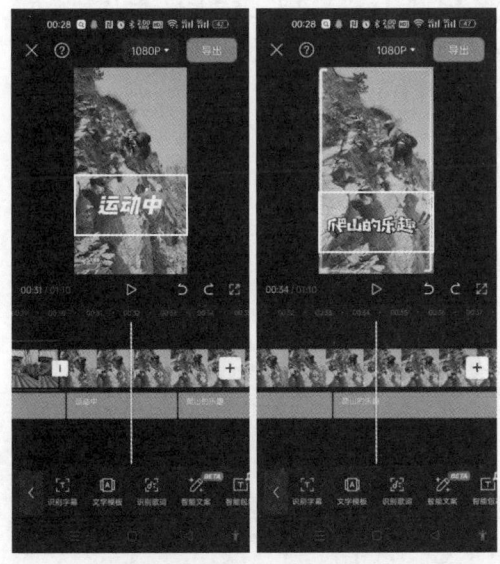
图4-92　素材9字幕

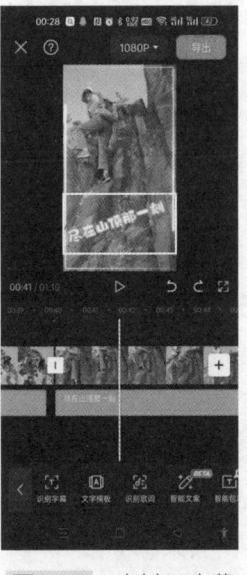
图4-93　素材10字幕

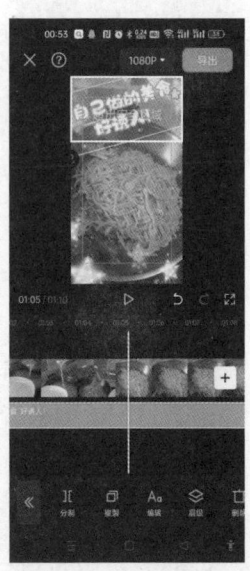
图4-94　素材11字幕

步骤4　配音

（1）时间线定位到开始位置，点击"音乐"如图4-95所示，从库中听取音乐。并选择合适的音乐，如"开心　轻松　快乐"点击"使用"，如图4-96所示。

（2）时间线放在第三段视频的结尾处，选择音乐，用"分割"工具切开，删除后边的部分，如图4-97所示。在"淡入淡出"中设置"淡入"效果。

（3）为"素材4.mp4"和"素材5.mp4"添加音乐，选择活泼音乐，如"可爱小孩"放在第一段音乐后边，与素材开始和结尾对齐，多余的切掉，如图4-98所示。

 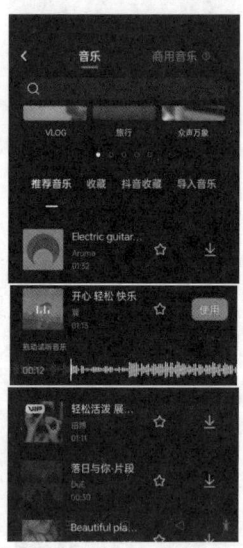 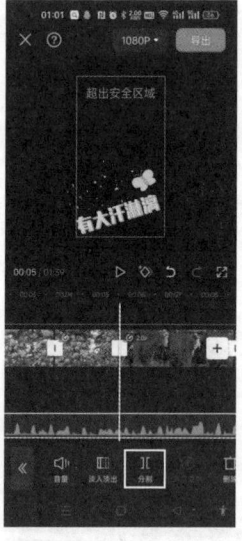 

图4-95　音乐　　　图4-96　选音乐　　　图4-97　分割音乐　　　图4-98　活泼音乐

（4）为"素材6.mp4""素材7.mp4""素材8.mp4"添加动感音乐，多余的部分"分割"然后删除。如图4-99所示。

（5）为"素材9.mp4""素材10.mp4"添加爬山或户外运动的音乐，如图4-100所示，多余的部分"分割"，删除。在"淡入淡出"中设置"淡出"效果。

（6）最后为"素材11.mp4"选择"美食开心好吃"音乐，放到最后与视频结尾对齐，选中音乐可以调整音量大小，调低音量，注意："素材11.mp4"的视频是有人物讲话的声音，所以配乐的音量一定要小，要听清楚讲话。如图4-101所示。

（7）为"素材11.mp4"添加声音的"淡入淡出"效果，一般都是影片的开头设置淡入，影片的结尾设置淡出效果，如图4-102所示。

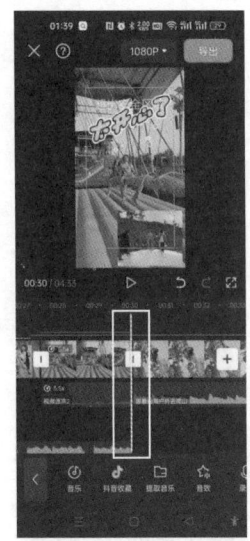 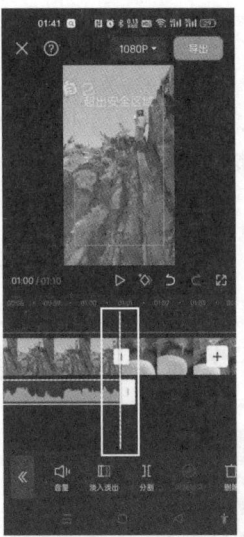 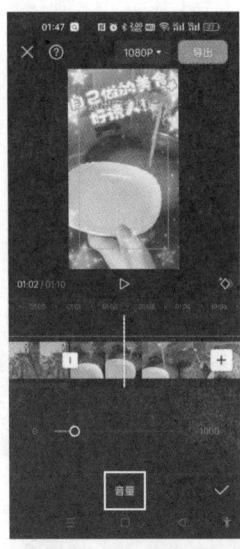 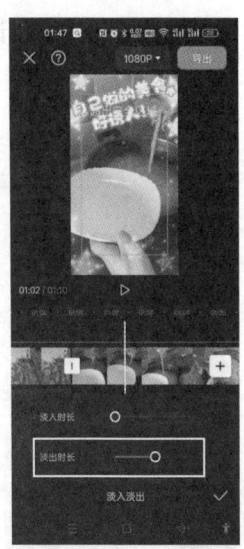

图4-99　动感音乐　　图4-100　爬山音乐　　图4-101　调整音量　　图4-102　声音淡出

步骤5　字幕识别

如果视频中有人物的对话，要将对话直接转成字幕，可以选择"文字"/"识别字幕"，如图4-103所示，识别类型为"全部"，如果选"双语"可有两种语言字幕，如"英汉"如图4-104所示，如果"识别类型"选择为"无"，只有中文字幕，如图4-105所示。点击"开始匹配"，人物的对话自动转成文字，匹配在视频下方。注意将文字调大些。

 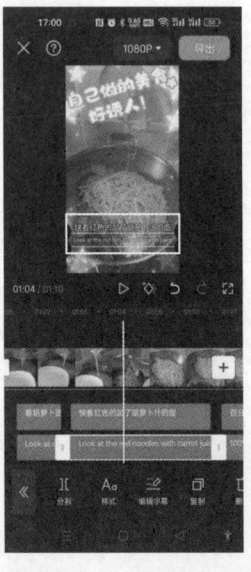 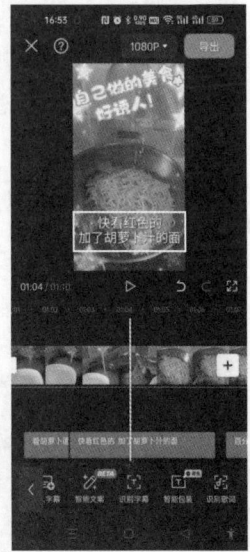

图4-103　文字/识别字幕　　　　图4-104　中英双语字幕　　图4-105　中文字幕

步骤6　封面设计

点击视频前面的"设置封面",如图4-106所示。可以使用"封面模板"设计,用已有的风格样式,只改文字内容就可以了,点击"保存",如图4-107所示。

当然自己设计会更有特色,与别人的不同,选择"添加文字",可以从下方的"字体""样式""花字""气泡"中选择喜欢的风格,与视频匹配的风格设计文字,如图4-108所示。

再输入其他文字,如"最美乡村韩李,舒适休闲的美景,突破极限的乐园,刺激的体验,你来了吗?"。

图4-106　设置封面　　　　图4-107　封面模板

图4-108　文字效果

步骤7　导出视频

导出。视频完成后,选择屏幕"右上角"的"导出"按钮。出现选择平台的画面,如图4-109所示。

选择平台。可以选择"抖音""西瓜视频"进行发布,如果我们建设了短视频矩阵,单击"更多",这时会出现"今日头条""番茄小说""巨量引擎"等短视频平台以供选择。这里我们先选择"抖音"进入"下一步"界面,如图4-110所示。这时可以选择"发日常",也可以单击下一步,进入发布页面,如图4-111所示。

发布。在"发布"中可以添加作品描述,好的描述可以为发布的短视频作品增加吸引力,除此之外还可以添加"话题""@朋友"扩大短视频的影响力,吸引更多的人来观看。

编辑短视频。可以"存草稿"方便再次编辑,如果需要重新编辑短视频,打开"剪映",在首页向上翻,在"开始创作"的下方会出现本地草稿,其中有"剪辑1"表示有1个视频草稿。点击打开可进行二次编辑,再发布。

任务四 短视频剪辑创作

图4-109 选择平台

图4-110 "下一步"界面

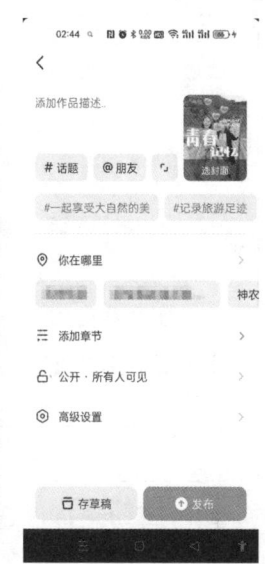
图4-111 发布页面

拓展知识

"声音"。在声音方面，则应当将视频声音调到正常大小，有配音的还需要特别留意配音与演员的口型要对上，清晰准确的字幕与观众的观感息息相关。

"字幕"。在制作字幕时，一定要保证字幕文字大并且清晰，停留时间足够长，且尽量保持在固定的位置，字幕与视频画面搭配要美观，检查字幕中是否有错别字，是否挡住了关键信息或是主播的脸。

"剪同款"按钮。点击该按钮可以查看抖音短视频流行的短视频模板，并可以直接上传素材剪辑同款视频。

"我的"按钮。点击该按钮可进入个人账号页面。

思政园地

"三农"短视频赋能乡村文旅发展

近年来，在乡村振兴战略引导下，一些短视频平台通过运营培训、流量扶持、变现指导等支持三农短视频创作。短视频作为三农（农业、农村和农民）题材内容创作和传播的载体和手段，进一步丰富了互联网在乡村振兴领域的应用和价值。

"三农"短视频呈现乡村文化场景。许多三农短视频表现微观的乡村生活和自然环境，场景式呈现乡土文化魅力，建构了"新农村的新形象"。很多网友在三农短视频中观赏乡村自然与人文美景，增加新奇体验，感受向往的田园诗意，放松心灵、舒缓情绪。

"农""文""旅"融合赋能产业创新发展。短视频通过展示和推广农村文化遗产、传统技艺与风貌，活化利用本地文化资源，带动了地域宣传推广、文创产品开发，吸引了广大用户前往亲身体验，很大程度上促进了乡村旅游消费和"农""文""旅"融合，推动着现代服务业与农村农业的深度融合，实现农村劳动力转移就业，拓宽了农民增收致富的渠道。

同步练习

一、单选题

1. 抖音、快手两大平台的短视频建议分辨率为（　　）。
   A．720P×1280P　　　　　　　　B．540P×540P
   C．1080P×1920P　　　　　　　D．4096P×2160P

2. 在Premiere软件中进行视频剪辑时，对一个视频素材设置入点和出点，从截取一部分放入到时间线的操作是在哪个窗口实现的？（　　）
   A．源　　　　　　　　　　　　B．节目
   C．项目　　　　　　　　　　　D．效果

3. 导出媒体的快捷键是（　　）。
   A．Ctrl+I　　　　　　　　　　　B．Ctrl+M
   C．Ctrl+N　　　　　　　　　　D．Ctrl+S

4. 在使用自己绘制的笔划用作视频擦除的过渡效果时，用哪个软件制作笔划？（　　）
   A．Photoshop　　　　　　　　　B．Premiere
   C．剪映　　　　　　　　　　　D．抖音

5. 在制作关键帧动画时，在哪个窗口中添加关键帧？（　　）
   A．项目　　　　　　　　　　　B．源
   C．节目　　　　　　　　　　　D．效果控制

二、多选题

1. 大部分短视频平台支持的短视频格式为（　　）。
   A．MP4　　　　　　　　　　　B．AVI
   C．MP3　　　　　　　　　　　D．MOV

2. 手机端视频剪辑软件有（　　）。
   A. 剪映　　　　　B. 快手　　　　　　C. Premiere　　　　D. 巧影
3. 常见的数字音乐格式有（　　）。
   A. AVI　　　　　B. WMA　　　　　　C. WAV　　　　　　D. MP3
4. 常用图片文件格式有（　　）。
   A. PNG　　　　　B. BMP　　　　　　C. JPEG　　　　　　D. TIFF
5. 电脑端视频剪辑软件有（　　）。
   A. Premiere　　　B. 抖音　　　　　　C. 爱剪辑　　　　　D. 绘声绘影

三、填空题

1. 短视频剪辑的六个要点有＿＿＿＿＿、＿＿＿＿＿、＿＿＿＿＿、＿＿＿＿＿、＿＿＿＿＿、＿＿＿＿＿。
2. 在Premiere软件中的效果包括＿＿＿＿＿、＿＿＿＿＿、＿＿＿＿＿、＿＿＿＿＿四种。
3. 音效包括＿＿＿＿＿、＿＿＿＿＿、＿＿＿＿＿等。
4. 短视频配乐的三大要点是＿＿＿＿＿、＿＿＿＿＿、＿＿＿＿＿。
5. 常用的短视频分辨率有＿＿＿＿＿、＿＿＿＿＿、＿＿＿＿＿、＿＿＿＿＿等。

四、简答题

1. 简述剪辑制作短视频包括哪几方面？
2. 简述视频的发布有哪些环节？

任务实施

根据选题、对拍摄好的短视频进行剪辑制作。

以当地的旅游与电商融合为大环境，为"某"休闲生态旅游区或最美乡村为任务，设定制作宣传推广的多个系列短视频为项目的工作任务。

（一）实训背景

（1）大数据资料：收集和检索本地区的休闲生态旅游区或最美乡村的相关信息和资料。

（2）实地考察：结合对本地区的休闲生态旅游区或最美乡村的相关的宣传报道的深入了解，从风景、人文、生活、经济各方面进行短视频运营的工作项目式训练，剪辑制作短视频。

（二）实训目标

（1）了解短视频剪辑制作的相关软件和技法。

（2）掌握根据实际情况运用剪辑技巧和方法对拍摄的短视频素材进行剪辑和创作。

（三）实训内容

结合前期选择主题，对拍摄的"最美乡村"的短视频素材，进行剪辑、制作画面特效、过渡特效、字幕、配音、片头片尾。

完成实训任务后，教师安排小组之间互相评比，随后教师对各个小组的实训做出评价。

任务五　短视频运营变现

随着互联网的普及和智能手机的广泛使用，短视频已经成为用户娱乐、获取信息和社交互动的重要渠道。本任务内容主要介绍短视频的运营方法和变现技巧，通过不断优化和创新，来提高短视频的质量和影响力，吸引更多用户关注和参与，从而实现创作者和平台的共赢。

案例导读

情景案例——做好短视频运营与变现

如今各种各样的优质短视频层出不穷，要在诸多短视频中脱颖而出，除了需要做好内容外，还需要做好运营与推广，短视频运营相当于商品营销和售后服务等一系列综合宣传推广手段。

1. 抖音搞笑博主：利用搞笑幽默的短视频在抖音平台进行分享，吸引了大量粉丝。随着粉丝数量的增长，可以和品牌合作进行推广活动，通过广告植入、品牌代言等方式实现了短视频变现。

2. 美食博主：在短视频平台上分享各种美食制作过程和心得，凭借其专业的烹饪技能和亲和力获得了众多粉丝的喜爱，然后可以与餐饮品牌合作、开设线上烹饪课程等方式实现了短视频的变现。

3. 游戏博主：游戏博主的变现途径丰富多样。一方面，可凭借与游戏厂商合作推广新游，收取高额推广费；另一方面，通过直播带货游戏周边产品，利用自身流量优势转化为实际销售业绩，还能凭借平台广告分成、粉丝打赏等方式，将热爱游戏的流量红利转化为丰厚的经济收益。

问题导学

1. 为什么要做好短视频的运营与变现？
2. 你所知道的短视频的变现方法有哪些？

一、短视频发布运营

在创作并剪辑好短视频内容后，短视频的发布与推广就成为短视频后续运营阶段必不可少的环节。短视频发布后及时的运营维护、加权推广能更有效地助推短视频的热度，从而获取更多的流量和粉丝的认可。有效的运营能让辛苦创作的短视频获得更广泛的传播与大众的喜爱。

短视频发布运营

短视频的发布是短视频推广运营的前期准备阶段，想让视频的效果更加突出，精心设置有效传达的短视频的封面、标题、标签、文案、名片等，能更好地表达短视频的主旨，传达受众喜爱的信息，吸引大量目标群体并将其转化为粉丝进而获取流量。

（一）精彩的封面设计

封面又称"头图"，是用户第一眼看到的画面内容，会给用户留下深刻的印象。精彩的封面能立刻打动人，吸引用户点击进入并观看视频，增加视频的点击量。设计封面时应该注意以下几个思路。

1. 增加吸引力

表情夸张。夸张的表情可以传递丰富的情绪，更有看点，与表情平淡的画面相比，夸张的人物表情更能激发用户的观看欲望，更易引发人们的互动。

制造对比。制造对比是打破用户固有反应的有效方法，对比效果越大，越能刺激用户点击观看，通过对比让用户体会产品效果，获得心理满足，制造对比封面设计。

引发好奇心。猫咪盯着地上聚精会神观看的情境，引发用户的一探究竟的好奇心，好奇心的驱动下会让人产生期待、快乐的情感，达成进一步行动的动力，好奇心也能驱使用户看到视频的结尾。

增强戏剧性。戏剧性是人物内心活动通过外部动作、台词、表情等直观呈现出来的，更能打动用户的心。戏剧冲突越剧烈，越能刺激用户的大脑，使其产生观看欲望。

2. 封面与视频内容相关

封面内容与视频内容保持高度的关联性，让用户很快了解短视频要表达的主要内容，进而详细观看。日常生活对目标群体的定位，技能学习展示要解决的问题等。如果封面与内容不相关或关联性不大，即使用户点击观看视频，也不会停留太长时间。

3. 不添加水印和广告词汇

不要添加水印和广告词汇，因为水印会破坏图片的整体美感，影响画面质量，使用户在浏览时产生不良体验。广告词则易导致短视频无法通过平台审核或者无法获得平台的推荐。

4. 封面图要完整，要有原创性

首先封面图要完整，文字和图片能表达重要的信息。标题要突出，文字要清晰，字体颜色和大小要适当，让用户有轻松易读的直观体验。封面要美观，人物及产品画面的比例不能拉伸或变形，颜色饱和度高，布局简洁，层次分明，迅速抓住重点，且无版权纠纷。

封面作为短视频的一部分，不仅要画面图完整，图片质量高，还要有原创性，在设计时也要有独特的画面美感，极具个性和特色的表达。不要和大部分的视频画面雷同，系列短视频的封面最好做到美观统一，能够吸引用户眼球，字幕不要遮挡画面或被画面遮挡，字幕和封面要符合账号风格。

（二）吸睛的标题策划

标题是短视频播放量之源，好的短视频标题有助于吸引用户停留，提高视频的点击率。优质的短视频内容或成功的人设在一个有吸引力的标题加持下，也就意味着短视频的成功，能得到用户的青睐，也能有效提高短视频账号的"涨粉"率。在为短视频创作标题时，要避免词汇过于专业、冷门或生僻，以免造成用户阅读障碍，也要避免短视频平台难以识别。那如何能创作出好的标题呢？设置标题时要考虑的切入点如下。

1. 明确用户标签与痛点

用户标签有很多维度，如身份、职业、年龄、兴趣爱好等，首先，确定短视频的目标用户群体，通过增加用户标签提升代入感；其次，摸清用户的痛点，从用户的角度出发才能创作出用户喜欢观看的短视频作品，例如"身份"标签为学生的标题，"大学生一个月的生活费应该多少合适？"。

2. 引发用户的好奇心

短视频的标题可以引发用户的好奇心，促使其对短视频的内容产生兴趣和观看的欲望，短视频的标题字数不应过多，主标题以10~20个字为宜，尽量做到口语化、接地气和言简意赅。在标题文案的把控上能做到提问题、有反差、制造神秘感、情感认同、讲故事等方式。

疑问句。"例如你属于哪一类？""你吃了吗？既补充营养又不会长胖！"这种类型的标题能直接明了地向用户传达视频的核心内容，为了获取答案，用户快速决定是否继续浏览，点击观看以寻求答案。

有反差。反差就是通过前后不一致的内容，形成强烈的对比和冲突给用户带来的好奇心，产生意外的看点。这种类型的标题文案比较适合关于生活、工作、个人的视频内容，如"我升职了，太吓人了"，因为事情的反转有更多的看点。

3. 制造神秘感或情感认同

制造神秘感让用户产生联想，如"一部让你大饱眼福的巨制，大腕云集"，看到标题用户就想一探究竟，到底有哪些大腕？

情感认同则多数适用于以亲情或者温情路线为主题的短视频内容，这种类型的标题文案能给用户带来亲切感，引起用户的情感共鸣及倾诉的欲望。如"想不到，这是奶奶给我的成人礼"用情感促使用户点击浏览短视频。

4. 故事式

故事式标题多出现在剧情类账号或者创意广告中，起到高度概括故事情节的作用，可以吸引用户停留。如"泡面爱情！"创作故事式标题时要注意不要让用户看到标题就知道结尾，避免平铺直叙。

（三）热门标签和话题

标签是用于概括短视频主要内容的关键词，对于短视频平台而言，标签就相当于用户画像，在推荐的算法机制中，用户每天会收到大量标签化的推荐信息，标签越精准就越容易得到平台的推荐，将短视频直接推荐到用户画像设定的目标用户群。对用户而言，标签是用户搜索短视频的通道，很多标签会在短视频下方展示，通过点击标签直接进行搜索。

所以，标签是短视频非常重要的流量入口，很多短视频播放量过低，很大程度是因为没有给短视频打上适合的标签。为短视频设置标签有如下要求。

1. 标签要精准

一般短视频的标签个数为3~5个，每个标签的字数为2~4个，如果标签太少，不利于平台的推荐和分发。标签太多，不能体现重点，容易错过核心用户。例如，美食类的短视频可以添加"鲜花饼""甜点""美食"等标签，这些标签涵盖了短视频类型领域的细分领域。标签要精准，在为短视频打标签时挖掘出短视频内容的核心要点，提炼出其最有价值及代表性的特性。例如，休闲娱乐类短视频可以添加"一日游""娱乐""休闲""美景"等标签。

2. 标签的范畴合理、紧追热点

标签范畴要合理，太宽泛易丧失特性，太细分使分发范围变得狭窄，损失大量潜在用户群体。例如，将标签定位到"生态旅游区""美景""美食""娱乐"目标群体范围就会扩大，如果只定位到"游乐场"目标群体范围就缩小。最好紧追热点如"五一热门景点"，会追热点是新媒体工作的基本功，通过"蹭热点"增加短视频的曝光率。

3. 标题和话题相辅相成

标题和话题在内容上基本是一致的，但两者是有区别的。在短视频界面下方展示的是标签，标签中的主要内容是话题，而话题中通常也可能包含热门的标签话题，如图5-1所示。

为增加流量，引导用户参加，可设置挑战话题。挑

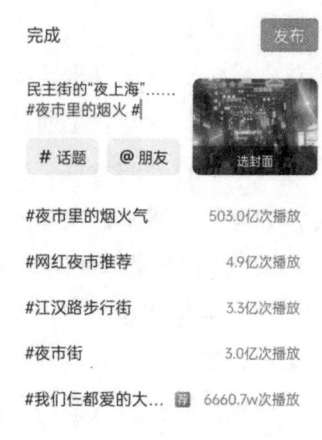

图5-1　话题

战话题传播度较高，能有效聚焦流量，如"奇多奇葩吃挑战赛"。

添加适当的视频标签有助于短视频平台识别内容，并对其进行精准推荐，增加视频的曝光量，发起的话题使用量为零，才能算作话题发起人。

（四）极具感染力的短视频文案

短视频发布文案就是在即将发布短视频时填写的关于短视频的描述文案。好的发布文案会吸引用户观看完短视频，提高短视频的完播率，甚至可以促使用户点赞、评论、互动，极具感染力的文案也可以助推短视频成为爆款。好的短视频文案有如下几种。

情感类文案。情感类文案就是关于亲情、爱情、友情的文案或者是正能量鼓励的话语，能让用户产生共鸣。如"生活即便是一地鸡毛，也总有让你嘴角上扬的时刻"。

悬念类文案。悬念类文案就是"犹抱琵琶半遮面"，说一半留一半让用户产生好奇，如"想要知道接下来会发生什么事情？"又如"《专业对口》#不同专业学生的理想与现实#一定要看到最后"再如"最后那个笑死我了"等。带给用户遐想的空间，提高短视频的完播率。

互动类文案。互动型文案大多使用提问或者是反问的形式。如"还记得你的第一份工资用来买什么了吗？"等，引导用户转发、评论、点赞。

直白类文案。直白类文案一般会直接写明视频的主题和亮点。单看文字就能知道短视频表达的主旨。如"推荐给大家一个做抖音非常好用的工具#干货"。

问题解决类文案。问题解决类文案的特点在于指出用户的痛点和爽点，告诉他们短视频可以帮助解决这些问题或者给他们带来多少利益，促使用户点击短视频。如"你的短视频播放量还没过千？赶紧学会这三种方法"。

叙述类文案。叙述类文案就像讲故事一样娓娓道来，能够很好地表达短视频的五个要素：时间、地点、人物、事情、起因，更加生动地将故事可视化，让用户产生画面感和场景感。如"1月24日安徽阜阳外卖小哥想抄近路，没想到一步一个坑，摔得令人心疼，网友：就这样外卖还没掉水里！"。

标签类文案。很多短视频发布文案后会加上标签或者"@好友"，这样经过计算机审核和人工审核后，可以帮助系统描述和分类内容，便于检索以及分发给具有相同标签的人。如果发布短视频时主动贴上标签，并且足够多且精确，获得平台精准推荐的概率就会更高，就更容易上热门。

所以，很多人发布短视频时都喜欢"@抖音小助手"或者"@我要上热门"等，这样就有机会被抖音小助手选中，上热门。

（五）有效的名片设计

优质的短视频，不仅内容会对观众产生影响，其账号的各方面细节设置也能影响观众对短视频的印象。在这些细节中，短视频名片就是其中的重中之重，最能体现短视频账号的个性。观众在浏览到陌生主播发布的有趣短视频后，很可能会点击账号的头像，进入其个人主页观看该账号发布的其他视频作品。

其中的许多细节便构成了主播独特的短视频名片风格。这部分内容包括账号昵称、账号头像、视频标题、个人简介及视频封面等。

短视频的名片很大程度上会影响账号的形象、风格定位，甚至短视频的播放量。观众在浏览主播个人主页时，如果页面布局精美，昵称颇具特色且有记忆点，签名也能充分展现主播的个性，这样的短视频名片就十分容易俘获观众的心。起一个好听好记的账号昵称能给人留下更深刻的印象，还能在一定程度上降低传播成本。如何拟定一个既能展现个性，又易于传播的账号昵称呢？可以从以下两个方面着手。

1. 易记的账号昵称

简洁易记。账号昵称应该简洁又表达清晰，避免使用生僻字与多音字，造成用户因为不认识而放弃观看，简单明了又能表达主题便于用户记忆，也便于后期进行品牌植入与推广。

谐音命名。谐音命名的目的是体现创意，便于用户进行联想记忆。如，美食账号可将名称取为某种零食的名字，即强调了美食的属性，又朗朗上口方便记忆，十分巧妙。

关键词定位。在账号昵称中加入关键词，不仅可以增强人们对账号的亲切感，也可以提示账号的内容，其中的关键词可以是地域名称，也可以是特定的领域分类。

数字命名。数字的特点是简单易记又有个性，比如"十三"，这种方式十分巧妙，不仅简洁利落，还引导观众思考推敲这些数字所代表的含义。

2. 符合定位的头像

以真人照片做头像。以真人照片做头像，使用户可以直观地看到主播的形象。便于将主播与短视频账号进行绑定。在一定程度上拉近了主播与用户的心理距离，好像主播与用户是社交平台中熟悉的好友一样。

以卡通形象做头像。通常情况下以卡通形象做头像会显得比较俏皮，风格偏搞怪，许多视频内容比较轻松的账号会使用卡通头像，如"你好意思吗？"，且一般选择与自身视频内容比较相符的卡通形象。

以logo做头像。头像中仅包括logo与昵称，不包含其他元素。以图文logo为头像，可以明确账号内容的方向，增强账号的辨识度，同时也有利于强化品牌形象。

以动漫角色做头像。各大短视频平台中不乏以动画内容为主的短视频账号，账号头像与短视频内容起到相互促进的作用，角色深入人心，产生良好的营销效果。

以账号名做头像。以账号名做头像与以图文logo做头像有些许差别。相较于图文logo头像，账号名头像更加直观，也更具冲击力。通常情况下，账号名头像会使用纯色的背景，以突出账号名本身，达到强化IP的作用。

（六）短视频的发布技巧

短视频进行发布也要讲究技巧，主要涉及发布的时间、发布的频率、地址定位功能、@功能通知粉丝等方面。

1. 高效发布的时间段

每个短视频平台都拥有自己的观看流量高峰，我们选择在高峰时间段发布视频，可以增加视频的曝光率。如抖音短视频平台的用户使用习惯，日常短视频内容发布的最佳时间段是中午和晚上的用餐时间段，即"11：00~13：00""17：00~19：00"。不过，不同类型的短视频会有适合自身视频风格的发布时间。例如，情感类故事短视频可以选择深夜发送，获得更多"夜猫子"的共鸣与点赞。元气早餐类短视频则可以选择在早晨发布，让上班族和家庭主妇可以现学现用，这类内容能为用户创造价值并留下更深刻的印象。

2. 有规律的发布频率

由于一个账号的风格定位是统一的，所以在选定合适的发布时间后，应当遵循自己的发布规律，固定在一个时间段内发布，这样就能培养用户的观看习惯。如固定在每天17：00~19：00发布，让用户养成习惯，到点就想起观看并喜欢上账号发布的内容，然后关注、点赞、评论，增强用户的黏性。

双十一购物节就是一个典型的例子，网购用户已经形成每年11月11日就要购物的习惯，短视频发布频率最好为一周多次，以加强用户对账号的记忆，如果发布短视频的间隔时间过长，在庞大的内容池中很容易被用户遗忘。而且最好固定发布的时间间隔，尤其是偏栏目系列的内容，固定的发布频率可以培养用户的观看习惯，也便于内容创作者掌握拍摄节奏。

3. 有优势的地址定位功能

信息点定位（point of information，POI）。除了发布时间、发布频率，在视频发布时还可以选择地址定位功能，不同的发布地点，短视频的基础播放量不同，这里的基础播放量是指所在地点能够播放短视频的人口基数。例如，农村地广人稀，基础播放量较小；而城镇人群多，因此播放量大。如果把发布地址定位成"网红"地标，基础播放量就会由于其关注的用户很多，而增加大量的流量。将地点展现在短视频的文字简介下方，会让用户产生一种身份认同感，甚至是线下偶遇的期待，而且地点功能本身也是一种私域流量入口，可用于商业广告推广。例如，美食店铺合作可以通过点击POI将用户导流到对应页面，为店铺精准引流。

4. 多用@功能通知粉丝

"@好友"是一个比较常用的促进短视频推广和提高账号关注的方法。可以是利用主账号与好友账号的热度吸引更多的粉丝，如在抖音发布视频时可以在发布页面点击

"@好友",召唤与短视频有一定关联的好友,或选择那些粉丝比较多的抖音用户,从而利用优质内容吸引对方粉丝关注自己的账号。

综上所述,短视频成功与否,账号能否成功突出重围,能否在发布的短视频平台庞大的流量池中脱颖而出,最终获得用户认可。首先,好的选题决定了短视频内容脚本的走向,而一个经过深思熟虑并反复优化过的脚本又影响着短视频的后期制作效率,所以短视频内容的策划非常重要;其次,短视频的拍摄、剪辑、内容制作流程是一环扣一环的,每一个创意和操作细节都应该不断优化,短视频标题的设置、封面的设计、文案的撰写以及后期的发布都是短视频运营的一部分;最后,进入推广流程的短视频需要在最短时间内获得最大曝光量,就是我们下一步要做的短视频的推广运营和变现环节,这也决定着内容创作者能否成功在短视频平台上孵化出优质内容,吸引大量的粉丝,成为受用户认可、获粉丝追捧的优质IP。

二、短视频的推广运营

随着短视频发展势头日渐迅猛,越来越多的企业和商家进入短视频行业,如果没有流量、不懂推广,就只能眼看着别人获得收益而自己束手无策。所以,只有做好短视频推广运营才能增加短视频的曝光度。短视频运营包括了短视频平台推广运营、短视频用户运营、短视频账号运营、短视频数据化运营、DOU+将短视频推上热榜等内容。

短视频的推广运营

(一)平台推广运营

随着近几年短视频行业的飞速发展,越来越多的人利用短视频在官方平台进行营销推广。下面介绍如何利用官方平台进行短视频平台的推广运营。

1. 私信引流

私信引流是利用抖音的私信功能进行引流。这种方法虽然效率比较低,但是精准度很高。短视频创作者首先要找到定位相似的抖音账号,并选出粉丝量较多者,找到相关视频后浏览评论区,在评论区中选出需求比较强烈的用户。例如,"儿童教育类视频",短视频创作者在抖音搜索"育儿"关键词后,在评论区选出几个点赞多的用户,给对方发送私信,如果对方回复了,短视频创作者就可以用话术引导对方关注自己的账号或者推荐自己的商品。

2. 参与挑战

要想更好地推广短视频,可直接在平台上发起挑战类活动。挑战类活动不仅充满趣味性,还具有强烈的代入感,可以在很大程度上满足用户的好奇心,激发其竞争意识。因此挑战类活动往往更能引发用户的关注,提升其参与感,带来可观的流量。

短视频创作者在发起挑战类活动时，要注意以下两点。

（1）活动要有一定的难度，激发用户的挑战欲望和竞争意识。

（2）活动要有一定的奖励，可以是物质奖励，如优惠券、精美礼品等，也可以是精神奖励，如授予用户某种荣誉称号等。

当然，短视频创作者不能每一个挑战赛都参与，通过分析数据、定位理论等方式找到适合的挑战赛，在参与时细心观看挑战赛的内容，同时要写好文案，然后制作出优质的视频上传，才能起到短视频的平台推广作用。

3. 多平台转发推广

除了可以在平台内部进行账号推广外，短视频创作者还可以利用其他平台进行推广，如微信、微博、今日头条等。

（1）微信。微信具有其他平台无可比拟的优势，如用户黏性高、覆盖面广、互动频率高、传播范围大。短视频创作者可以将短视频分享到微信朋友圈、微信群、微信公众号等进行传播。

（2）微博。微博的用户基数大，信息传播范围广，利用微博与粉丝互动，不定期在微博中发福利，表达对粉丝的重视和宠爱。发布的内容受到粉丝喜欢，粉丝就会自觉转发，短视频创作者就会获得更多关注。只有用心经营粉丝群，持续与粉丝对话，才能达到推广和转化的效果。

（3）今日头条。短视频创作者可以在今日头条平台上发布一些与热点相关的短视频。这些短视频作品一般会被优先推荐。热点的时效性越强，推荐量就越高。在发布短视频之前要查看平台热点，找出与将要上传的短视频相关联的热点关键词，并根据热点关键词撰写短视频的标题，以提高短视频的推荐量。

（二）用户运营

用户运营是指以用户为中心，根据用户的需求设置运营活动与规则，制定运营战略与运营目标，严格控制实施过程与结果，以达到预期的运营目的。

1. 增强互动，提升用户黏性

内容是提高用户关注度的基础条件，但并非提高用户黏性的唯一要素。当短视频账号依靠优秀的内容吸引到用户以后，短视频创作者要与用户进行实时互动，使其感觉到自己的诚意，对该短视频账号产生信赖，从而提高用户的黏性。

要想增强短视频的互动性，可以采用以下三种方法。

（1）选择互动性强的话题。互动性强的话题一般是指那些容易引起用户模仿、参与讨论的话题，如美食、健身、时尚、穿搭、明星等。每个用户或多或少都会在这些方面有经验、体会或需求，在观看短视频以后会积极讨论相关话题，并对短视频进行评论、点赞或转发。另外，有争议性的话题也容易引发用户讨论。

（2）引导互动。除了要选择互动性强的话题外、短视频创作者还要在短视频中对用户进行引导，吸引用户更积极地参与互动。引导互动主要有以下四种方法。

①穿插引导。就是在短视频中适当地加入一句互动性的话语，以刺激用户的互动欲望。例如，若要发布制作雪糕的短视频，加入"大家最喜欢吃什么口味的雪糕？欢迎留言互动！"

②征集创意。短视频创作者可以在短视频中向用户征集某个主题的创意拍摄方法，这样做可以激发用户的参与感和互动的积极性。

③设置穿帮镜头。影视剧的穿帮镜头属于行业内的低级错误，但短视频与之不同，在短视频中适当地穿插一些穿帮镜头反而可能会成为亮点，因为穿帮镜头为用户设置了"吐槽点"，从而能刺激用户热烈讨论。

④引导用户关注其他平台。例如，在短视频结尾展示二维码，引导用户用手机扫描二维码并关注自己的微信公众号、微博账号等，进而和用户进行更加直接的互动。

（3）评论互动。每个用户都需要存在感，希望短视频创作者可以感觉到他们的存在，并重视他们。因此，当短视频获得用户评论时，短视频创作者都要做好互动，及时回复评论，给用户留下良好的印象，进而推动用户对短视频的转发支持，吸引更多的用户。评论互动的方法如下。

①第一时间回复评论。表示对用户的重视程度越高，用户对短视频创作者的好感度也就越高。

②顺应用户期望。有时用户的评论可能比较尖锐，短视频创作者切不可与之争辩甚至谩骂，若是正向期望，则可以顺应他们的期望，让他们看到自己按照其期望不断改进的决心。这样做可以为用户营造出更加强烈的期待感，他们会更愿意互动。

③借助评论引发互动。发现高质量、幽默、有代表性的评论，可以将其作为精选评论置顶，从而引导更大范围的互动。

④跟进评论。对一些互动频率和质量比较高的用户，将其作为重点培养的用户，更多地关注他们，进行跟进评论，甚至私信沟通。

2. 强化情感连接，让用户具有归属感

在短视频运营中，短视频创作者要强化与用户之间的情感连接，让用户找到家的感觉。为用户营造归属感时，可以运用以下两种方法。

（1）营造情怀。情怀是归属感的灵魂，很多时候用户是因为受到某一情怀的感染，才对平台或个人产生亲切的感觉，进而产生归属感。

例如，小红书某账号以"青春"为主题，持续发布能够激起用户青春美好回忆的内容，唤起用户的无限回忆，促使大家在评论区热烈讨论，分享自己的青春回忆，并发表感想。

（2）展现人文关怀。让用户感觉到自己受到了尊重和重视，从而产生安全感和价值感。展现人文关怀的方法如下。

①短视频的主题要贴近用户的生活。短视频创作者通过选择与用户生活贴近的话题，如"绩效考核下，你要如何做才能轻松达标？""贷款买房的你还好吗？"等，让用户在短视频中看到自己的身影，产生"这就是在说我"的心理感受，从而产生强烈的情感共鸣和归属感。

②构建心理上的安全感。在短视频中给予用户一种心理上的安全感，例如，可以发布一些关于心理学话题的短视频，帮助用户更加理智地平衡理想和现实，解决其内心的矛盾。

③打造仪式感。当短视频有了仪式感，用户才会觉得更有趣，更有归属感。要想打造出短视频的仪式感，短视频创作者在拍摄时要多拍一些运动镜头，如平移、推拉、震动、环绕等，还要运用一些音乐鼓点和转场卡点等音效。

（三）账号运营

账号运营是指企业或个人针对某个网络平台（如社交平台、视频平台、新闻平台等）的账号进行的一系列管理和运营活动。这里主要是介绍账号的矩阵化运营，矩阵就是一个品牌建立多个账号，同时创建并运营多个短视频账号的形式。每个账号的运营侧重点有所不同，这些账号之间互相引流、互相推动，形成一个流量循环的品牌宣传链。短视频账号矩阵主要包括单平台账号矩阵和多平台账号矩阵。

1. 单平台账号矩阵

单平台账号矩阵指短视频创作者在同一个短视频平台上创建多个不同的、存在某种关联的短视频账号的形式。大型企业的业务基本上都是面向全国的，如果只有一个官方账号，是没办法在短期内做到具备强大的传播力和影响力的。但是如果利用企业在各地的分公司来创建子账号，进行分地域覆盖，就可以把宣传的绩效考核逐级下发到各个子公司，从而提高工作效率。

在一个主账号下再开设n个专项账号，以此构成完整的商品宣传体系。多个账号的协同运作也可以起到相互引流，从而吸引更多用户的作用。另外，也可以采用"形象抖音账号+品牌抖音账号"的形式组建账号矩阵。通常两个账号同时发力，可以确保账号定位清晰，避免信息混乱。两个账号的作用"一软一硬"，即"软植入+硬广告"，软植入指通过情景演绎或模仿热点等视频内容插入广告信息。

硬广告指通过账号直播发布品牌或商品的广告视频。短视频创作者在构建单平台账号矩阵后，可以尝试采取以下四种方法使不同账号之间实现互相引流。

（1）在账号简介中展示其他账号。通过在短视频账号主页中的"简介"模块介绍本账号，并展现矩阵中其他账号的名字，从而为其引流。

（2）在短视频内容简介中@其他账号，让账号之间实现互相引流。

（3）在评论区进行互动。短视频创作者可以将评论区当成一个免费的广告位，使用不同的账号在其他账号的评论区进行评论互动,从而实现账号之间的引流。

(4)在"关注"中关注矩阵中的账号。

2. 多平台账号矩阵

除了同一平台上做纵深拓展,短视频账号矩阵还可以进行横向的多平台覆盖。多平台账号矩阵是指短视频创作者在多个短视频平台上创建短视频账号,并在多个平台同步发布短视频的形式。

短视频创作者在A平台发布完短视频之后,还可以在B平台发布,从而将短视频同步到各大有流量优势的平台,如抖音、快手、视频号、西瓜视频等。在多个平台同步发布视频,可以保证账号的安全,增加粉丝数量,而且更有利于推广。由于每个平台的粉丝群体都不一样,可以吸引不同层次的人群。而且多个账号运营风险会减小,如果一个账号限流,还有其他平台的账号可以运营。多平台账号矩阵运营技巧主要体现在以下两个方面。

(1)寻找适配平台。建立多平台账号矩阵运营模式,并不是要在主账号和其他所有平台之间建立联系,而是要选择合适的平台建立协作关系。不同类型的账号所需要的平台类型也不尽相同,首先是形式上的匹配,其次是内容上的兼容。

选择适配平台时,短视频创作者需注意,选择的平台首先必须具有一定的用户规模,用户数量足够多,引流的效果才会好;引流平台与原平台之间不能存在竞争关系,有竞争关系的平台间会有很多潜在的竞争行为,如果将原平台的竞争对手作为引流平台,有可能会产生反作用。

(2)引导流量交流。在选择了适配的引流平台之后,短视频主账号与其他短视频平台之间已经建立起联系。而要真正实现引流,还要在此基础上让不同平台的流量之间产生交流。平台与平台之间的联系还可以促进短视频创作者与粉丝之间的互动。例如,在视频中留下悬念,在评论区中设置问题,引导其他平台的用户到该短视频平台上关注账号,寻找答案,这样也可以实现流量转化。

> **拓展知识**
>
> 账号矩阵要遵循以下三个原则:第一,各个账号的目的要相同,例如,都是推广企业品牌或者商品;第二,各个账号的内容可以分属不同的子领域;第三,各个账号定位明确,不能发生冲突,更不能成为竞争对手。

(四)数据化运营

数据化运营是一种科学的运营方法,通过专业的数据分析,短视频创作者可以了解自己短视频账号的运营状况,根据数据分析结果调整与优化运营策略,同时还能了解竞争对手的运营状况，分析他们的运营策略，以指导自身运营。

1. 短视频数据分析的作用

运营者应充分认识到数据分析的重要性，重视数据分析的相关工作，提升数据分析的质量，保障数据的精准度。通常来说，短视频数据分析的作用主要如下。

（1）指导短视频内容创作方向。在短视频账号运营初期，短视频创作者可能对短视频市场、短视频选题方向了解得并不充分，此时就需要用数据来指导短视频内容创作方向。

（2）挖掘用户需求，输出精准内容。对于短视频创作者来说，通过数据分析有助于了解用户对哪些短视频比较感兴趣、用户感兴趣的短视频有哪些特点，以更好地迎合用户的需求，促进短视频内容制作的精准化，提升产出效率。

（3）确定运营重心。短视频平台有很多，究竟是深耕某个平台，还是在多个平台上同时分发内容。这是短视频创作者需要考虑的问题。

（4）优化短视频创作内容。短视频创作者确定了内容创作方向后，还需要通过分析自身短视频账号的数据和竞品的数据来不断优化短视频内容，包括优化短视频的选题、标题文案、封面图、拍摄方法、台词或解说设计等。

（5）优化发布时间。选择发布时间非常重要，同样的内容在不同的时间发布，效果相差很大。所以短视频创作者要借助数据来分析，不同短视频平台上在哪些时间段发布内容能够获得更多的流量，从而让自己的短视频获得更多的播放量。掌握这些规律之后，在下次发布短视频时就可以选择特定的时间段，提高曝光率。

2. 常用短视频数据分析指标

短视频创作者在开展数据分析之前，需要对短视频数据分析指标有所了解，这样才有利于获得科学、有效的数据分析结果。常见的短视频数据分析指标包括固有数据指标、基础数据指标和关联数据指标。

（1）固有数据指标。固有数据指标指短视频时长、短视频发布时间、短视频发布渠道等与短视频发布相关的数据指标。

（2）基础数据指标。基础数据指标主要指播放量、点赞量、评论量、转发量和收藏量等，如表5-1所示。

表5-1　　　　　　　　　　短视频基础数据指标

指标名称	释义	指标意义
播放量	短视频在某个时间段内被用户观看的次数，代表短视频的曝光量	衡量用户观看行为的重要指标，短视频的播放量越高，说明短视频被用户观看的次数越多
点赞量	短视频被用户点赞的次数	反映短视频受用户欢迎的程度，短视频的点赞数越高，说明用户越喜欢这条短视频

续表

指标名称	释义	指标意义
评论量	短视频被用户评论的次数	反映短视频受用户欢迎的程度，短视频的点赞数越高，说明用户越喜欢这条短视频
转发量	短视频被用户分享的次数	反映短视频的传播度，短视频被转发的次数越多，所获得的曝光机会就越多。转发量比较高的短视频，一般来说热度比较高或者质量比较高。用户看到质量高的短视频内容之后会情不自禁地转发，分享给亲朋好友，这样就会达到裂变式的传播效果
收藏量	短视频被用户收藏的次数	反映用户对短视频内容的喜爱程度，体现短视频对用户的价值和意义，收藏短视频的意义在于存储对自己有用的视频，以便自己以后想看的时候可以随时看

（3）关联数据指标。关联数据指标指由两个基础数据相互作用而产生的数据。关联数据指标包括完播率、点赞率、评论率、转发率、收藏率五个比率性指标，如表5-2所示。

表5-2 短视频关联数据指标

指标名称	计算公式	指标意义
完播率	完播率=短视频的完整播放次数÷播放量×100%	短视频完播率越高，其获得系统推荐的概率就越大
点赞率	点赞率=点赞数÷播放量×100%	点赞率反映了短视频受欢迎的程度，短视频的点赞率越高，所获得的推荐量就越多，进而会提高短视频的播放量
评论率	评论率=评论数÷播放量×100%	评论率反映了用户在观看短视频后进行互动的意愿
转发率	转发率=转发数÷播放量×100%	转发率反映了用户在观看短视频后向外推荐、分享短视频的欲望，通常转发率越高，就能为短视频带来越多的流量
收藏率	收藏率=收藏数÷播放量×100%	收藏率反映了用户对短视频内容的肯定程度

3. 短视频数据分析维度

短视频创作者可以从以下两个维度进行数据分析。

（1）同IP下的短视频分析。同IP下的短视频分析，是指短视频创作者对相同账号下的短视频进行分析，包括单视频分析、横向对比分析和纵向对比分析三种方式。

①单视频分析。单视频分析指短视频创作者对自己短视频账号中的某条短视频的数据进行分析，通过分析相关数据判断其是否存在问题，并寻找相关原因。

②横向对比分析。横向对比分析指短视频创作者将自己发布在不同平台上的短视频的数据进行整合、统计，分析这些短视频在不同平台上的运营情况。相同的短视频在哪个平台上的数据表现较好，说明其比较符合该平台的用户需求，这样短视频创作者就可以确定适合自己的平台，将该平台作为自己的运营重心。

③纵向对比分析。纵向对比分析指短视频创作者将自己账号中的短视频按照选题或拍摄风格的不同划分为不同的类型，然后分析各种选题、各种拍摄风格的短视频数据，根据数据分析结果优化短视频的选题、短视频拍摄方法等。

（2）竞品分析。竞品分析指短视频创作者对竞争对手的短视频进行分析，了解竞争对手的短视频在哪些方面具有优势、自己的短视频存在哪些不足，不断优化自己的短视频内容。短视频创作者可以按照以下三个步骤进行竞品分析。

①确定竞品。与自己的短视频类型相同或相似的短视频及其账号，都可以称为竞品。

②收集竞品资料。短视频创作者在收集竞品资料时，要秉持客观、准确的原则来进行，可以借助第三方数据分析工具来收集竞品资料。

③竞品分析。短视频创作者在分析竞品时，需要重点关注竞品的账号定位、目标用户群体特征、短视频内容定位、短视频数据表现、账号盈利模式等信息。

（五）DOU+将短视频推上热榜

DOU+是抖音官方推出的一款视频助推工具，短视频创作者通过付费购买后，系统会将短视频推荐给更多的人，从而提高短视频的播放量，增强短视频的曝光效果。投放DOU+需要掌握一定的技巧，盲目投放可能导致"事倍功半"，达不到预期的效果。投放DOU+的技巧如下。

1. 确保短视频符合投放要求

投放DOU+的短视频需要经过抖音系统审核，只有通过审核的短视频才可以投放DOU+。短视频创作者在投放DOU+之前，要保证短视频作品的质量。

系统对投放DOU+的短视频的要求主要包括以下几个方面。

（1）制作精细，质量优良，内容完整，画面清晰等。

（2）坚持原创，短视频中不能含有其他视频账号和其他平台的水印等。

（3）营销有道，不能长时间展示商品及品牌，不能出现明显的营销类内容。

（4）把握底线，不能包含违法违规、令人不适的内容，如低俗内容、虚假宣传等。

2. 选择合适的投放时间点

短视频创作者投放DOU+时要选择合适的投放时间点。短视频创作者在发布一条短视频后，要及时到账号后台观察该短视频的各项数据表现，如果短视频的完播率、点赞量、评论量、转发量等数据在短时间内提高得很快，说明该短视频是比较受欢迎的。此时，短视频创作者应及时为该短视频投放DOU+，以获得更多的流量，助推其成为爆款短视频。

抖音采取流量叠加推荐机制，对于新发布的短视频，如果其完播率、点赞量、评论量、转发量等数据表现良好，抖音平台会逐层将新发布的短视频投放到规模较大的流量池内，不断增加对该短视频的流量扶持。因此，短视频发布初期是投放DOU+的黄金时期。在这个阶段，短视频创作者投入较少的资金就能让短视频冲进更大的流量池，获得更多的流量扶持。随着短视频发布的时间越来越长，为短视频投放DOU+的效果会越来越不明显。如果是新号，第一个视频首次投放100元，应选择在上午10点左右投放，时长12小时；或下午5点左右投放，时长6小时。

3．精准确定目标用户群体

DOU+（定向版）为用户提供了"系统智能推荐""自定义定向推荐""达人相似粉丝推荐"三种潜在用户推荐模式。短视频创作者需要根据自己投放DOU+的目的，选择要投放的目标用户群体，DOU+（定向版）推荐界面如图5-2所示。

（1）系统智能推荐。系统根据短视频的内容，将其推送给经常浏览此类内容的用户，例如，如果投放DOU+的短视频是搞笑剧情类的，那么系统就会将该短视频推送给经常浏览搞笑剧情类短视频的用户。

图5-2　DOU+（定向版）推荐界面

（2）自定义定向推荐。短视频创作者可以自己设置要投放的目标用户群体属性，包括目标用户群体的性别、年龄、地域、兴趣标签等。

（3）达人相似粉丝推荐。短视频创作者可以选择一些抖音达人，系统会将短视频推荐给这些达人的粉丝，或者与这些达人粉丝兴趣相似的群体。例如，短视频创作者教用户画漫画，可以选择漫画达人账号推荐，有利于提高投放用户的精准性。

4．进行"小额多次"投放

短视频创作者每次投放较少的资金，进行多次投放。假设有2000元的DOU+投放预算，选择每次投200元，共投放10次的策略，而不要一次性将2000元全部投完，有利于短视频创作者控制投放DOU+的试错成本。

5．优化调整投放方案

在投放DOU+期间，短视频创作者要随时查看短视频的数据表现，并根据短视频的数据变化及时调整和优化投放方案，以加强投放效果。

为短视频投放DOU+确实能够帮助短视频创作者增加短视频的曝光量，扩大短视频的传播范围，但这并不意味着只要短视频创作者为短视频投放了DOU+，短视频就会成为爆款。DOU+只是一个帮助短视频获得更多流量和曝光量的工具，其主要作用是让短视频创作者的短视频被更多人看到，至于短视频能否成为爆款，主要取决于短视频的质量好坏。

三、短视频变现

运营短视频的最终目的就是变现，以实现短视频的商业价值，所以流量变现是非常重要且关键的环节。通过变现来实现短视频的商业价值，不仅能激发短视频创作者的创作热情和积极性，为其提供全方位的资金支持，而且能开创内容创作新高度，满足用户多样化、深层次的需求。随着短视频的快速发展，其商业变现模式也变得更加多元化和灵活化。

短视频变现

（一）广告变现

对大部分短视频创作者而言，广告是最常用的变现方式。高人气的短视频可以凭借优质的内容吸引大量精准用户，通过多样化的表现方式为用户传递品牌信息，因此颇受广告主的青睐。

1. 植入广告

植入广告指将广告信息和内容巧妙结合，使广告自然地融入内容，最终达到向用户传递广告信息的目的。短视频创作者可以在短视频中适当地插入品牌广告内容，让用户对品牌有一定的认知。短视频创作者可采用不同的方式来植入广告，具体如下。

（1）台词植入。台词植入指通过短视频中人物的台词把商品的名称、特征等信息直白地传达给用户。这种方式很直接，也很容易激发用户对商品的认同感。不过，台词的衔接一定要自然、恰当，不能太生硬地插入商品介绍，以免让用户反感。

（2）剧情植入。剧情植入指把商品信息融入短视频的剧情中，通过故事的逻辑线条和情节发展，向用户呈现商品信息。

（3）道具植入。道具植入指将商品当成短视频中的道具，直接、自然地展现在用户面前。很多短视频都采用这种方式来宣传商品。不过在采用这种广告植入方式时，不能过于频繁地展示商品的特写，因为这样做会放大广告的特点，而目的性过强就很容易让用户产生不适和反感。

（4）奖品植入。奖品植入指短视频创作者通过在短视频中发放一些奖品来引导用户关注、转发和评论短视频的广告植入方式。例如，发放优惠券、代金券，或者为短视频提供商品赞助，将商品作为奖品奖励给用户等。

（5）"种草"植入。"种草"植入常见于美妆类达人的短视频中。当用户通过短视频学习美妆知识时，就会不自觉地加深对化妆品商品信息的记忆。如果达人再对商品的使用方法进行讲解，就可以达到事半功倍的效果，极大地刺激用户的购买欲望。

2. 贴片广告

贴片广告是指在视频播放之前、结束之后或者插片播放的广告，它是电视广告的延伸。贴片广告是短视频广告中最明显的广告形式，属于硬广告。短视频的贴片广告主要分为以下两种形式。

（1）平台贴片。多是前置贴片，出现在短视频播放之前的广告，以不跳过的独立广告形式出现。

（2）内容贴片。多是后置贴片，是在短视频播放结束后追加的广告。

3. 冠名广告

冠名广告是指在节目前或节目后加上赞助商或广告主名称进行品牌宣传、扩大品牌影响力的广告形式。目前，冠名广告在短视频领域的应用还不是很广泛，一方面是企业投入资金较多，企业在选择投放平台和节目时会非常慎重；另一方面是因为这种广告形式比较直接，相对而言较为生硬，所以很多有影响力的短视频平台或自媒体人不愿意将冠名广告放在片头，而是放在片尾，以减少对自己品牌的影响。

4. 品牌广告

品牌广告是指以品牌为中心，为品牌和企业量身定做的专属广告。这种广告形式从品牌自身出发，旨在表达企业的品牌文化和理念，致力于打造更自然、生动的广告内容。这种广告变现更高效，针对性更强，受众的指向性也更明确，制作费用比较高。在品牌广告类短视频中，主要有以下几种提升品牌影响力的方式。

（1）品牌叙事。在短视频中，通过品牌创始人讲述自己的创业故事，讲述其创业过程和创业理念来引发用户的共鸣。用户对品牌创始人产生好感以后，可能会"爱屋及乌"对其所创立的品牌产生更大的兴趣。

（2）场景再现。在短视频中，通过再现日常场景，营造出巨大的代入感，直击用户的需求痛点，从而最大限度地提升用户对品牌价值的认知，转变其消费观念。

（3）产品展示。短视频创作者可以拍摄产品的制作过程、使用技巧和相关创意，在短视频中充分地展示产品，在用户的大脑中留下深刻的印象。

（4）主题理念。短视频创作者可以将品牌理念融入短视频的主题中，并贯穿始终，让用户完整地了解品牌的具体信息。

（5）制造话题。要想让品牌广告产生巨大的冲击力，就必须形成有冲击力的话题。因此，短视频创作者在短视频中要有意识地制造话题，引发用户的广泛讨论。

（6）用户共创。用户共创指的就是用户生产内容模式，即让用户参与到短视频的创作中，更好地通过真实人物、真实故事来表达真实情感。这样的短视频与用户有着高度的关联性，会让用户产生强烈的心灵震撼。

（二）电商变现

在短视频浪潮的推动下，内容电商已经成为当前短视频行业的一个大趋势。越来越多的企业、个人选择通过发布原创内容，并凭借基数庞大的粉丝群体构建自己的盈利模式，电商便是其探索商业模式过程中的一个重要选择。

1. 自建电商平台

短视频直播为商家提供了线上消费场景短链深度营销的机会，如今越来越多的消费者习惯通过短视频直播平台发现商品，购买商品。

自建电商平台以专业生产内容模式为主，品牌方通过创作优质的短视频内容为自营平台引流，吸引用户以实现流量变现。很多品牌建立了自营店，品牌自营作为商业策略中的重要一环。

2. 短视频带货模式

如今在新媒体平台上，短视频带货模式已经非常普遍。例如，各个短视频平台与淘宝、京东电商平台合作，通过为其导流产生用户购买行为后进行利益分配。同时，短视频平台也开通了自己的线上店铺，如抖音小店、快手小黄车等，帮助创作者通过多种功能化的产品模块实现收益的最大化。用户在观看短视频时，对应商品的链接会显示在短视频下方，用户通过点击该链接，可以跳转至电商平台进行购买。

（三）IP变现

打造个人IP的核心目的就是变现，也是体现人物IP的价值所在。目前，利用IP价值实现衍生变现的方式主要有两种，一种是版权输出变现，另一种是开发IP衍生品。

1. 版权输出变现

版权输出变现指在某一领域或行业经过一段时间的经营，拥有了一定的影响力或者经验之后，将自己的经验加以总结，然后进行图书出版，以此获得变现的盈利模式。

图书出版与短视频看似是两个完全不同的行业，却有着一定的共性——以内容为核心。图书承载的是系统化的内容，短视频承载的是碎片化的知识。在"内容为王"的时代，优质的内容可以做成简短的、轻松的短视频内容，也可以做成系统的、严谨的图书内容。短视频可以为图书出版积累用户基础，图书出版可以扩大短视频的影响力。

短视频创作者要想实现出版变现，需要从一开始就策划和创作知识型短视频内容，靠长知识的需求来吸引用户；在积累大量用户之后，再用出版图书的方式输出系统化的知识，实现版权输出变现。

短视频创作者采用出版图书这种方式实现变现，只要平台运营者本身有基础与实力，那么收益还是很可观的。

2. 开发IP衍生品

短视频创作者可以使用短视频中的角色人物、场景、道具、标识等开发衍生品，通过销售衍生品进行变现。

随着短视频的快速传播，IP全产业链价值正在被人们深度挖掘，短视频变现的方式多样化。很多短视频创作者发展为超级IP，并通过衍生出的IP附加值实现多种方式的变现，如推出自己的品牌商品、接品牌商广告、做品牌代言人、进入娱乐圈等。

（四）用户付费

与长视频和音频相比，短视频具有时长短、信息承载量丰富的特点，其内容付费市场潜力巨大。短视频通过用户付费变现的方法主要有用户打赏、付费观看和会员制增值服务付费三种模式。

1. 用户打赏模式

用户打赏是短视频变现的一条重要途径，与购物需要理由一样，用户打赏也需要足够的理由。一条值得打赏的短视频一定是有价值的，是对用户有用的，可以在一定程度上帮助用户解决生活或工作中遇到的实际问题。容易获得用户打赏的视频如下。

（1）垂直细分类短视频。在该领域具有专业性，对喜欢该领域内容的用户而言具有非常强的实用价值，所以能够吸引这类用户的关注，使其愿意为短视频付费打赏。

（2）生活技巧类短视频。为用户解决生活中的实际问题，提高用户的生活质量。

（3）励志类短视频。因为用户可以从中看到自己的身影，受到强烈的精神激励，被用户打赏的可能性就越大。

2. 付费观看模式

短视频内容付费在本质上是让用户花钱购买特定的短视频内容，要想达到这样的目的，短视频内容需要符合以下两个特点。

（1）有价值。用户认为短视频内容对自己有用，不管是增加谈资，还是提升个人知识技能，"付费"这一门槛都被认为可以帮助用户自动筛选优质内容，节约注意力成本，而用户在付费那一瞬间也会产生满足感和充实感。

（2）有排他性。排他性是指用户更愿意为独家短视频内容付费。综合来看，短视频内容付费模式更具有发展前景，主要有以下两种方式。

①销售专业知识。对用户来说，越专业的知识就越有价值，也就越值得付费观看。不过，并非所有与专业相关的知识都会被用户接受，用户只会为与自己生活和工作密切相关的专业知识付费，如沟通、办公、法律、保险、企业管理、理财等。另外，专业知识越稀缺，对用户的吸引力就越强。

②销售垂直细分领域知识。短视频创作者可以聚焦某一领域，在该领域做精、做专，从而吸引对该领域感兴趣的用户。短视频创作者销售垂直细分领域知识，可以吸引相对小众的用户群体付费观看，因此短视频知识越垂直细分，就越能吸引某一用户群体付费购买。短视频创作者在销售垂直细分领域知识时，可以从以下切入点入手。

a. 服务某类目标人群。例如，如果做教育相关内容，就以学生为目标人群；如果做美妆相关内容，就以年轻女性为目标人群；如果做育儿相关内容，就以"辣妈"为目标人群。

b. 深入挖掘某类主题知识。只要内容足够优质，自然会吸引对该主题感兴趣的用户，如旅游、职场心理、爱情、足球、篮球等。

c. 聚焦某类场景知识。场景知识是对主题知识的进一步细分，如科普急救知识，是对医疗卫生知识的细分；探讨恋爱技巧知识，是对爱情主题知识的细分；聚焦谈判心理知识，是对职场心理知识的细分。只要短视频能够帮助用户在某类场景中变得游刃有余，用户自然会主动付费观看。

d. 聚焦某类社交知识。只要短视频的内容对用户的社交活动有帮助，如问答、辩论、约会、唱歌、舞蹈、礼仪等，用户也会付费观看。

综合来看，短视频创作者要想做好垂直细分类短视频的知识变现，首先要找到核心目标人群，再通过一个可以直击用户痛点的知识点吸引其关注，并用符合其特质的内容和社区氛围增强其黏性，从而实现短视频的变现。

3. 会员制增值服务付费模式

会员制增值服务付费模式早已在长视频领域得到广泛应用，用户在腾讯视频、优酷视频或爱奇艺等平台观看视频时，经常可以看到带有"VIP"字样的剧集这代表着只有付费成为平台会员才能完整地观看，或者抢先一步了解更多剧集的内容。

目前，很多短视频平台的付费观看模式与会员制增值付费模式相互融合，用户既可以在购买会员权利之后免费观看大量原创的优质短视频，也可以选择性地针对某一个短视频进行付费观看。

（五）加入机构稳定收益

随着短视频行业的发展日趋成熟，短视频平台基本完成了用户积累，用户数量很难再出现爆发式增长，在这种行业背景下，"单打独斗"的创作达人很容易出现发展瓶颈，因为他们往往没有能力持续输出优质内容，加入MCN机构是保证其持续产出高质量内容的关键。信息价值和效率价值是MCN机构的最大优势，很多短视频创作者虽然做内容很在行，但不知道如何变现，这时MCN机构可以把商业变现的连接服务打包卖给创作者，弥合信息不对称产生的问题。

1. MCN的效率价值体现

MCN的效率价值体现在内容的量产化和"红人"养成的工业化，包括筛选、定位、养成、流量放大、社群维护等。还可以通过旗下多个联动进行流量互推，迅速扩大内容传播范围。

MCN机构具有集中化、体系化、专业化的特点，在信息洪流下，与零散的内容创作者相比，它们更受到各大平台的欢迎。短视频平台依托MCN机构，可以更快速、更精准地批量获得优质的内容和短视频创作者，并且实现平台、MCN、品牌的打通，从而更好地获得商业变现，因此各大短视频平台纷纷加大与MCN机构的合作力度。

2．内容生产方面

如papitube采用的是"签约+孵化"模式，在签约短视频创作者时，papitube并不会单纯以短视频创作者的粉丝量作为筛选的核心条件，还会参考短视频创作者的基础作品、表现力、剪辑节奏、选题风格。papitube会挖掘一些有潜力的新人，进行长达数月的全方位孵化，将其打造为拥有几十万甚至几百万粉丝的"红人"，然后与其进一步合作。在孵化"红人"阶段，短视频创作者需要什么样的支持，papitube就会提供什么样的支持，最终使短视频创作者与MCN机构的工作人员建立良好的默契。

3．商业化运作方面

MCN承担着商业枢纽的重要角色，以更加工业化和规范化的商业模式连接短视频创作者与广告主。papitube形成了流程化的操作体系，从与客户洽谈传播目标，再到大纲探讨、脚本创作，再到最后的拍摄与发布，都会有专业的团队运营。

在此体系下，papitube的商业化运营深度和广度也得到了拓展，这令papitube逐渐获得了品牌主和大众的认可，也为旗下的短视频账号承接了大量广告。同时，papitube在三周年活动上推出"售罄计划"，进一步加强短视频创作者"种草+带货"模式，为短视频创作者在客户与粉丝之间建立信赖的桥梁，进而带来更多的合作。

（六）平台扶持

短视频平台与短视频创作者之间保持着共生共荣和互相依赖的关系。主流短视频平台纷纷推出了活动补贴计划和分成计划，以此吸引更多的优质创作者入驻平台并持续输出高品质的内容，从而提高平台自身的流量，优化平台内容生态环境。而对于短视频创作者来说，通过参加平台的活动补贴计划、平台分成计划或者与平台签约，创作者可以实现自身账号的变现。

1．参与平台有奖创作活动

各大短视频平台为了激励创作者的创作热情，鼓励创作者生产更多的优质作品，会不定期地发布各类有奖创作活动。创作者参与活动后，按照规则创作短视频。如果短视频作品能够脱颖而出，获得活动举办方的认可，创作者就能从活动中获得相应的奖励。通常活动不同，奖项设置也不同，奖品一般包括现金奖励、虚拟货币或专属礼物。

2. 获得平台分成

一些短视频平台推出了平台分成计划，为短视频创作者提供了更多商业变现的渠道。短视频创作者参与平台分成计划后，平台方会在创作者发布的某些短视频中添加广告，并向创作者支付一定的广告展示费，从而使创作者获得收益。对于短视频创作者来说，这是一种非常省时、省力的变现方式。在账号运营初期，创作者选择合适的平台分成模式可以快速积累所需资金，为后期创作及运营提供便利与支持。

如今，短视频平台普遍不再将返还现金作为对创作者创作优质内容的主要激励手段，而是将关注点逐渐放在内容和变现的指导上，即搭建内容消费闭环，培养用户的消费行为，为创作者提供商业资源的扶持。

3. 与平台签约

与平台签约独播是短视频创作者实现短视频变现的一种快捷方式，但这种方式比较适合运营成熟、粉丝众多的创作者，因为对于新手短视频创作者来说，获得平台青睐、得到签约收益不是一件容易的事。

短视频平台为了更好地吸引创作者，往往会采用高价酬金的方式。例如，好看视频在2019年5月推出了"Vlog蒲公英计划"，提供5亿元现金补贴和20亿流量扶持。与好看视频签约首发的创作者，其收益补贴翻3倍；平台粉丝量5万以上的签约独家创作者，其收益补贴翻4倍。

签约独播是实现短视频变现中要求较高的一种模式，短视频创作者需要在前期进行较多的准备。

（七）知识付费变现

在短视频浪潮的推动下，越来越多的视频创作者通过分享自己的知识让更多的有需要者通过付费的方式掌握所需技能，并凭借基数庞大的粉丝群体构建自己的盈利模式，知识付费是其实现盈利的重要方式之一。

1. 视频创作的课程培训

网络课程以性价比高、自由度高的核心优势成为移动互联网时代的新型学习方式。

课程变现的关键在于课程内容设计。有付费价值的网络课程往往具有较强的专业性。对于用户来说，知识的专业性越强，其价值就越大，也越值得付费观看。短视频创作者在完成课程设计和录制之后，需要通过有吸引力的短视频找到目标用户人群，引起用户关注，然后用符合其特质的课程内容和交流社区氛围增强用户黏性，从而实现知识付费变现。

对于用户来说，越专业的知识就越有价值，也越愿意付费观看。例如，某视频推出了关于宏观经济付费系列短视频，吸引了感兴趣的网友付费观看。

短视频知识越垂直细分，就越能吸引某一用户群体付费购买。

2. 提供一对一咨询变现

咨询变现是一种比较高效的变现方式。目前，比较热门的咨询类型有职业生涯咨询、律师行业业务咨询、心理咨询、健康咨询、情感咨询等。其中，心理咨询由于更贴合用户心理，内容也更容易吸引用户关注，许多短视频账号通过抓住用户的心理痛点，为用户提供心理咨询服务。

先用免费的短视频内容吸引用户关注，获得用户的认可，再引导用户通过其他方式进行在线一对一的付费咨询。

（八）粉丝变现

短视频创作者要想让自己的作品成为爆款，除了打造优质内容外，还要懂得利用各种方式为短视频"吸粉"。短视频创作者要做好粉丝运营，这样才能获得众多粉丝的关注和支持。

1. 保持稳定的更新频率

短视频创作者要想收获忠实粉丝，首先要培养用户良好的观看习惯，这要求短视频创作者保持稳定且有规律的更新频率。

（1）保持每日更新。短视频创作者要尽量每日更新短视频，以保证短视频账号的持续活跃，从而持续获得用户关注。

（2）固定更新时间。每日更新短视频，尤其是在固定的时间更新时，就会给用户一定的暗示，用户每天会准时上线观看短视频。长久下去，用户就会形成定时观看的习惯，甚至产生催促短视频创作者更新作品的心理。用户可能会在评论区留言："怎么还没有更新？""什么时候更新，不是说好的每日一更吗？"这表明短视频创作者创作的短视频对用户具有很强的吸引力，用户很期待新的短视频。如果短视频创作者在此基础上继续保持稳定的更新频率，就能继续强化用户的观看习惯。

2. 引导粉丝点赞评论

为了增强粉丝黏性，短视频创作者要主动引导粉丝进行互动，可以从以下几个方面引导粉丝点赞和评论。

（1）情绪驱动。短视频创作者若希望粉丝参与互动，就要增强短视频内容的情绪渲染力。容易产生情绪互动的因素有敬畏、同情、愉悦、悲伤、愤怒等。例如，短视频的内容是幽默搞笑的段子，就会让人开怀大笑，激发粉丝转发和评论的欲望。

（2）"请教"粉丝。有时候，短视频中的主人公可以在视频中针对视频内容直接"请教"粉丝，这是最直接的互动方式。主人公在向粉丝"请教"问题时要表现出谦虚、真诚的态度，让粉丝在一瞬间产生成就感，从而提升点赞、评论的积极性和主动性。

（3）结尾"相邀"。很多短视频创作者在短视频的结尾会加一句"关注我吧，会有惊喜"；有的短视频创作还会在短视频结尾播出节目预告，或者在短视频结尾留下悬念。例如，一些悬疑推理类的短视频通常会在视频的结尾处让粉丝对剧情内容进行推理，并表示答案会在下一期短视频中发布。这类结尾会引发粉丝产生强烈的好奇心，纷纷在评论区参与互动，对剧情进行分析和探讨。

（4）利益引导。短视频创作者要想吸引粉丝积极参与评论互动，还可以设置一些利益来吸引粉丝关注。利益形式既可以是物质利益，如优惠券、折扣券、体验券、小礼品等；也可以是精神利益，如电子书、软件、教程等。需要注意的是，不同的平台对利益引导的包容程度不同，短视频创作者要遵守平台规则，在实际操作的过程中进行分析和总结，不断地积累经验。

3．积极回复粉丝评论

短视频创作者要与粉丝做好互动，尽可能在第一时间回复粉丝的评论。这种"勤互动、多交流"的方式会带给粉丝亲近感，让粉丝感受到短视频创作者对他们的重视。

短视频在刚发布时，评论量比较少，这时短视频创作者可以自己撰写评论，用其他账号评论、好友评论等方式进行评论预埋。短视频创作者要多发布有趣、有"干货"、有话题性的评论，或者发布非常犀利的提问等，引导粉丝畅谈自己的观点，并与其他粉丝进行互动交流。自评可以作为对短视频内容和相关背景故事的补充说明，也是短视频创作者经营粉丝的重要阵地。自评不宜太长，也不要刻意进行广告宣传，否则可能适得其反。

除了在评论区回复，短视频创作者还可以对粉丝的评论信息进行整理，在下一条短视频中进行整体答复。

思政园地

短视频运营助力大学生创业

随着时代的发展、技术的进步，传统媒体的影响力逐渐衰落，新媒体行业高质量发展，其中最具影响力的便是短视频。高度发达的自媒体行业，给大学生带来了很多机会。大学生在短视频创业中具有独特的优势，他们具备创新思维、灵活性强，能够更好地理解目标受众的需求。

许多大学生走进乡村、走进电商行业开始创业，内容推广升级优化、短视频广告植入、短视频与电商结合，实现流量变现。目前主要的几种电商结合形式有：在视频中直接挂购物链接引导观众在线购物；开通商品橱窗，通过账号主页进入账号店铺等。促进电商和短视频账号的双赢，为电商专业的学生积极走入社会提供了更广阔的发展前景。

当代大学生应该积极抓住短视频行业的契机，使用短视频策划运营的知识探索创业模式，从实践中得到收获，提升自己的创业就业核心竞争力，挖掘出短视频更多的商业价值。

同步练习

一、单选题

1. （　　）是指短视频创作者在同一个短视频平台上创建多个不同的、存在某种关联的短视频账号的形式。
   A. 单平台账号矩阵　　　　　　　　B. 多平台账号矩阵
   C. 单平台账号　　　　　　　　　　D. 多平台账号

2. （　　）是一款为抖音短视频创作者提供的视频助推工具。它不仅能高效提升视频的播放量与互动量，还能增加视频的热度与人气。
   A. 视频DOU+　　　　　　　　　　B. 直播DOU+
   C. 定向DOU+　　　　　　　　　　D. 速推DOU+

3. （　　）是指在多个短视频平台创建帐号并同步发布短视频的形式。
   A. 单平台账号矩阵　　　　　　　　B. 多平台账号矩阵
   C. 单平台账号　　　　　　　　　　D. 多平台账号

4. （　　）是指通过短视频中人物的台词把商品的名称、特征等信息直白地传递给用户。
   A. 广告植入　　　　　　　　　　　B. 台词植入
   C. 道具植入　　　　　　　　　　　D. 品牌植入

5. （　　）是指在短视频播放之前、结束之后或者插片播放的广告。
   A. 片头广告　　　　　　　　　　　B. 品牌广告
   C. 贴片广告　　　　　　　　　　　D. 插播广告

二、多选题

1. 短视频的运营方式包含（　　）。
   A. 平台推广运营　　　　　　　　　B. 用户运营
   C. 账号运营　　　　　　　　　　　D. DOU+将短视频推上热榜

2. 短视频的多平台转发推广方式有（　　）。
   A. 微博　　　　　　　　　　　　　B. 微信
   C. QQ　　　　　　　　　　　　　　D. 抖音

3. 短视频发布运营主要包括哪几个方面？（　　）
   A. 精彩的封面设计　　　　　　　　B. 吸睛的标题策划
   C. 热门标签和话题　　　　　　　　D. 有效的名片设计

4. 短视频的变现模式主要包含（　　）。
   A. 广告变现　　　　　　　　　　　B. 电商变现
   C. IP变现　　　　　　　　　　　　D. 知识变现

5. 短视频变现中的广告变现的方式主要有（　　）。
   A．植入广告 B．贴片广告
   C．品牌广告 D．冠名广告

三、填空题

1. 利用IP价值实现衍生变现的方式主要有＿＿＿＿＿＿、＿＿＿＿＿＿两种。
2. ＿＿＿＿＿＿是为抖音短视频创作者提供的视频/直播间加热工具，能够有效提升视频的播放量与互动量，提高内容的曝光度，满足抖音用户的多样化需求。
3. ＿＿＿＿＿＿指当主播拥有一定的人气之后，会受商家委托对商家的商品进行宣传，然后收取一定的推广费用。
4. 短视频矩阵主要包括＿＿＿＿＿＿和＿＿＿＿＿＿。
5. 短视频的名片中有＿＿＿＿＿＿、＿＿＿＿＿＿、＿＿＿＿＿＿、＿＿＿＿＿＿等方式来定位头像。

四、简答题

1. 抖音短视频账号运营者如何投放DOU+？
2. 短视频的广告变现、电商变现的变现模式有哪些？

任务实施

（一）实训背景

运营短视频的最终目的就是变现，以实现短视频的商业价值，所以流量变现是非常重要且关键的环节。通过互联网、移动App、各短视频平台欣赏和学习优秀的短视频，了解各平台特点及变现模式。

（二）实训目标

（1）了解和掌握短视频变现方法和特点。
（2）掌握抖音小店申请开通的方法。

（三）实训内容

抖音作为热门的短视频App，是短视频从业者激烈竞争的重要赛道，结合"最美乡村"的项目和其抖音账号，拍摄乡村短视频并进行账号的运营与变现，最后总结短视频的运营与变现技巧。

完成实训任务后，教师安排小组之间互相评比，随后教师对各个小组的实训做出评价。

项目二 直播运营

　　近年来,随着短视频社交媒体的发展,直播作为媒介融合的表现形式之一,其不仅引起媒介生产方式的革命,也是推动"媒介化社会"形成的核心动力。以往主流媒体创新直播+短视频都是借助商业平台,以"内容+平台+传播"的模式实现传播效果,但是随着融合的深入,搭建独立自主的可控平台成为不少媒体的选择。"直播+"模式作为媒介化社会的重要传播形态,平台发力、场景拓展与全员参与成为典型特征,而"直播+"模式也在媒体深度融合、平台创新拓展等方面表现出了新的态势。未来"直播+"将在媒介化、泛在化、产业化及资本化的趋势下更加注重媒介逻辑与社会逻辑的互动,直播形态也将更加全面地嵌入社会发展。目前从"直播+"的表现来看,直播已经成为媒体推进深度融合的必选动作,未来将占领新型阵地,构建全媒体传播体系。

　　在加快推进媒体深度融合的进程中,直播作为传统媒体充分利用的新技术和新应用,创新了传播方式,增强了用户互动体验,以鲜活内容、独家题材、新颖形式,实现媒体直播的传播价值、产业价值和社会价值。

学习目标

知识目标
1. 了解直播的相关知识。
2. 学习直播的策划及技巧。
3. 学习"直播+"模式相关知识。

能力目标
1. 了解直播的营销方式及平台的要求。
2. 掌握和优化直播策划创作的方法。
3. 熟练掌握"直播+"模式内容的创意运营技巧。

素质目标
1. 培养独立学习和团队创新的能力。
2. 培养勤于思考、创作有思想内涵的作品的能力。
3. 培养将知识技能融入直播策划的主题价值的能力。

任务六　直播认知与策划

直播通过互联网实时传输音频和视频，将内容发送给大量匿名观众，形成了大众传播，主播可以通过口头回答观众的评论或进行实时文本聊天与观众进行互动，实现了群体交互，提供了即时体验和沉浸感。面对互联网的不断更迭，以及不断增长且细化的用户需求，演化出的更加垂直定位的"直播+"模式直播，直播营销策划显得尤为重要。

案例导读

手机直播带货，助力乡村特产飞出大山

8月正是黄桃上市的季节，在湖北省荆州市过脉岭村黄桃基地，果农田先生一边忙着采摘，一边通过直播平台销售黄桃。"以前我们在黄桃销售旺季总发愁桃子卖不掉，现在是愁不够卖。"田先生说。

团山寺镇过脉岭村经过多年产业优化，李子、黄桃产业蓬勃发展。为打通果农信息致富路，中国移动湖北公司为果农们在果园内安装了5G摄像头，让他们足不出户就能第一时间看到果园情况，随时随地监测黄桃生长状况，对黄桃生产做出及时调整。同时，他们还手把手指导农户进行线上直播和宣传，为农户拓展新销路，通过5G直播带货的方式帮助果农从传统地销向线上带货转变，以实际行动帮助农户增收。

"网络好了，我们的日子越来越红火！"在湖北省恩施州利川市沙溪乡大沙溪村，湖北移动积极助力建设智慧茶园，村民组建的"山货直播队"通过移动5G网络直播把优质的茶叶和枇杷等农产品销向全国各地。如今全村茶叶年收入超过300万元，村民人均年收入增长至1.2万余元。

近年来，湖北移动不断加大网络覆盖广度和深度，持续加大山区、革命老区等农村偏远地区基础通信网建设投入。2024年，湖北移动规划建设农村5G基站4500个，5G网络已覆盖全省2.3万个行政村。农村网络建设缩小了城乡"数字鸿沟"，有力促进了地方经济发展。

问题导学

直播通过带给用户更深入的产品讲解，更细化的产品推广，能够帮助商家在更深领域挖掘客户，如何通过更加垂直细分领域的划分，结合不同"直播+"模式更好地提升直播的吸引力至关重要。

1. 常用的"直播+"模式有哪些？
2. 结合《手机直播带货，助力乡村特产飞出大山》案例，分析农产品公益直播的价值和意义。

一、直播与直播营销

网络直播吸取和延续了互联网的优势，利用视讯方式进行网上现场直播，可以将产品展示、娱乐影音、电竞游戏、相关会议、背景介绍、对话访谈、在线培训等内容现场发布到互联网上，利用互联网的直观、快速、表现形式好、内容丰富、交互性强、地域不受限制、受众可划分等特点，加强活动现场的推广效果。

直播与直播营销

（一）直播概述

1. 直播

直播指通过互联网实时传输音频、视频内容的一种方式。在直播中，内容创作者或主持人通过摄像头和麦克风等设备将自己的声音和图像即时传送到观众面前。观众可以通过电脑、手机或其他互联网连接设备收看直播，并且可以实时与主播进行互动，例如发送弹幕、评论、点赞等。直播广泛应用于各个领域，包括娱乐、游戏、教育、体育赛事等，并成为现代社交媒体中颇受欢迎的形式之一。

其中，电商直播是一种以直播形式销售商品的营销模式，通过网络直播平台或直播软件，主播通过内容吸引受众并推销相关产品，以实现商品的销售。电商直播提高了交互性、娱乐性和真实性，有效提升了商品的推广、销售转化率和用户购物体验。它不仅是电商的升级，也是一种经营品牌的新路径，通过高效的直播方式提高渠道效率，建立品牌形象。电商直播实现了"货找人"和"人找人"的营销形式，注重主播和消费者之间互动和信任的建立。

互联网技术和移动设备的普及，直播技术的应用与融合，"直播+娱乐""直播+旅游""直播+教育""直播+购物""直播+体育""直播+健康"等"直播+"商业模式不断涌现，以满足用户需求的不断变化，未来，"直播+"模式还将继续发展和创新。

2. 直播的特点

电商直播借助互联网传输音频和视频内容，具有以下六个特点。

（1）强实时性。直播是实时传输内容的形式，观众可以即时收看到正在发生的事件或活动，与主播进行互动，实现动态化的内容传递和交流互动。

（2）强互动性。也就是用户与用户之间、用户与主播之间通过弹幕、评论、点赞等方式与主播进行实时互动，提出问题、表达意见或发送礼物，满足用户的社交需求和陪伴感。

（3）可参与性。直播可以让观众成为活动的一部分，例如参与游戏、投票或抽奖等互动环节，增加了观众的参与感和娱乐性。

（4）强多样性。由于直播内容涵盖广泛，包括娱乐、游戏、体育赛事、教育等各个领域，满足不同观众的兴趣和需求，并且可以借助互联网的大数据，对目标用户进行精准传播，提供对用户有用的精准信息。

（5）强即时反馈性。观众可以实时对直播内容进行反馈，主播可以根据观众的反馈和需求做出调整和改进。

（6）强全球化。通过互联网的普及，直播可以突破地域限制，观众可以在全球范围内收看直播内容，促进了跨地域的交流和连接。这些特点使得直播成为一种受欢迎的传媒形式，吸引了大量的内容创作者和观众。

3．直播的类型

（1）搞笑娱乐类。现如今在快节奏的生活中，用户常常利用碎片化的时间，选择自己感兴趣的娱乐直播进行放松，消除长时间工作的疲劳，娱乐类主播打破了常规娱乐节目的排演和剪辑，更多地将节目的真实性展现在用户面前，主播通过直播平台展示个人才艺，包括唱歌、跳舞、表演等娱乐内容，吸引粉丝观看和互动。

（2）电竞游戏类。游戏直播画面是在游戏整体画面基础上，由主播或赛事主办方对游戏加入评论解说、背景音乐、肢体语言、观看用户的评价、弹幕等其他内容。例如虎牙平台与斗鱼平台都是以游戏为主要内容的。B站和快手也加入了游戏直播，其中，B站曾和《英雄联盟》签订了3年的独家直播协议，如图6-1所示。为了进入游戏市场，快手也推出了"百万游戏创作者扶持计划"，给予平台内创作者更大的曝光和流量市场，并为直播时间长者设置了奖金，为普通的、具有发展潜力的主播提供了支持。

图6-1　电竞游戏直播

（3）知识教育类。主播通过直播平台传授知识、技能或提供教学培训，例如在线课程、语言学习、健身指导等，打破了传统教育的个别地区优势，将一、二线城市的教育方法通过直播的形式普及到其他地区，将一、二线城市优质的教师资源共享到其他地区，弥补教育资源的失衡，为其他地区孩子的教育问题提供了解决方案。同时，在线教育的普及，也为想要提高成绩的学生提供了资源，满足学生想要冲刺、考上好学校的需求。

（4）公益助农类。广西玉林的百香果、陕西宝鸡的猕猴桃、湖北宜昌的脐橙……近年来，得益于互联网电商和物流体系发展，地方特色农产品通过快递寄达全国各地，有力促进农业发展和农民增收。借助直播平台这样大流量且广覆盖的载体，农产品得到进一步的推广，如图6-2所示。在"直播+农业"模式中，特色农产品走进了更广阔的市场，让更多用户了解到了中国各地的特产，特色农产品地区的商户就可以采用此模式进行农产品的销售。

（5）直播带货类。将直播与电商相结合，借助AR、VR技术让用户轻轻松松在家购物，如图6-3所示。主播在直播过程中介绍、展示和推销各类商品，与观众互动并引导观众进行购买，促成实时交易，用户在观看带货类直播时不仅仅可以购物，还能收获更专业的产品知识、产品操作说明讲解，通过专业的知识讲解和主播的亲测体验，让购物变得更高效。

图6-2　公益助农直播现场

图6-3　直播带货

（6）科技创新类。"直播+科技"模式中，可以利用5G、AR、AI或者4K（8K）高清技术等完成直播，也可以通过直播介绍某款科技产品和先进技术，普及科技知识等内容，如图6-4所示。以AR技术为例，早在2018年，新华社和搜狗公司就联合发布了"AI合成主持人"，并将其运用于新闻播报。该"AI合成主持人"是由语音、唇形、表情合成以及深度学习等技术联合建模训练而成的，语言和表情都非常逼真，利用AI主持人实现虚拟无人直播，创新了直播方式。

（7）旅游宣传类。主播实时展示自己拍摄的场景、旅行经历、户外活动等，与观众分享独特的体验和风景，让用户在观看的同时进行有奖问答，被抽到的观众可获得当地特色的旅游产品，如图6-5所示。这样既加强了观看者与主播的互动，也有利于提高观众的积极性与参与感。在旅游直播的过程中，主播可以先让观众了解当地的特色文化，进行线上"云旅游"，再激发观众线下行动。

这些直播类型各具特色，满足了不同观众的需求和兴趣，也为主播提供了多样化的内容创作和商业机会。

图6-4 科技创新类直播

图6-5 旅游宣传类直播

> **拓展知识**
>
> "直播+"模式推动了直播平台与产业链各端的沟通与联系。产业链可划分为三个部分：
>
> 一是品牌、供应链、主播；
>
> 二是负责沟通连接的平台和服务；
>
> 三是直播平台与用户之间的互动加强了，平台与品牌之间的联系更为密切。

（二）直播营销概述

1. 直播营销

直播的火爆，主要原因在于其营销价值的充分挖掘。直播营销是一种利用直播平台和实时互动功能的营销方式。它结合了直播视频和互动社交元素，通过主播展示商品、讲解产品特点、回答观众问题等形式，以吸引受众并促使其购买产品或服务。直播营销强调与观众之间的实时互动和沟通，建立信任和情感连接，提供个性化、有趣的、具有说服力的内容，从而增加销售转化率。

直播之所以能受到企业、品牌和商家的青睐，是因为其具备以下六大优势。

（1）及时、实时的销售互动。用户在直播间提问后，可以获得即时反馈，可以在直播过程中通过评论、弹幕、连麦等方式与主播互动，包括提问、留言或表达意见；主播也可以通过用户在直播间的真实情绪快速做出反应，缩短用户的消费决策时间。

（2）更真实的商品感知。直播具有即时性的特点，主播通过直播展示产品外观、使用方法、功能介绍等，以实际演示和呈现的方式激发观众对产品的兴趣和好奇心，能增强用户对商品的真实感知，提升其消费信赖感。

（3）更直接的营销反馈有利于信任建立。直播间的互动是双向的、即时的，能增强用户对商品的真实感知，提升其消费信赖感。主播将直播内容呈现给用户的同时，用户也可以通过弹幕的形式，分享体验。借助直播，主播可以收集老用户的使用反馈和新用户的观看反馈，从而有针对性地在后续的直播中改进和优化，借助主播的影响力和专业知识，通过分享经验、评测、推荐等方式，建立观众对产品和品牌的信任和认可，提高购买决策的把握。

（4）享受限时优惠和促销。任何一个直播间，可同时接待的用户数量远远超过线下导购场景，能在短时间内服务更多的潜在用户，直播营销常结合限时优惠、折扣码、赠品等促销手段，创造购买的紧迫感和激励效果，提高观众的购买意愿。

（5）实现精准营销。在直播间，主播可以根据用户的个性化需求有选择性地展示用户感兴趣的商品，并充分地展示商品的特点，观众在直播过程中可以与其他观众互动、分享购买心得、评论产品，形成社交化的购物体验，增加用户参与度和黏性。直播营销逐渐成为电商和品牌推广的重要方式，它能够有效地吸引目标受众、提升品牌知名度，同时也为消费者提供了更丰富、生动的购物体验。

（6）更活跃的营销氛围。在直播间，用户更容易受到环境的影响而产生消费行为。用户在网店浏览商品图文详情页或翻看商品参数时，需要在大脑中自行构建场景；而直播营销完全可以将主播试吃、试玩、试用等过程直观地展示在用户面前，更快捷地将用户带入营销所需场景。受这种环境影响，可能是基于"看到很多人都下单了"的"从众心理"，也可能是因为"感觉主播使用这款商品效果不错"产生的"榜样效应"，还可能是主播话术里的紧迫感触发的"稀缺心理"。不管具体原因是什么，在主播营造的氛围下，用户更容易产生消费欲望。

2．直播营销的目标

直播营销是通过直播平台和实时互动功能来推广产品或服务，以达到以下几个目标。

（1）增加品牌曝光度和知名度。通过直播展示产品、品牌故事和特点，吸引观众关注并提高品牌在目标受众中的认知度和可见性。

（2）提升销售转化率。直播营销可以直接在直播过程中介绍和演示产品特点、用途等，通过实时互动和购买推荐，激发观众对产品的购买兴趣，提高销售转化率。

（3）建立信任和口碑。通过主播的专业知识、经验分享和真实演示，建立与观众之间的信任关系，增加观众对产品和品牌的信赖，进而形成口碑传播效应。

（4）扩大受众群体。直播营销可以吸引不同背景、兴趣和地域的观众参与，拓展品牌的受众群体，吸引更多潜在客户和粉丝关注。

（5）提供个性化的购物体验。直播营销通过实时互动和观众参与，能够为观众提供个性化的购物体验，回答观众问题、解决疑虑，增强购买决策的信心。

（6）增进用户参与和互动。直播营销可以通过弹幕、评论、抽奖等互动方式，促使观众积极参与，分享购买心得、评论产品，形成社交共享效应，增强用户粘性和忠诚度。

总体而言，直播营销旨在通过直播平台的实时互动和内容传播，将品牌、产品和服务形象深入用户心中，激发购买欲望，提高销售业绩，并建立长期稳固的用户关系。

3．直播营销的方式

根据"直播吸引点"划分，直播营销的常见方式共七种，包括颜值营销、明星营销、稀有营销、利他营销、才艺营销、对比营销和采访营销。企业在设计直播方案前，需要根据营销目的，选择最佳的一种或几种营销方式。直播营销可以采用多种方式，以下是一些常见的直播营销方式。

（1）颜值营销。直播经济中，"颜值就是生产力"的说法已经得到多次验证。颜值营销可以把推荐新品与讲解产品作为直播重点，用颜值高的男士或女士进行新品展示或产品的详细讲解。颜值营销的主持人多是帅气靓丽的男主播或女主播，高颜值的容貌吸引着大量粉丝的围观与打赏，而大量粉丝围观带来的流量正是能够为品牌方带来曝光量的重要指标。另外，直播销售的产品，也不约而同的在颜值上呈现了某种统一性。例如故宫文创推出"故宫胶带"，在微博引起广泛关注，反响热烈，各种烫金、仙鹤、水墨图案在"美不胜收"的前提下，将中国人对故宫文化追逐的热情释放，如图6-6所示。于是这款主要用来装饰手账本的故宫胶带被广泛运用在口红、香水瓶、气垫等彩妆上。

（2）明星营销。明星经常会占据娱乐新闻头版，明星的一举一动都会受到粉丝的关注，因此当明星出现在直播中与粉丝互动时，流量增加，直播场面异常火爆。明星营销适用于预算较为充足的项目，在明星筛选方面，尽量在预算范围内寻找最贴合产品及消费者属性的明星进行合作。

（3）稀有营销。稀有营销适用于拥

图6-6　故宫文创产品

有独家信息渠道的企业，其包括独家冠名、知识产权、专利授权、唯一渠道方等。稀有产品往往备受消费者追捧，而在直播中稀有营销不仅仅体现在直播镜头为观众带来的独特视角，更有助于利用稀有内容直接拉升直播室人气，对于企业而言也是最佳的曝光机会。

（4）利他营销。直播中常见的利他行为主要是知识的分享和传播，旨在帮助用户提升生活技能或动手能力。与此同时，企业可以借助主持人或嘉宾的分享，传授关于产品使用技巧、分享生活知识等，主播可以通过直播平台展示产品外观、功能特点、使用方法等，以生动的演示向观众展示产品的价值和优势。利他营销主要适用于美妆护肤类及时装搭配类产品，如淘宝主播"某某"经常使用某品牌的化妆品向观众展示化妆技巧，让观众学习美妆知识的同时，增加产品曝光度。

（5）才艺营销。直播是才艺主播的展示舞台，无论主播是否有名气，只要才艺过硬，都可以带来大量的粉丝围观，如古筝、钢琴、脱口秀等通过直播可以获取大量该才艺领域的忠实粉丝。才艺营销适用于围绕才艺所使用的工具类产品，比如古筝才艺表演需要使用古筝，制作古筝的企业则可以与有古筝使用技能的直播达人合作。

（6）对比营销。有对比就会有优劣之分，而消费者在进行购买时往往会偏向于购买更具优势的产品。当消费者无法识别产品的优势时，企业可以通过与竞品或自身上一代产品的对比，直观展示差异化，以增强产品说服力。主播通过直播过程中的实时评论、弹幕或连麦等方式与观众进行互动，回答观众提出的问题，解决疑虑，增加观众参与感和信任度。

（7）采访营销。采访营销指主持人采访名人嘉宾、路人、专家等，以互动的形式，通过他人的立场阐述对产品的看法。采访名人嘉宾，有助于增加观众对产品的好感；而采访路人，有利于拉近他人与观众之间的距离，增强信赖感。

这些直播营销方式可以结合品牌的特点和目标受众需求进行灵活运用，提高直播营销的效果和影响力。

4．直播规范

近年来，网络直播以其内容和形式的直观性、即时性和互动性，在促进经济社会发展、丰富人民群众精神文化生活等方面发挥了重要作用。同时，网络直播行业存在的主体责任缺失、内容生态不良、主播良莠不齐、充值打赏失范、商业营销混乱、青少年权益遭受侵害等问题，严重制约网络直播行业健康发展，给意识形态安全、社会公共利益和公民合法权益带来挑战，因此为进一步加强网络直播行业的规范管理，促进行业健康有序发展，国家互联网信息办公室、全国"扫黄打非"工作小组办公室、工业和信息化部、公安部、文化和旅游部、国家市场监督管理总局、国家广播电视总局等七部委联合发布《关于加强网络直播规范管理工作的指导意见》。

因此，可以将直播规范总结为在进行直播活动时应遵守的行为准则和规定，以确保直播内容的合法性、公正性和健康性。对照国内首份《关于加强网络直播规范管理工作的指导意见》，以下是一些常见的直播规范。

（1）合法合规。主播应遵守国家和地区的法律法规，不得传播违法、淫秽、暴力等非法内容，避免侵犯他人的权益和隐私。

（2）尊重用户权益。主播应尊重观众的权益，不得欺诈、误导观众，不得骚扰、辱骂观众，保护用户个人信息的安全和隐私。

（3）诚实守信。主播应真实、客观、准确地介绍产品或服务，不得虚假宣传、夸大其词，不得故意误导观众。

（4）广告合规。如有广告内容，主播应遵守相应的广告法规，明确标注广告身份，并与观众进行充分沟通和解释。

（5）尊重版权。主播应尊重他人的知识产权和版权，不得未经授权使用他人的作品、音乐、视频等，遵守相关版权法律法规。

（6）社交互动。主播应积极与观众进行互动，回答问题、解决疑虑，并避免言语攻击、歧视或挑衅观众。

（7）弹幕管理。针对弹幕功能，主播应及时屏蔽、过滤违规信息和敏感言论，维护直播的秩序和健康环境。

拓展知识

对照中国广告协会发布的国内首份《网络直播营销行为规范》，了解其规定的直播电商中商家、主播、直播平台、MCN机构等主体的行为规范，以上文件中提及的雷区不可触碰。本教材给大家整理出了网络直播中应当避免触及的十大雷区。

1. 不可留微信或联系方式。
2. 直播过程中不可以拨打电话。
3. 没有蓝V认证不可以直播带货。
4. 直播背景墙不能有广告水印。
5. 不可以长期处于挂机状态。
6. 未成年人不可以长时间单独出镜。
7. 直播中不可以穿着暴露或抽烟、酗酒。
8. 不可以在驾驶中进行直播或其他危险行为。
9. 不可以在讨论两性行为引发低俗联想。
10. 直播中勿谈论政治、爆粗口。

（8）约束行为。主播应遵守直播平台的规定和约定，不得利用直播平台从事欺诈、非法竞争等行为。

这些规范旨在确保直播内容的合理性、可信度和安全性，保护用户权益和社会公共利益。主播应自觉遵守这些规范，注重社会责任，塑造良好的直播形象。此外，具体的直播规范还可能因直播类型、直播平台、行业和地区而有所差异，主播应根据具体情况了解并遵守相应的规范要求。

二、直播策划

直播策划是指规划和准备一场直播活动的过程，包括确定主题、目标受众、内容设计、时间安排等。以下是一些关键步骤和要点，可用于进行直播策划。

直播策划

（1）定义目标。明确直播的目的和期望结果。是为了宣传产品、提升品牌知名度，还是为了与观众互动和建立社群。

（2）确定主题。选择一个与目标相关的主题，可以是产品介绍、行业分享、专题讲座等，确保主题能够吸引目标受众的兴趣。

（3）目标受众。了解目标受众的特点、兴趣和需求，以便在内容设计和推广中更好地吸引和满足他们。

（4）内容规划。制定详细的内容大纲，涵盖开场介绍、主要内容、互动环节和结尾总结等。确保内容流畅、有逻辑性，并与目标受众的需求相匹配。

（5）时间安排。确定直播的日期、时间和持续时间。考虑目标受众的时间习惯和时区差异，选择最佳的时间段。

（6）互动策略。设计与观众互动的环节，如问答、抽奖、评论回复等。促进观众参与和互动，增强直播的互动性和参与感。

（7）技术准备。确保拥有稳定的网络连接、高质量的摄像设备和音频设备。测试直播平台或软件，熟悉操作流程，确保技术设备正常运作。

（8）推广宣传。制订推广计划，包括使用社交媒体、电子邮件、网站等渠道进行宣传，吸引潜在观众的关注和参与。

（9）直播后续。直播结束后，及时回顾并总结直播效果，收集观众反馈，提供回放视频，并考虑后续跟进措施，如与观众保持联系、提供额外资源等。

（10）监测评估。通过观看人数、观众反馈、社交媒体反应等指标，对直播活动进行监测和评估，以便优化和改善下一次的直播策划。

以上是一般的直播策划步骤和要点，具体策划内容可以根据不同的直播类型和直播模式，结合不同情况和目标进行调整和补充。

(一)"直播+"模式

1."直播+"模式的垂直细化市场

"直播+"模式是一种将直播技术与不同行业的垂直定位相结合的商业模式。它利用直播平台和工具，满足特定行业或领域的需求，提供专业化、个性化的内容和服务。

细化市场垂直定位是指将"直播+"模式应用于更具体、更专注的市场细分领域。这意味着在选择行业或领域时，要考虑到目标受众、需求、竞争情况等因素，并针对该市场细分独特的特点进行精准定位和定制化服务。例如，"直播+"模式可以应用于教育领域中的在线教育。在这个细分市场中，直播可以用于远程授课、在线培训和知识分享，提供实时互动和个性化学习体验。而在健身领域，"直播+"模式可用于提供在线健身课程、私人教练指导和身体训练建议，以满足用户在家锻炼的需求。通过细化市场垂直定位，"直播+"模式能够更好地适应特定行业的需求，提供定制化的解决方案，并为用户和行业从业者创造更多的价值和商机。

2."直播+"模式的形式多样性

"直播+"模式的形式多样性指的是结合直播技术和不同行业或领域的特定需求，创造出各种类型的直播应用和商业模式。这种形式的多样性有以下积极意义。

（1）满足个性化需求。"直播+"模式的多样性使得能够针对不同行业或领域的需求提供个性化的解决方案。通过定制化的直播内容和服务，满足用户的特定需求，提供更精确、有针对性的体验。

（2）创新商业模式。"直播+"模式的多样性推动了创新的商业模式的诞生。通过将直播技术与其他行业相结合，可以开拓新的商机，并提供全新的商业价值。

（3）增强用户参与度。不同形式的直播应用能够吸引用户的注意力和参与度。无论是电商直播、教育直播、还是娱乐直播，都能够通过实时互动、个性化内容等方式，增强用户的参与感和沉浸感。

（4）扩大市场范围。"直播+"模式的多样性扩大了直播应用的市场范围。不同行业的使用者可以根据自身需求选择适合的直播模式，进一步推动直播技术的应用领域的多样化和发展。

（5）加强品牌传播和营销。通过"直播+"模式的多样性，企业可以借助直播平台展示产品、服务或内容，增加品牌曝光度和影响力。直播的实时性和互动性有助于加强与用户的连接，并提供更具吸引力的营销手段。

综上所述，"直播+"模式的形式多样性对于满足个性化需求、创新商业模式、增强用户参与度、扩大市场范围、加强品牌传播和营销等方面都具有重要意义。

以下将对不同"直播+"模式的类型进行分析。

(二)"直播+娱乐"搞笑类策划

搞笑娱乐类型直播主要是为观众提供愉快、轻松的娱乐体验。通过直播平台展示搞笑段子、互动交流和娱乐内容，吸引观众参与并分享乐趣。直播内容可能就是主播颜值、状态、搞笑幽默、高情商说话方式、某一项才艺，等等，分别给用户提供了视觉价值、娱乐价值、情绪价值、欣赏价值，等等。不仅让观众放松心情、享受乐趣、缓解压力和疲劳，还可以通过直播平台与主播和其他观众进行实时互动，增强社交联系和共同话题，并且促进娱乐行业发展。

例如"直播+娱乐"模式打破了常规娱乐节目的排演和剪辑，更多地将节目的真实性展现在用户面前，与此同时，虚拟物品的打赏也激发了用户的参与感，通过主播与用户之间的互动，加强了节目效果。其中，"直播+娱乐"模式下的知名平台做好搞笑娱乐类型直播，一定要熟悉其策划步骤、掌握核心要素、策划优质的直播内容及直播运营，有如下几个方面。

（1）目标设定。明确直播的目标和定位，如：为了娱乐观众、搞笑放松或提升品牌曝光等。

（2）内容策划。制订吸引观众的内容计划，包括游戏选择、互动环节、特殊活动等。

（3）主播选择。挑选适合该娱乐类型的直播主播，他们应具备幽默素质、搞笑技能、娱乐能力和良好的互动沟通能力。

（4）直播平台选择。选择适合搞笑娱乐直播的平台，如斗鱼、虎牙、抖音、快手等。

（5）互动设置。设计互动方式，例如观众参与投票、评论互动、抽奖等，增加观众参与感。

（6）推广宣传。在社交媒体、论坛、游戏社区等渠道进行直播宣传，吸引观众关注和参与。

以上步骤和方法可根据实际情况和目标进行调整和优化，以确保轻松享受搞笑娱乐类型直播的成功策划和顺利实施。

(三)"直播+电竞游戏"类策划

电竞游戏类直播主要指通过直播平台展示和推广游戏对战过程，并借机推荐游戏和与电竞相关的衍生品，如电竞装备、游戏周边商品、电竞文化产品等。相对于"直播+娱乐"，"直播+电竞游戏"的规模更大且增速更快，如图6-7所示。

通过直播主播更直观地展示产品的外观、功能和使用方式，详细介绍产品的特点和优势，回答观众的问题，并提供购买渠道，促进产品的销售和推广，提高产品的知名度和认知度。另外，通过与观众的互动和交流，建立电竞衍生品的粉丝社群，增加用户黏性和忠诚度。

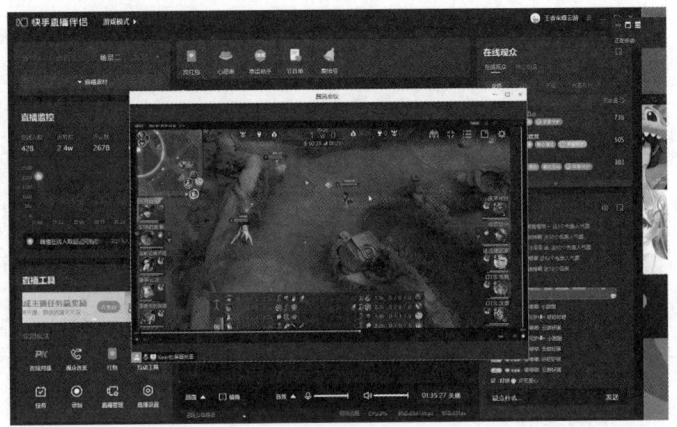

图6-7 电竞游戏直播

虎牙平台与斗鱼平台都是以游戏、娱乐秀场为主要内容，两个平台都是领先的游戏直播平台。例如虎牙平台的产品直播主要处于电脑客户端、网页端和移动客户端，有300多个特色频道，分为四大类别：网游竞技、单机热游、娱乐天地、手游休闲。其中经营最久的是游戏，当用户观看游戏直播觉得乏味时，可以选择答题、对战游戏等功能，衍生功能全面且有趣味性。同样，虎牙在《英雄联盟》赛事直播权上，继续同拳头游戏签署了战略合作协议，协议中虎牙获得了2020—2022年四大电竞联赛的直播权，四大电竞联赛比赛分别为韩国LCK赛事独家中文转播、北美英雄联盟冠军联赛（LCS）、欧洲冠军联赛（LEC）和英雄联盟职业联赛（LPL）。做好电竞游戏类直播，一定要熟悉其策划步骤，掌握核心要素，策划优质的直播内容及直播运营，有如下几个方面。

（1）目标设定。明确电竞衍生品的直播目标，如销售额、观众参与度等。

（2）产品选择。选择具有市场需求和潜力的电竞衍生品直播，具备吸引力和竞争力。

（3）内容规划。制订直播内容计划，包括产品介绍、产品功能展示、使用指导等环节，以及相关的娱乐元素和互动形式设计。

（4）主播选择。选择了解电竞和相关产品的主播或专业人士，有效传递产品信息。

（5）平台选择。选择符合用户群体特点的电竞衍生品直播的平台，如斗鱼、虎牙等。

（6）宣传推广。通过社交媒体、游戏社区、电竞赛事等渠道进行活动预告和宣传，吸引目标观众关注和参与。

（7）直播准备。提前准备好所需设备，确保直播画质和声音效果良好。

（8）产品展示和销售。在直播过程中详细介绍产品的特点、功能和使用方式，并提供购买链接或二维码，引导观众进行购买。

（9）互动和回应。与观众进行实时互动，回答提问及评论等，增加观众参与感和购买意愿。

以上步骤和方法可根据实际情况和目标进行调整和优化，以确保电竞游戏类型直播的成功策划和顺利实施。

（四）"直播+知识教育"类策划

教育类直播主要指通过直播平台分享教育领域的相关知识、资讯和信息，包括教育政策、理论知识、学术研究、教学方法等。主播通过直播形式向观众传递有关教育的知识和新闻，提供教育资源和经验分享，以促进教育信息的交流和共享。

通过教育主题直播，可以实现以下目的，一是促进教育传播，直播教育资讯共享提供了一个便捷的渠道，让主播能够传达教育领域的最新动态、政策和发展，帮助观众获取权威的教育信息；二是资源共享，通过直播分享教育资源和经验，如教学案例、教材推荐、学习方法等，为观众提供有价值的教育参考和实践指导；三是专业互动，观众可以通过直播平台与主播进行实时互动，包括提问、评论、分享自己的经验和观点，促进教育专业的交流和合作；四是教育意识提升，通过直播教育资讯共享，增加观众对教育的关注度和意识，促进社会对教育重要性的认知和理解。

例如：某主播主要借助抖音，通过直播形式向观众传递有关教育的知识和新闻，观众可以通过直播平台与主播进行实时互动，提问、评论，主播提供教育资源和经验分享，提供关于专业、大学、考研和就业等方向的直播教育指导，为广大学子提供升学规划的教育咨询，以促进教育信息的交流和共享，日益受到非常多的考生和家长的欢迎。

想要做好知识教育类直播，一定要熟悉其策划步骤，掌握核心要素，策划优质的直播内容及直播运营，有如下几个方面。

（1）主题选择。确定要分享的教育资讯主题，可以是学科教育、教育政策、教育技术等，确保主题具有观众吸引力和市场需求。

（2）目标设定。明确直播教育资讯共享的目标，如观众参与度、知名度提升等。

（3）内容规划。制订直播内容计划，包括资讯分享、专题讲解、案例分析等环节，确保内容具有实用性和可分享性。

（4）主播选择。选择了解教育领域的主播或教育专家，有效传递教育资讯与观众交流互动。

（5）平台选择。根据用户群体特点选择适合直播教育资讯共享的平台，如抖音、快手等。

（6）宣传推广。通过社交媒体、官方网站、教育论坛等渠道进行活动预告和宣传，吸引目标观众关注和参与。

（7）直播准备。提前准备好所需设备，确保直播画质和声音效果良好。

（8）资讯分享和解读。在直播过程中分享教育资讯、热点话题和学术研究成果，并进行解读和分析，提供观众理解和思考的参考。

（9）互动和回应。与观众进行实时互动，回答提问及评论等，增加观众参与感和共享意愿。

以上步骤和方法可根据实际情况和目标进行调整和优化，以确保知识教育类型直播的成功策划和顺利实施。

（五）"直播+公益助农"类策划

公益助农类直播指通过直播平台展示、宣传和销售农产品，促进农产品的流通和销售。通过直播形式，向观众介绍农产品的特点、种植或养殖环境，以及相关的故事和背景信息。助农产品推广直播能够扩大农产品的市场范围，突破地域限制，让更多消费者了解、购买到优质的农产品。直播过程中，直接与消费者互动和销售，可以提高农民的销售额和收入，改善农民的经济状况。通过直播平台的宣传和推广，提高助农产品的知名度和认可度，使更多人对农产品有正面的认知和评价。助农产品推广直播有助于推动农业产业结构优化和创新，激发农业生产活力，促进农业的可持续发展。

例如，2023年4月27日央视主播在快手平台同框出镜，为湖北农产品带货8012万元。这是央视频举办的又一场"搭把手为爱买买买"大型融媒体公益直播活动。知名主持人变身"带货员"，带来天然信任感，直播间掀起热潮。据统计，该场直播中，热干面在一分钟内卖出2.75万包，酷我乳酸菌一分钟卖出2.6万瓶，周黑鸭鸭脖和小龙虾也分别在一分钟内卖出了1.5万份和1.2万份。一块小小的屏幕，瞬间拉近彼此距离。3个小时的直播，共卖出8012万元湖北商品，创下快手助力湖北公益直播销售额新高。做好公益助农类直播，一定要熟悉其策划步骤，掌握核心要素，策划优质的直播内容及直播运营，有如下几个方面。

（1）目标设定。明确助农产品推广直播的目标，如销售额、观众参与度等。

（2）产品选择。选择具有特色和市场需求的助农产品作为直播推广的对象，确保产品具备竞争力和吸引力。

（3）农产品故事和背景塑造。通过直播内容展示农产品的种植或养殖环境、生产过程、农民故事等，增加产品的情感价值和认同度。

（4）主播选择和培训。选择具有农业相关知识和表达能力的主播，并对其进行培训，确保其了解产品特点并能够与观众进行有效互动。

（5）直播内容策划。制订直播内容计划，包括产品介绍、品质保证、消费者评价分享等环节，以及促销活动和互动形式设计。

（6）直播平台选择。选择适合助农产品推广的直播平台，如淘宝直播等，方便参与购买。

（7）推广宣传。通过社交媒体、农产品协会、线下推广等渠道进行活动预告和宣传，吸引目标观众关注和参与。

（8）直播准备。提前做好直播设备、产品展示布置、互动工具等准备工作。

（9）进行直播。按照策划好的内容计划进行直播，重点突出农产品的特点和卖点，与观众进行互动，提高购买意愿和信心。

（10）数据分析和优化。针对直播过程中的数据收集和观众反馈进行分析，了解观众关注点和购买偏好，优化销售策略和未来直播计划。

以上步骤和方法可根据实际情况和目标进行调整和优化，还需要注意农产品直播带货时要清晰展示助农产品的外观、质量特点、种植或养殖环境等，通过实际操作或演示向观众传达农产品的卖点，从而增加销售吸引力，提高销量。

（六）"直播+带货"类策划

高效电商直播带货指通过直播平台展示和推广商品，借助实时互动和促销手段吸引观众进行在线购物的方式。主播通过展示产品特点、解答观众问题、推荐购买等手段，提高购物体验和销售转化率。观众可以实时与主播互动，提问、评论等，获得更多的产品信息和购物建议，增强购物体验和信心。电商直播购物能够直接引导观众参与购买，增加销售额，提高商品的曝光和推广效果。同时电商直播购物是品牌推广的重要形式之一，能够加强品牌形象、产品认知度和用户粘性，在直播购物过程中的数据收集和分析有助于了解用户偏好、购买行为等，为后续销售策略调整提供依据。做好带货购物类直播，一定要熟悉其策划步骤，掌握核心要素，策划优质的直播内容及直播运营，有如下几个方面。

（1）目标设定。明确电商直播购物的目标，如销售额、观众参与度等，确保策划方向明确。

（2）商品选择。选择热门、受众喜爱的商品作为直播推广对象，确保产品具有市场竞争力。

（3）主播选择和培训。选择合适的主播或代言人，并对其进行培训，确保其了解产品特点并具备良好的表达和互动能力。

（4）直播内容策划。制订直播内容计划，包括商品介绍、使用演示、用户评价分享等环节，以及促销活动和互动形式设计。

（5）直播平台选择。选择适合电商直播购物的平台，如淘宝直播、抖音直播等，方便消费者购买。

（6）推广宣传。通过社交媒体、广告投放等渠道进行预告和宣传，吸引目标关注和参与。

（7）直播准备。提前做好直播设备、产品展示布置、互动工具等准备工作，确保顺利直播。

以上步骤和方法可根据实际情况和目标进行调整和优化，还需要注意以下几点。

（1）清晰展示产品特点、功能、用途等，通过实际操作或演示向观众传递产品的价值。

（2）与观众互动，回答观众提出的问题、解决疑虑，提供个性化购物建议，增加观众的参与感和信任感。

（3）合理选择促销手段，设立限时折扣、赠品、满减等促销活动，激发观众的购买欲望。

（4）注重用户评价分享，分享真实用户的使用感受和评价，增强产品可信度和购买决策的依据。

（七）"直播+科技创新"类策划

创新科技直播指通过直播平台展示和推广创新科技产品、科技应用、科技玩法和实践案例。创新玩法科技直播能够直观地展示科技产品的功能、特点和应用场景，让观众了解最新的科技进展和技术应用，吸引消费者的兴趣和购买欲望，观众可以通过直播平台与主播进行互动和交流，提问、评论、分享自己的科技经验和见解，促进科技产品的市场推广和销售，并且通过直播分享创新科技的知识、经验和案例，为观众提供学习和实践的参考，推动科技领域的资源共享和合作。做好科技创新类直播，一定要熟悉其策划步骤，掌握核心要素，策划优质的直播内容及直播运营，有如下几个方面。

（1）主题选择。确定要展示和推广的创新科技主题，有观众吸引力和市场需求，如人工智能、虚拟现实、物联网等。

（2）目标设定。明确直播目标，如观众参与度、品牌知名度提升等，为后续策划提供指导。

（3）内容规划。制订直播内容计划，包括科技产品介绍、应用演示、创新玩法展示等环节，确保内容具有趣味性和实用性。

（4）主播选择。选择了解科技领域的主播或科技专家，有效传递科技知识与观众交流互动。

（5）平台选择。根据用户特点选择适合的直播平台，如抖音、快手、微信视频号等。

（6）宣传推广。通过社交媒体、科技论坛、科技媒体等渠道进行活动预告和宣传，吸引目标观众关注和参与。

（7）直播准备。提前准备好所需设备，如高清摄像头、音频设备等，确保效果良好。

（8）创新展示和演示。在直播过程中详细展示创新科技产品的功能、操作和应用场景，以及创新的玩法和实践案例。

（9）互动和回应。与观众实时互动，回答观众提问、评论等，增加观众参与感和科技兴趣。

（10）数据分析和优化。针对直播过程中的数据收集和观众反馈进行分析，了解观众需求和兴趣偏好，优化创新玩法科技直播内容和互动形式。

以上步骤和方法可根据实际情况和目标进行调整和优化，以确保科技创新类型直播的成功策划和顺利实施。

（八）"直播+旅游宣传"类策划

休闲旅游直播指通过直播平台展示和分享休闲旅游的相关内容，包括旅游景点介绍、旅行体验、美食文化、特色活动等。首先，主播通过直播形式向观众展示各地的风景名胜、旅游路线、当地文化，并分享旅行心得和建议，直观地展示旅游目的地的风貌和特色，吸引观众的兴趣和好奇心，带领观众一同体验旅游乐趣，促进旅游业的发展和推广；其次，通过直播分享旅游景点的介绍、交通信息、住宿推荐等，为观众提供实用的旅游指南，帮助他们规划行程和选择合适的旅游方式；再次，主播通过直播分享当地的文化、传统和特色活动，以及旅行中的体验和感受。与观众互动交流，鼓励观众参与讨论、提问和分享自己的旅行经历，促进了旅游体验及不同地域之间的文化交流和理解，增加了观众对于多样文化的认知和尊重。

北京市文化和旅游局联合某直播公司于2023年9月24日至27日连续举办4场北京专场直播活动，推广中秋国庆"假日文旅产品"。此次直播活动包含1场商务定点带货直播和3场文旅游玩走播，抓住了中秋国庆的"双节"促销契机，扩大了北京文旅的影响力，丰富了优质文旅产品的供给，积极带动了假期消费。这次大规模的外景直播活动，在多个直播间同时开播，此次三场"漫步北京"文旅游玩走播分别聚焦漫步中轴线、深度胡同游和攀登八达岭三个不同主题，在直播中游玩景点景区，嵌入了非遗、文博、演艺、美食等要素，还体验了骑游、city walk（城市漫步）等不同游玩方式，全方位展现北京优质丰富的文旅资源，有效扩大了北京文旅的宣传力度和影响力。在产品上，北京市文化和旅游局会同该直播公司制定了严格的文旅产品选品标准，主要品类设定在旅游线路产品、酒店住宿产品和特色农产品三大类，三场文旅游玩走播带货文旅产品共计90多款。做好旅游类直播，一定要熟悉其策划步骤，掌握核心要素，策划优质的直播内容及直播运营，有如下几个方面。

（1）目的地选择。确定要展示和推广的旅游目的地，考虑其独特性、人气和市场需求，选择具有吸引力的旅游景点。

（2）主题设置。根据目的地特色和观众需求，设定适合的主题，如自然风光、文化遗产等。

（3）行程规划。制定详细丰富的旅行行程，如：景点参观、路线安排、活动体验等。

（4）主播选择。选择了解旅游领域的主播或旅游专家，对目的地有深入了解，能够生动描述和介绍旅游景点和文化。

（5）平台选择。根据用户特点选择适合休闲旅游直播的平台，如抖音、快手、YouTube等。

（6）宣传推广。通过社交媒体、旅游网站、旅游社群等渠道进行活动预告和宣传，吸引目标观众关注和参与。

（7）直播准备。提前准备好所需设备，如高清摄像头、音频设备等，确保音效果良好。

（8）景点介绍和体验分享。在直播过程中详细介绍旅游景点的特色、历史和文化背景，并分享实地旅行的个人体验和见闻。

（9）互动和回应。与观众实时互动，回答观众的提问、评论等，增加观众参与感和旅游兴趣。

（10）数据分析和优化。针对直播过程中的数据收集和观众反馈进行分析，了解观众需求和兴趣偏好，优化休闲旅游直播。

以上步骤和方法可根据实际情况和目标进行调整和优化，以确保轻松享受旅游类型直播的成功策划和顺利实施。

三、提升直播吸引力，增强直播内容创意性

（一）增强直播内容的创意思路

"直播+"模式指将直播技术与搞笑娱乐、电竞游戏、知识教育、公益助农、直播带货、科技创新、旅游宣传等相结合，细化市场以及深入垂直讲解，共同推动直播平台向更深产业端渗透。细化的直播内容，既能保证平台内容的及时更新，也能提升产品的品质，同时可以增强平台与用户之间的黏性，赢得用户的信任，获得更多忠实的用户

增强直播内容创意性

支持，为平台的发展和之后产品的销售都做好了铺垫。"直播+"模式打破了原有的平台流量红利流失的困境，也推动了合作行业的发展。而直播形式多种多样，该如何提升直播吸引力，增强直播内容的创意性，如下几种设计思路，可供借鉴。

1. 垂直定位

面对互联网不断更迭的现象，以及不断增长且细化的用户需求，直播平台需要细化自身的市场定位。只有对市场需求进行精准挖掘，才能使直播取得更佳的效果，而"直播+"模式将直播形式对准更深的行业领域，既能满足用户对直播的不同需求，也能让自身的发展获得更多机会。例如，游戏直播在销售产品时除了提供用户打赏之外，还可以提供一些游戏的相关产品，如游戏客户端、游戏礼包、虚拟道具，以及人物相关的模型等游戏周边。

2. 各端渗透

"直播+"模式是直播与各大行业之间的合作,"直播+"模式推动了直播平台与产业链各端的沟通与联系,产业链可划分为三个部分:第一部分是品牌、供应链、主播;第二部分是负责沟通连接的平台和服务,平台负责运营,是传播的载体,服务负责维系用户与平台之间的关系;第三部分为用户。在"直播+"模式中,直播平台与用户之间的互动加强了,平台与品牌之间的联系也更为密切,从而推进了直播平台向产业链各端渗透。

3. 直播创新

"直播+"模式因为用户人群及其需求均能精准定位,有利于促进品牌内容的创新和产品的更新。例如,淘宝上有大量的淘女郎和模特,这些淘女郎各自拥有自己的粉丝和流量,在与粉丝的交流互动中,可以直接给粉丝推送产品。在直播期间,主播可以采取发放优惠券、点赞等多种形式活跃直播氛围,吸引用户关注、及时更新直播内容。

4. 标签设置

"直播+"模式通过细化直播内容使得对用户需求的获取更为精准。以"直播+电商"的形式为例,依据用户不同的风格、体型,对直播内容进行划分,进而提供不同的搭配风格,根据用户不同的需求推荐不同产品。直播可以通过不同的标签吸引不同的人群,如甜美、轻熟、森系、小个子、大码女装等,如图6-8所示。细化的直播内容和详情解答,使得用户能更快、更仔细地了解该产品,大大提升了用户的购买体验。"直播+"模式不仅能准确

图6-8　标签化的直播

满足用户的内在需求,降低用户的购买错误率,还能增强用户与平台之间的黏性。

5. 合作双赢

以"直播+电商"形式为例,将直播内容与产品相关联,不仅方便了用户购买,也能节省销售成本。利用"直播+电商"模式,能依靠主播的流量,达到产品短时间内良好的"促销效果",同时也能被热爱网购的年轻人青睐,让用户在观看直播的同时接受产品并购买产品,效果好的直播甚至能让某一产品脱销。通过直播进行的合作,可以实现合作方的双赢,甚至是多赢。

(二)增强直播内容的创意方法

1. 结合主播特长

结合主播特长,提升直播吸引力和增加直播内容创意性的方法包括以下几种。

（1）明确主题定位。根据主播的专业领域、兴趣爱好和个人特长，确定独特的直播主题，展示与主播特长相关的内容，如美食烹饪、摄影技巧、手工艺品制作等。

（2）设计创新形式。尝试不同的直播形式和互动方式，如设立问答环节、设置抽奖活动、进行线上挑战等，增加观众参与度和互动体验。

（3）设计跨界合作。与其他领域的专家或明星进行合作，结合不同领域的知识和技能，打造独特而有趣的直播内容，定期邀请其他具有相似特长或相关领域的嘉宾参与直播，分享经验、合作演出或进行专题讨论，拓展直播内容的多样性和创意性，吸引更广泛的观众兴趣。

（4）布置精心设计的背景或使用虚拟背景技术。营造出与主播特长相关的环境氛围，增加直播的视觉吸引力和创意性，运用故事化的方式来呈现直播内容，通过讲述真实或虚构的故事情节，吸引观众的情感共鸣和注意力，并将主播的特长融入故事中，还可以在直播中设置一些有趣的互动挑战，鼓励观众参与并展示自己的技能，例如舞蹈挑战、绘画比赛等，增加直播的趣味性和创意性，与观众进行互动，接受他们的建议、要求和提问，并在直播中做出实时回应，让观众感受到自己的参与度和影响力，增强直播的吸引力。

（5）创作独特的直播内容。主播可以尝试如原创歌曲、舞蹈编排、创意手工制作等，展示自己的才艺和创造力。最后定期收集观众的反馈和意见，了解他们对直播内容的喜好和建议，根据观众需求不断优化和调整直播内容，提升吸引力和创意性。

2．挖掘内容的垂直高度

以旅游类型直播为例，可以采用如下方法挖掘内容垂直度。

首先深入研究，对特定领域或主题展开深入研究，获取更多细节和知识，成为在该领域内具有权威性和专业性的主播。

接下来进一步挖掘背后故事，除了介绍表面信息，还要挖掘旅游景点、文化活动等背后的历史、传说和故事，通过讲述故事来丰富直播内容，吸引观众的兴趣，例如寻找目的地独特的活动或体验，如参与当地传统手工艺制作、学习特色舞蹈等，呈现出不同寻常的旅行内容；设计或推荐独特的旅行线路或行程，包括非常规的景点选择、特色餐厅、隐秘景点等，为观众带来新颖的旅行体验；与当地居民、文化保护者或民间艺术家合作，进行文化交流和互动，展示传统技艺、音乐、舞蹈等，加深观众对目的地文化的了解和兴趣。当然，也可以邀请相关领域的专家或学者参与直播，进行专题讨论、分享见解和经验，为观众带来更多深度的内容和思考。

同时，设计创新的互动环节，如观众提供旅行建议、投票选定行程中的活动等，让观众有机会参与直播内容的决策，增加观众的参与感。并且，通过与跨媒体融合，结合图片、音频、视频等不同媒体形式，打造丰富多样的内容呈现方式，增加视听效果和创意性，最后定期收集和分析观众的反馈和需求，了解他们对特定主题或内容的偏好，根据观众需求调整和优化直播内容，确保其垂直高度和吸引力。

3．借助热点造势

为了提升直播的创意性，还可以借助热点造势。

具体来说，可以通过关注时下热门的话题、事件或潮流趋势，并将其与直播内容相结合，例如举办与热门电影、音乐、体育赛事等相关的讨论、评论或解读直播；邀请领域内的专家、学者或权威人士参与直播，进行热点事件的深度解读、分析或讨论，为观众带来专业观点和见解，同时通过挑选与热点话题相关的特殊视角或观点，为观众带来新鲜、独特的思考方式和观点，从而增加直播内容的吸引力和创意性，并且在其他社交媒体平台上发布与热点话题相关的预告、花絮、亮点片段等，吸引更多观众关注并参与直播，利用直播平台的弹幕、评论区等功能，鼓励观众参与热点话题的讨论，听取他们的观点和意见，增加直播的互动性和创新性。

另外，如果条件允许，前往热点事件现场进行实地报道，展示真实、即时的情况和见闻，增强直播的真实感和创新性；或是与其他与热点话题相关的主播、KOL（Key Opinion Leader，关键意见领袖）或明星合作，共同举办活动或联动直播，选择适合热点内容的直播形式，如辩论、访谈、直播演唱会等，以不同的方式展示热点话题的多样性和深度，跨界合作能够带来更多的关注度和创意性；最后还需要保持及时更新，保持对热点话题的敏感度，及时调整直播内容，根据最新的发展和趋势进行更新，为观众提供有价值的信息和创新的内容。

4．激发观众参与

通过强化互动环节，激发观众参与提升直播的创意性，例如整合社交媒体平台，提前公布特定话题，鼓励观众在直播中分享自己的观点、经验和建议，形成多样化的讨论和交流，或是通过在直播期间发布关联话题、与观众互动的帖子或转播观众的留言，促进跨平台互动与参与，邀请观众投稿，鼓励观众提交自己的作品、照片、问题等内容，将其展示在直播中，增加观众的参与度和创意性，当然，也可以与其他主播、明星或专家进行合作直播，共同举办活动或讨论，吸引更多观众参与，并带来不同领域的创意和观点。

同时，通过设计具有互动性的环节，如抽奖、问答、投票等，组织与直播内容相关的小游戏、挑战或竞赛，邀请观众分享自己的故事、经历或见解，通过讲述故事的形式让观众积极参与并获得奖励，提高观看的趣味性和互动性，并给予他们奖励或回馈，从而增加直播内容的创意性和人情味。需要注意的是，及时回复观众的评论、问题和提问，在直播过程中与观众进行实时互动，增强参与感和亲密感。当然，也可以定期组织群体活动，如线上聚会、合唱、舞蹈等，鼓励观众以集体的形式参与，营造积极、欢乐的氛围。

最后，需要定期收集观众的反馈、建议和意见，结合他们的需求和喜好优化直播内容，增强观众参与感和满意度。

拓展知识

提升"直播+"模式的创新性和吸引力的方法

设计精彩的开场表演或介绍：吸引观众的注意力，营造紧张而期待的氛围，增加观众对直播的兴趣，使用原创或特别挑选的背景音乐，增添独特的氛围和情感色彩，或是使用创意道具或特殊装扮，营造与直播内容相符的视觉效果，吸引观众的好奇心和注意力。

选择与当前热门话题相关的内容进行直播：抓住观众的兴趣点，提高直播的曝光度和讨论度；同时设计趣味性强、能够吸引观众的参与互动环节，如抽奖、问答、游戏等，定期收集观众的反馈和建议，进行内容优化和调整，确保直播内容创意性与观众偏好的匹配。

创新内容形式或进行主题跨界合作：尝试不同的内容形式，如教学演示、实地探索、访谈对话、讲故事等，给观众带来新鲜感和多样化的视听体验；与其他领域的专家、明星或大V进行合作，打造独特而有吸引力的直播内容。

视频制作技巧：运用剪辑、特效、动画等视频制作技巧，提升视频质量和观看体验，增加直播内容的创意性和吸引力。

思政园地

大力发展"直播+"公益助农，建设美丽乡村

2020年4月20日，习近平总书记来到金米村调研，就在李旭瑛和几个同事为直播卖货做准备时，习近平总书记走到直播平台前，与他们亲切交谈，鼓励他们：电商在推销农副产品方面大有可为。于是，"史上最强带货诞生了！""直播助农有意义""我要买一包支持"……网友们的热情由此点燃。李旭瑛与做客直播间的柞水县张副县长携手向网友推介木耳，各大头部主播也同时在各自直播间里为他们直播带货，2000万网友抱着"直播助农"的热情席卷而来，几乎买空了店铺。可见网络直播营销的威力。

同步练习

一、单选题

1. 下列不属于直播特征的是（　　）。

   A. 真实性　　　　B. 实时性　　　　C. 互动性　　　　D. 严肃性

2. 在以电商直播平台为基础的直播营销产业链中,下列属于产业链中游的是（　　）。
   A. MCN机构　　　B. 批发商　　　C. 经销商　　　D. 用户
3. 以下叙述错误的是（　　）。
   A. 直播能及时、实时的销售互动　　　B. 直播能够实现更真实的商品感知
   C. 直播无法享受限时优惠和促销　　　D. 直播能实现精准营销
4. 直播避免触及的十大雷区不包括（　　）。
   A. 留微信或联系方式　　　B. 直播过程中拨打电话
   C. 直播中发放优惠券　　　D. 直播背景墙有广告水印
5. 以下描述错误的是（　　）。
   A. 促进农产品的流通和销售
   B. 很难能够扩大农产品的市场范围
   C. 让更多消费者了解、购买到优质的农产品
   D. 提高农民的销售额和收入

二、多选题

1. 关于直播电商模式与传统电商模式的比较，下列说法正确的有（　　）。
   A. 传统电商模式的消费路径是用户—商品，直播电商模式的消费路径是用户—主播—商品
   B. 传统电商模式的社交属性弱，直播电商模式的社交属性强
   C. 传统电商模式的用户消费方式为用户主动搜索商品，直播电商模式的用户消费方式为主播向用户推荐商品
   D. 传统电商模式的消费体验反馈主要是客服连接，情感联系不密切，直播电商模式的消费体验反馈主要是主播连接，与用户互动，情感联系密切
2. 下列属于教育类直播平台的有（　　）。
   A. 淘宝直播　　　B. 小鹅通　　　C. 美拍　　　D. 千聊
3. 在直播过程中，为了让用户加深对直播的兴趣，长时间停留在直播间，并产生购买行为，主播可以使用（　　）等方式。
   A. 营销话术　　　B. 发红包　　　C. 发优惠券　　　D. 才艺表演
4. "直播+"模式的特点包括（　　）。
   A. 满足个性化需求　　　B. 创新商业模式
   C. 强用户参与度　　　D. 扩大市场范围
5. "直播+"模式的类型包括（　　）。
   A. 直播+娱乐　　　B. 直播+电竞游戏
   C. 直播+知识教育　　　D. 直播+公益助农

三、填空题

1. 作为一种新兴的网络营销手段，直播营销具有三大优势，分别是_____、_____和_____。
2. 在很多直播间里，商品销售采取的是_____模式、主播直接对接品牌商/工厂的模式，减少了商品的流通环节，省去了商品在流通环节中产生的溢价，从而让商品获得了较强的价格优势。
3. 企业可以参考_____原则来制定直播营销目标，尽量让营销目标科学化、明确化、规范化。
4. 提升"直播+"模式的创新性和吸引力的方法包括结合主播特长、_____、_____和_____。
5. 直播策划是指规划和准备一场直播活动的过程，包括确定主题、_____、_____和_____等。

四、简答题

1. 一般来说，可以从哪几个方面进行策划直播内容？
2. 提升"直播+"模式的创新性和吸引力的方法可以有哪些？

任务实施

本任务通过分析最美乡村发展现状，通过短视频直播的方式，宣传最美乡村，吸引来自全国的游客来旅游，同时通过直播带货的模式，将最美乡村的美食带给全国的消费者。

（一）实训背景

"某"最美乡村位于某国家级风景旅游区附近，风景秀丽、气候宜人，此乡村以黄桃为主要经济支柱，拥有黄桃果园、黄桃食品公司和黄桃制罐公司，生产的黄桃罐头制品远销海外。村党支部非常注重村民的精神文明生活，通过建设娱乐中心、农家书屋等各种娱乐设施及自建舞蹈团队来丰富村民的人文生活，获得了大量好评。

现此乡村想要通过直播的方式，进行黄桃及黄桃产品的带货活动，借助直播展示最美乡村的人文美、风景美、生态美和产业美，促进村民增收，对其乡村旅游进行推广及宣传，请你根据以上所学知识为此乡村策划直播活动。

（二）实训目标

（1）了解"直播+"模式的丰富性。

(2)掌握带货类直播、带货助农类和旅游类直播策划的流程、方法和注意事项。

(三)实训内容

(1)了解"直播+"模式的类型及各类型的特点。

根据前期调研材料结合实训背景,分析并完成表6-1。

表6-1　　　　　　　　"直播+"模式的类型

类型	含义	特点

(2)分析实训背景,了解"某"最美乡村的发展状况,为此乡村确定合适的"直播+"模式。以实训小组为单位,分析根据前期调研材料结合实训背景,分析并完成表6-2。

表6-2　　　　　"某"最美乡村的"直播+"模式的选择

"某"乡村的特色	发展状况	适合的"直播+"模式

完成实训任务后,教师安排小组之间互相评比,随后教师对各个小组的实训做出评价。

任务七　主播的打造

随着直播电商行业的发展，直播间吸引粉丝的重点逐步从"流量"过渡到"留量"，如何通过"好主播+好内容"留住用户成为直播间的首要命题，越来越多的有着特殊专业技能、独特风格魅力的主播走向镜头前，分享着各类专业知识和技能。那如何能做好直播，留住观众呢？首先主播要在直播时出圈，就必须打造好个人IP，并做好直播创新运营策划。本章内容通过案例介绍各类主播人设的打造，帮助学生从理解人设的打造方法，到形成适合的主播人设打造路径。

案例导读

情景案例——主播人设打造

主播章某凭借一场热度超6亿的直播出圈，再次刷新了网友对直播带货的认知，同时也让市场看到了直播电商更大的想象空间。没有9.9包邮的吆喝，没有低价引流的运营手段，通过分享精致的生活方式以及对美的理解，主播章某用内容塑造了一个与众不同的直播间。

娓娓道来讲好产品

观察主播章某直播间可以发现，她卖的不仅仅是产品，还有美好生活的仪式感，她将自己多年的生活经历凝结在产品讲解中，让整个直播间充满了故事感，满足用户对贵妇生活的好奇心的同时，也提高了直播间的质感与格调。

比如在主播章某直播间卖断货的眼影盘，与众多主播从粉质、妆容、氧化程度等偏向使用技巧方面讲解不同，主播章某极其创造性地引用了15世纪末佛罗伦萨著名画家桑德罗·波提切利文艺复兴时期的壁画《春》，整幅画的色彩搭配成为她解读这个眼影盘的灵感来源，无形之中拉高了这个小众品牌眼影盘的档次，正是别具一格的讲解方式，该眼影盘在上架之后就很快售罄。

在细节上也能体会到直播间的品味，主持人称呼主播章某为"章小姐"，称选品人员为"编辑"，称顾客为"读者"，直播间则取名为"玫瑰梦想橱窗"，这样的表达方式给人一种新鲜感。有网友这样评价道："主播章某卖的不仅仅是货，还有造梦、品味和生活方式。"除了主播章某，很多名人、学者也先后在小红书开启了直播，总的来看，人文氛围与知识传达是其直播间的内容核心，而用户的良好反馈证明了这种直播风格的潜力，而这也意味着直播带货行业不再仅仅靠价格驱动，内容与品味驱动的直播间也成为一种潮流。

问题导学

1. 在直播内卷的当下，个人IP打造的关键在于什么？
2. 作为主播，从哪几个方面可以提升个人能力？

一、直播间准备

（一）直播间的设备

开展直播运营工作，首先要了解直播运营的相关设备，熟悉每种设备的具体应用方法，并能够根据直播主题、场景需要配备合适的直播设备。

直播间准备

1. 直播硬件设备配置

直播离不开直播设备的支持，直播设备的性能直接影响直播内容的输出，从而影响用户的视觉和听觉感受。直播团队要想带给用户良好的观看与购物体验，就要结合场景的需求，本着实用、好用的原则择优选择直播设备。

（1）计算机用于PC端直播、直播后台管理、脚本设计，以及修图、视频剪辑等。如果没有特殊需求（如游戏直播等），购买主流配置的笔记本或台式计算机即可。

（2）摄像头用于拍摄高清视频或者PC端直播时外接摄像头，如果直播间配备智能手机进行直播和拍摄高清视频，此项也可以省略。

（3）手机用于拍摄高清视频和直播，同时适用于室内直播和室外直播。做直播用的手机有两个重要指标，一是前置摄像头的分辨率，二是系统的运行速度。同时其运行内存尽可能不低于8GB，摄像头分辨率不低于1200万像素。

（4）直播一体机是一种集成了多种功能的智能设备，一键使用集成摄像、声卡、直播、导播、提词器、绿幕背景切换、互动为一体，高度集成化Windows系统设备。可触控实现对直播过程的全方位掌控和操作，如图7-1所示。

（5）支架用于固定手机、摄像头、话筒等设备，以保证直播画面的稳定。用于直播的主要有自拍杆式支架（图7-2）和三脚架式支架（图7-3）两种。

（6）补光灯用于获得比较好的视觉效果，能改善画质，提升画面轮廓，在补光灯的选择上，要注意色温、亮度、打光角度等问题，一般会用多个补光灯来打光。补光灯的类型主要包括柔光灯，其中包括柔光箱或柔光球（图7-4和图7-5）与环形灯（图7-6）。室内直播需要补充自然光时，可以优先选择柔光灯来模拟太阳光为主播补光。如果要拍摄人脸近景或特写，或者需要在晚上直播，就可以选择环形灯，以掩饰人物的面部瑕疵，起到美颜的效果。总之，直播间的光线布置应该根据直播风格和商品的类型来确定，直播团队应利用光学知识打造直播美学，营造美感。

（7）话筒用于直播收音，使声音更有层次，音效更饱满、圆润，目前直播主流的话筒有台式话筒（图7-7）和无线领夹式话筒（图7-8），耳机可以让主播在直播时听到自己的声音，从而更好地控制自己的音调、分辨伴奏等，一般可选择入耳式耳机、蓝牙无线耳机。

（8）耳机用于让主播在直播时听到直播间的声音，从而更好地及时调整音量，伴奏等。

（9）独立声卡用于收音和增强声音，可以解决大多数手机在直播过程中无法同时开启直播软件和音乐播放软件的问题。

图7-1　直播一体机

图7-2　自拍杆式支架

图7-3　三脚架式支架

图7-4　柔光箱

图7-5　柔光球

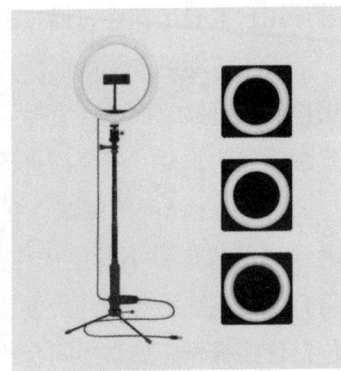
图7-6　环形灯

图7-7　台式话筒

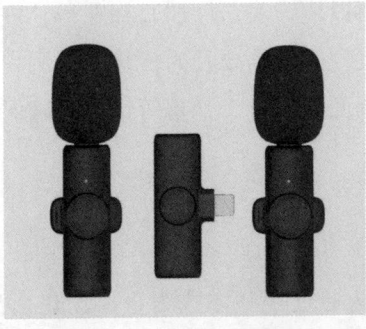
图7-8　两种无线领夹式话筒

（10）绿幕用于场景净化，方便直播软件抠像并填充虚拟背景用，可以让直播更生动，填充素材可以是PPT、图片、视频、特效等。

直播设备在满足直播需求的情况下，其配置应尽量精简。在稳定的无线网络支持下，如果有一体机，可以不配备手机支架等，如果没有一体机，主播需配备手机、支架、补光灯、移动电源等基础设备即可进行简单的移动端直播，这一般适用于展示体积小的商品，如珠宝、玩具、文具、饰品、工艺品、手机及其配套商品等。如果是美妆、服装等行业的直播，则可考虑使用外置高清摄像头进行PC端直播，或升级手机直播配置。

2. 直播软件设备调试

除了配齐硬件设备外，直播团队还需要对直播平台、直播App等进行初步设置及反复测试，以免由于操作不熟练或软件自身问题而在直播现场出现失误。软件平台未经设置的直播间，用户在进入直播间后可能无法直观地了解直播内容，很容易造成用户流失的情况。为了提升用户的留存率、减少现场跳出率，在选择直播间类别后，直播团队需要对直播封面、直播第一幕画面进行设置，以满足直播需求。

（1）直播封面信息设计。直播封面是用户进入直播间之前了解直播内容的窗口，好的直播封面可以提升直播间关注度。直播封面中的信息包括直播主题、直播时间、直播商品名、主播等，直播团队具体可以根据直播平台规则及活动需求进行设置，以达到能够让用户准确地抓住直播核心信息的目的。

（2）直播第一幕画面。直播团队应保持直播封面与直播第一幕画面的相关性，防止用户看到直播封面进入直播间后发现内容与直播封面不相关而产生心理落差，直播第一幕画面尤为重要，避免在直播前几分钟总是显示与内容无关或不和谐的杂乱画面。

（3）直播App的测试。在直播开始之前，直播团队需要对直播App进行反复测试，确保熟练操作，不发生操作失误。直播App的测试主要由两部分组成：第一是主播视角，主播应熟悉直播开始方法、镜头切换方法、声音调整方法等操作，主播视角的测试包括许多操作，如直播间介绍、封面设置、直播预告、录制权限设置、直播间送礼等付费功能的开启或关闭、直播可见范围设置、语音评论权限设置、敏感词设置、管理员设置、红包发放权限设置、观众匿名设置等，这些功能都需要主播在开播前按需设置完成；第二是用户视角，主播需要以用户身份注册直播账号，进入直播间观看，从普通用户的角度观察直播界面，如果发现问题需要及时优化。而用户视角的测试比较简单，主播进入直播间后可以查看直播画面、声音、弹幕等情况，确保用户观感。

（二）直播间的预告

1. 直播预告引流渠道

直播预告引流，即直播团队通过一些方式为直播预热，让用户提前了解直播的内容，以便对直播感兴趣的用户在直播开播后进入直播间，增加直播间的在线人数。

直播引流渠道，有私域流量渠道和公域流量渠道之分。直播团队可以通过在私域流量渠道和公域流量渠道共同进行直播宣传，快速提升直播活动的热度。

（1）私域流量渠道。直播团队可以进行直播引流的私域流量渠道有：电商平台店铺、微信公众号、微信朋友圈和社群等。

①电商平台店铺。拥有淘宝店铺（含天猫店铺）、京东店铺、拼多多店铺等电商平台店铺的直播团队，可以在店铺首页、商品页、商品详情页等宣传直播信息，以便关注店铺的平台用户，了解直播信息。

②微信公众号。直播团队可以创建微信公众号，然后在微信公众号中发布直播预热信息。微信公众号适合发布长文案，包括硬广告和软文，主播可以在文案中详细说明直播信息，包括直播主题、直播时间、直播福利、商品清单等。可以在微信公众号中以长图文的形式介绍直播信息，同时插入贴片或海报，更清楚地说明直播的时间和主题。

③微信朋友圈。直播团队可以在每个成员的微信朋友圈发布与直播相关的图文动态，作为直播预告。

④社群。社群推广是提升粉丝数量的一种有效方式。主播建立社群（例如微信群/抖音粉丝群等）的目的也是聚拢粉丝并增强粉丝黏性，从而提高对主播的忠诚度。主播利用社群进行直播预热时，可以提前透露一些直播消息，包括直播主题、福利等，吸引粉丝的注意。同时可以通过一些小活动激起粉丝的活跃度，加深社群成员对直播信息的印象，起到更好的直播预热效果。开播前，将直播开播信息发布在粉丝群内，以引导粉丝到直播间观看直播。预告方式可以是短视频，也可以是宣传图，还可以是文字。

（2）公域流量渠道。公域流量指营销者通过搜索引擎、社交媒体等公共渠道获取的流量。公域流量渠道，即平台渠道。常用的公域流量渠道包括抖音、快手、视频号等短视频平台，以及微博平台。

①短视频平台。在开播前，直播团队可以在抖音、快手、视频号等短视频平台发布短视频来预告直播信息。利用短视频发布直播预告的方式主要有以下两种。

第一种方式是由"常规的短视频内容+直播预告信息"制成的短视频，即直播团队发布含有直播信息的短视频。第二种方式是以直播预告为主要内容的短视频，即"纯直播预告式"的短视频。

②微博。微博适合短篇内容发布，在直播前，主播可以将直播主题、商品卖点、直播福利等信息简明扼要地列出，分享到微博上。对于主播而言，微博上的每一个活跃粉丝都可能是直播信息的传播者和直播营销的潜在对象。

2．直播预告引流的时机

（1）预告引流内容发布的时间。一般情况下，直播时间大多选择每天或者每周至少三天的晚上19：00—21：00，因为大多数上班族会在这一时间段休息，所以有可能观看直播。因此，这个时间段往往是直播间人数较多的时候，也是很多头部主播首选的开播时间。直播预告时间可以由直播时间倒推而来。由于直播预告的目的是引流，因此，直播团队需要在直播开播前就让目标用户看到直播预告。直播团队发布直播预告的提前时间不能太长，否则很容易让用户遗忘；但也不能太短，否则可能会影响预热效果。直播团队可以在正式直播前1到3天发布直播预告，为直播间引流。具体的引流内容，如引流短视频等的发布时间段，可以参考数据后台的账号粉丝在线活跃时间段进行发布，如图7-9所示。

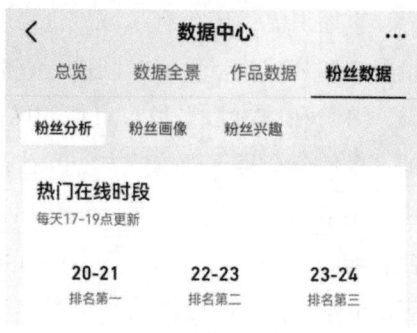

图7-9 某抖音账号粉丝活跃时间段

（2）预告引流内容发布的节奏。预告引流内容发布的节奏，也影响着引流的效果。例如，主播罗某在抖音平台的首场直播预告，其模式即如手机品牌的新品发布会一样，逐步放出消息，不断激发用户的好奇心（表7-1）。

表7-1 引流内容发布的节奏

平台	形式/内容	发布节奏/时间点	意义
微博	悬念式倒计时海报	每天2条	设置悬念，激发好奇心
	抖音视频同步分发		多平台分发，避免流量丢失
	合作品牌逐步官宣	临开播前3天	整合品牌资源，进一步造势
直播平台	悬念问题真人解答	每天1条	多为反问句，激发好奇心
	热门话题挑战		借助抖音话题，加大扩散力度
	抖音平台话题扶持	从入驻到开播前	引发自媒体大号的关注和讨论，做大话题
	直播间推荐入口	开播前至结束	对直播间持续曝光、引流

3. 大型直播营销活动的预告时间

区别于日常直播，很多大型直播营销活动，例如"双十一""6·18"或主播周年庆等大型直播营销活动开始前，需要进行一场规模较大的、影响力较广的直播营销活动，一般考虑在以下四个时间点进行宣传。

（1）提前一周。如果是一场新品推荐直播，直播团队可以提前一周在发布的短视频、图文中设定一些直播信息线索。例如，直播团队可在短视频中谈及跟新品特点相关的话题，或者在短视频中展示一段新品的生产视频，并在视频结尾说明"即将推出新品"的信息。

（2）开播前三天。在开播的前三天，直播团队需要发布一则短视频或图文来透露更多的新品和直播信息，其中包括优惠信息、开播时间和开播平台、邀请了哪些知名的直播嘉宾等。

（3）开播前一天。开播前一天，直播团队需要发布一则新品视频，在视频中提示观看的用户在留言中说一说对新品的看法，在视频结尾处再次展示明确的直播时间和直播平台，并邀请用户光临直播间。

（4）开播前半小时。直播团队需要在开播前半小时进行最后一次直播预告。预告中，直播团队需要介绍直播主题、核心内容，以及告诉用户"直播间有福利、有惊喜"，再次邀请用户光临直播间。

4．直播预告标题设计

预告内容决定直播预告引流的效果，优质的预告内容可以为直播间创造巨大的营销价值。直播团队需要尽可能地从预告标题、预告短视频和预告文案3个方面创作出有创意且贴合直播内容的预告内容，从而为直播引来优质的自然流量。

（1）直播预告标题的设计思路。预告标题作为观众首先看到的文字内容，必须经过精挑细琢才能让观众眼前一亮。同样的内容，采用不同的标题所达到的效果会相差很多。直播团队对引流内容的标题设计，可以从吸引力和表达力这两个维度进行思考。

①吸引力。用户只会关注自己感兴趣的内容，为了吸引用户观看正式内容，设计的预告标题需要贴合目标用户的阅览兴趣。为了抢夺用户的注意力，预告标题需要从用户出发，吸引用户注意力，从而引导用户点击标题并浏览正式内容。

②表达力。内容发展趋于短平快的时代，很多用户会往往只看标题不看内容，或不看完内容。因此，能够概括核心内容的引流标题，能让用户快速感知内容的要点。为了创作出有爆款文章或爆款短视频倾向的优质标题，直播团队需要对标题进行反复的设计与优化。

（2）直播预告标题的设计方法。想要高效快速设计出吸睛的预告标题，可以采用以下几种方法。

①数字化。数字化标题，即将内容中的重要数据或思路架构整合到标题中。数字化标题一方面可以利用吸引眼球的数据引起用户注意，另一方面可以有效提升标题阅读的效率。

②名人化。在互联网世界，信任是很多行为的基础。很多人会先考虑来自好友推荐的商品，其次是专业人士推荐的商品，最后是陌生人推荐的商品。基于此，如果直播内容中涉及专业人士或名人的观点，那么直播团队可以将其姓名直接拟入标题，以增加吸引力。

③经验化。真实的案例比生硬的说教更受欢迎。在标题中加入"历程""经验""复盘""我是怎样做到"等字眼，可以引起用户对于真实案例的兴趣。

④体验化。体验化语言能够将用户迅速拉入内容营造的场景，便于后续的阅读与转化。直播团队可以在标题中加入体验化语言，包括"激动""难受""兴奋"等情感类关键词及"我看过了""读了X遍""强烈推荐"等行为类关键词，引导用户的情感，将用户迅速拉入观看内容的场景中。

⑤稀缺化。对于稀缺的商品或内容，用户普遍容易更快做出决策，从而点击浏览或直接购买。直播团队可以在引流标题中提示时间有限或数量紧缺，以提高内容的浏览量。例如，某品牌限量500单，快抢！

⑥热点化。体育赛事、节假日、热播影视剧、热销书籍等，都会在一段时间内成为讨论热点，登上各大媒体平台热搜榜。如果直播团队发布的内容可以与热点相关联，在标题中加入热点关键词，可以增加内容的点击量。

⑦神秘化。用户对于未知事物，通常有猎奇心理——越是神秘，越想一探究竟。例如，"你绝对不想错过的直播，我将会给你带来一场前所未有的体验！"或者"本周末的直播，我将会带你参观一个世界上最神秘的地方！"再或者"我将会与一位顶尖专家进行一场独家对话，揭示行业内的最新趋势！"这样的文案能够让观众感到期待，想要了解更多关于直播的内容。这样的文案能够让观众产生强烈的兴趣，增加他们观看直播的欲望。

5. 直播预告短视频设计

直播预告引流短视频的目标主要有两个：一是增加直播信息的曝光量，让更多人来观看本场直播，为直播引流；二是增加本场直播的粉丝量。但是无论是哪种目标，都必须以观看用户的视角出发，深度挖掘用户观看诉求，这样才能为直播成功引流。在以用户为中心进行直播预告短视频设计时，可以将预告短视频设计为如下六种类型。

（1）以预告抽奖福利为主的短视频。以预告抽奖福利为主的短视频，时长一般在15~30秒，以热情的方式告诉用户，直播间会送什么礼物或者哪些福利，以此来呼吁用户光顾直播间抢福利。如果用户对福利感兴趣，就会在指定时间进入直播间。因此，在这种短视频中，福利必须有足够的吸引力，直播团队需要尽可能地设置用户皆知的高价值的福利商品。

（2）符合直播主题的情景短剧类短视频。直播团队也可以根据直播主题策划一个情景短剧。这类短视频，一般由两人或多人一起表演，来表达一个有感染力的主题，激发用户的痛点，引发用户的情感共鸣，使其主动点赞、评论和转发。在引流短视频的内容策划中，有感染力的主题包括爱情、创业、逆袭、家庭、亲情这5种类型。

（3）以知识传播为主的短视频。干货类和技能分享类短视频是非常实用且容易"涨粉"的短视频类型，这类短视频包括PPT类短视频、讲解类短视频、动作演示类短视频和动画类短视频等。这类短视频有助于打造主播的"专业"人设。直播团队可以在这类短视频的结尾处加入直播信息。

（4）商品测评类短视频。商品测评是以商品为对象进行测评，直播团队通过对某种商品进行使用体验，或按照一定的标准做功能性或非功能性的检测，然后分析结果，做出评价，分享给用户，帮助用户从众多商品中筛选出质量有保障、体验感好、适合自己的商品，从而促成消费。

（5）实地走访类短视频。实地走访指主播亲自到跟商品相关的实际场景中探访与体验，并将过程分享给用户。实地走访类短视频适用于餐饮（即"探店"）、旅游、"海淘"商品、农产品等，可以记录饮食的生产场景、景点的实际场景、海外商品的销售场景，以及农产品的生长环境，增强用户对直播间商品的信任，引导用户进行消费。

（6）以直播片段为主的短视频。直播片段式短视频也是直播团队常用的引流短视频。直播团队通过拍摄即将直播的内容片段，介绍即将直播的商品，让用户提前感受直播场景，吸引用户在指定时间到直播间观看。

6. 直播预告文案撰写

引流文案主要解决用户的一个疑问：为什么要去看直播？因此，直播团队必须给出直播间的特色，写出直播间能够为用户解决什么问题或者带来什么利益。在此基础上，通过促销活动、制造紧张感和稀缺感，引导用户在直播间产生消费的兴趣。常见的引流文案包括以下几种。

（1）互动类文案。一般采用疑问句或反问句，这种带有启发性的开放式问题不仅可以很好地制造悬念，还能为用户留下比较大的回答空间，提升用户的参与感。

（2）叙述类文案。通常指直播团队对画面进行的叙述，给用户营造置身其中的感觉，使其产生共鸣。直播团队在撰写叙述类文案时，需要根据直播主题和商品的特点，选择有场景感的故事。

（3）长篇文章。直播团队一般可以在微信公众号上发布长篇文章，文章图文并茂，准确地告诉目标用户为什么要开直播、要开一场什么样的直播，以及什么时间在什么平台开直播。

（三）直播团队的搭建

直播团队的搭建没有固定模板，主要根据企业的实际需求搭建，分为以下两种情况。

1. 直播团队配置和分工

很多刚开始直播创业的人员都是以个体户或小微型企业起步的，因此直播团队人数较少，随着规模的扩大，直播人数可以逐步增多，关于直播团队配置，主要可以有以下几种方法。

（1）简配版。2人团队包括1名主播和1名运营，具体分工如表7-2所示。

表7-2 简配版团队分工

岗位	职能
主播	熟悉商品文案、策划及撰写直播话术、准备自身服装及直播间道具、引导直播间用户关注、介绍直播间促销活动、介绍及展示直播间商品、用户答疑、营造直播间氛围,以及对直播内容进行复盘总结等
运营	选品、定价、制订促销方式、竞品分析、直播平台活动运营、研究直播平台运营规则、策划直播间的促销活动、撰写商品文案、上架及下架商品、调试直播设备、监测直播效果、配合主播表演,以及对直播内容进行复盘总结等

(2)基础版。4人团队包括主播、编导、助理和运营各1名,具体分工如表7-3所示。

表7-3 基础版团队分工

岗位	职能
主播	熟悉商品、熟悉直播话术、介绍直播间促销活动、介绍及展示直播间商品、用户答疑、营造直播间氛围,以及对直播内容进行复盘总结等
编导	研究竞品、策划主播人设、策划商品介绍节奏、策划及撰写直播话术、直播前沟通和预演、监测直播效果,以及对直播内容进行复盘总结等
助理	上架及下架商品、调试直播设备、引导直播间用户关注、配合主播表演、提醒主播、传递直播间样品等
运营	选品、定价、制定促销方式、直播平台活动运营、研究直播平台运营规则、策划直播间的促销活动、撰写商品文案,以及对直播内容进行复盘总结等

(3)升级版。升级版直播团队需配置主播2名,编导、助理、运营和选品各1名。具体分工如表7-4所示。

表7-4 升级版团队分工

岗位	职能
主播	熟悉商品、熟悉直播话术、介绍直播间促销活动、介绍及展示直播间商品、用户答疑、营造直播间氛围,以及对直播内容进行复盘总结等
编导	研究竞品、策划主播人设、策划商品介绍节奏、策划及撰写直播话术、直播前沟通和预演、监测直播效果,以及对直播内容进行复盘总结等
助理	上架及下架商品、调试直播设备、引导直播间用户关注、配合主播表演、提醒主播、传递直播间样品等
运营	直播平台活动运营、研究直播平台运营规则、策划直播间的促销活动、撰写商品文案的,以及对直播内容进行复盘总结等
选品	了解用户需求、招募品牌商和供应商、选择商品、开展价格谈判、维护供货商关系,以及协助处理售后事务等

（4）高阶版。"高阶版"直播团队需要配置2名主播、1名编导、1名助理、1名运营、1名选品、1名场控、1名客服。场控主要任务是为主播提供音效，管理直播间互动的人员，直播带货的场控一般可以是直播助理或者由运营兼职。客服是贯穿直播全流程的中枢神经，通过直播中的实时互动解决用户问题、提升转化效率、保障用户体验，并将用户洞察反馈至运营各环节以提升运营效能，其余角色分工职能同表7-4。

（5）顶配版。"顶配版"直播团队由于运营团队的扩大，直播团队可以充分了解直播平台的运营规则、活动规则、用户推送规则，关联自媒体平台的用户运营策略，以及直播行业的发展趋势、消费趋势、竞品动态等信息，从而通过专业化的运营，有策略地加强直播账号和主播的影响力。在岗位安排上，按照现实的业务需求，直播团队可以继续对某些工作进行人员补充。在人数设置上，直播团队也几乎没有上限。总之，构建直播团队，需遵循"因事设岗，按岗招人，调适匹配"。

2．直播营销部门和直播营销公司

（1）直播营销部门。大部分企业目前在电商直播转型，一般来说，已经较为成熟的企业有两种直播销售模式：其一，将直播销售业务全部外包给专业的直播营销公司，这种情况下，企业不需要自己组建直播团队；其二，企业内搭建直播营销团队进行直播营销。一般来说，企业直播营销的目的是想通过直播来实现企业的品牌营销或商品销售。如果成立直播营销部门的主要目的在于品牌营销，那么，直播营销可以归属于市场营销部门或新媒体营销部门旗下，企业可能并不需要专门招募人才。当成立直播营销部门的目的在于商品销售，企业则需要配置专业的直播营销团队。

专业的直播营销团队，需要根据直播营销的流程搭建团队。一般来说，按照直播前中后来对直播的各项工作进行规划。直播前：运营团队需要做好直播账号定位、账号的前期维护及账号粉丝运营；选品团队选择合适的商品及制定促销策略；主播团队尽可能熟悉直播中所要销售的商品，策划及撰写直播脚本，设计直播话术等。直播中：拍摄团队布置直播间、负责直播内容拍摄；主播团队进行现场直播，负责直播间的用户关注引导、促销活动引导、介绍商品、展示商品、直播间气氛营造、解答用户疑问等内容。直播后：拍摄团队负责保管拍摄设备；运营团队负责统计直播销售数据并开展数据分析；选品团队对接直播商品售后服务等。

根据直播流程的具体工作内容，可以建构图7-10的直播营销部门组织架构。

（2）直播营销公司。直播营销公司与直播营销部门的运营目标不同。企业的直播营销部门，主要价值是帮助企业销售商品，直播时商品的销售量越高越好。

而一个独立的直播营销公司，其价值在于获得品牌合作商的认可，从而吸引更多的品牌商与其开展合作。因此一个专注于直播营销的公司，不仅需要专业的主播人才和拍摄人才，还需要更多策划人才、运营人才及商务人才。具体组织架构图如图7-11所示。

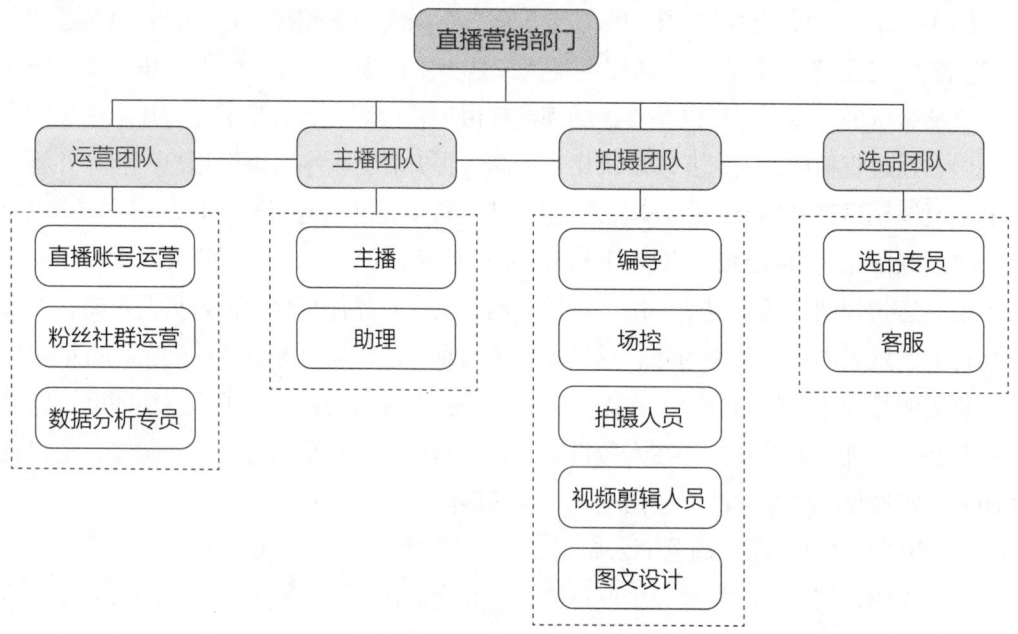

图7-10　直播营销部门组织架构

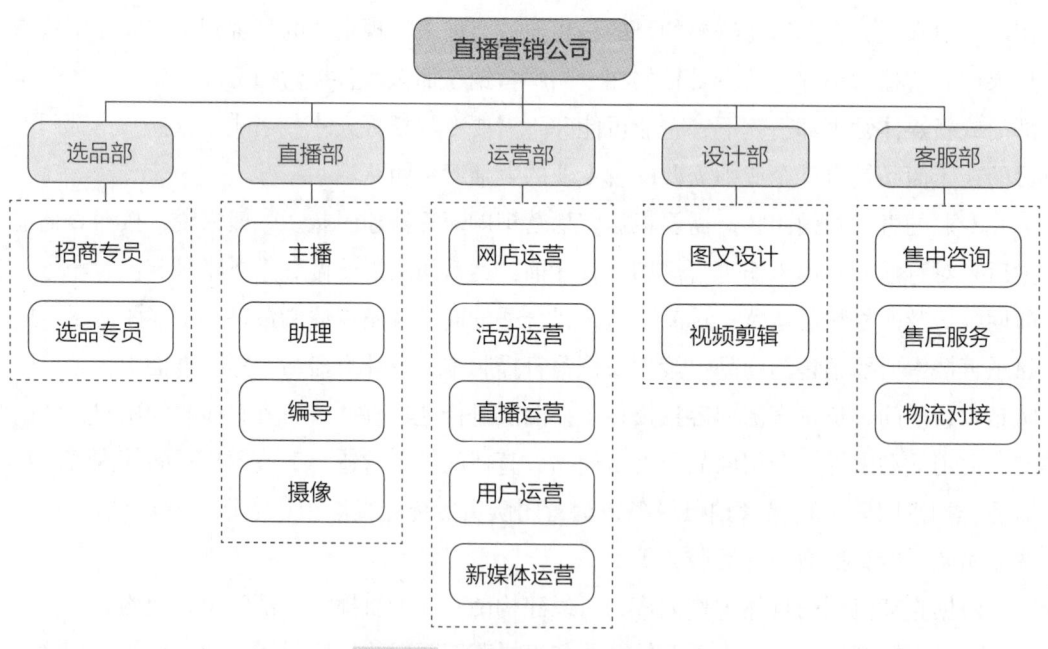

图7-11　直播营销公司组织架构

中小型的直播营销公司一般由选品部、直播部、运营部、设计部、客服部构成，不同部门的分工如下。

（1）选品部。包括招商专员和选品专员，负责商务合作谈判及选品，并制定合适的价格策略。选品专员选品时，需要注意商品的质量、定位、优势等。

（2）直播部。包括主播、助理、编导及摄像。直播营销公司与品牌商的直播营销部门不同，因为需要不断通过直播为公司带来收入，所以需要配置不止一名主播，还需要为主播配置助理。而编导则需要根据主播的风格和用户属性，策划直播脚本、话术脚本等，还需要组织搭建直播间、组织拍摄和录制，负责现场的调度与控制；摄像需要监控直播全过程，保证直播质量，还需要协调与沟通直播过程中的各个环节。

（3）运营部。负责网店运营、活动运营、直播运营、用户运营及关联的新媒体运营。

（4）设计部。负责公司的图文设计和视频剪辑工作。

（5）客服部。负责直播间的售中咨询、售后服务及物流对接工作。

如果是中型以及大型的直播营销公司，可以扩充增加采购部、物流部、行政部、人力资源部、财务部等部门或者根据项目重新搭建项目部或事业部的组织架构，例如，直播公司可以根据产品类型设置不同的直播账号，并搭建如零食饮料事业部、服饰事业部等事业部类型的组织架构。

二、主播个人IP打造

一场直播活动由主播、招商、场控、运营、美工等人合力策划而成，其中，招商、场控、运营、美工等主要负责幕后工作，而主播则是直接面向用户，通过网络平台和电视直播形式为消费者推荐商品、演示商品使用方法、解答问题等，从而吸引消费者购买相关商品。因此，如何塑造符合品牌形象的主播形象是直播实施的首要任务。通过打造独特的外在形象、塑造个性鲜明的主播风格以及创作富有吸引力和独特性的内容IP，可以有效打动观众，提升直播影响力和收益。

主播个人
IP的打造

（一）主播的人设塑造

主播是电商直播的灵魂。优秀的主播自带流量，而想要成为优秀的主播，首先需要具备鲜明人设。

优秀的主播具有独特的人格魅力，人格魅力就是来源于粉丝对主播的外貌、穿衣打扮，以及性格或个人特色等方面的固有形象，在直播间里，主播可以通过一些方法强化塑造出自己的人设，让自身的定位更加鲜明立体，从而使粉丝通过一个关键词或者一句话就能记住。人设的塑造一定要有记忆点，没有记忆点的人设都不是成功的人设。

1. 人设的类型

如何才能打造出有记忆点的人设？根据"与用户的关系"，主播可以结合个人特长，从以下几种类型中选择出适合的人设角色，即专家型、知己型、榜样型、偶像型/颜值型。

（1）专家型即在某一学科、行业或某项技艺上有较高造诣的专业人士，已经拥有某个领域或多个领域的知识体系，能够有效解决领域内的各种问题，也能够通过写作、演讲等方式持续输出行业内的专业知识。通过输出专业的知识内容，打造自己的专业形象，塑造个人品牌。

（2）知己型即女性用户群的"女闺蜜"，男性用户群的"好兄弟"，都是知己型人设。

（3）榜样型即在某个或某些方面能力突出，堪称榜样，也称作"达人"。

（4）偶像型/颜值型即拥有比较突出的才艺特长或外在形象，拥有偶像型人设的主播更适合推广跟潮流相关的品类，如美妆、服饰、影音、运动、旅行商品或服务等。

2．人设塑造的四大步骤

策划主播的人设时，可以根据直播间主要销售商品的品类或直播间主要用户群的消费偏好，选择合适的人设；也可以根据主播个人的特点，如年龄、形象风格、语言风格等特点，为其策划合适的角色。为更好地将直播间商品品类、用户画像和主播特点三者进行结合，直播团队可以从以下四个步骤来打造主播的人设，分别是主体分析、人设呈现、信息传达、引导共鸣。

步骤一　主体分析

直播团队首先需要从主播的外貌、性格、行为、习惯话术等维度去分析主播具有的特点。例如，某电商MCN公司现有三名需塑造人设的新主播，我们可以将这三名主播的各个维度特点整理汇总成表格，如表7-5所示。

表7-5　　　　　　　　主播自身特点

主播	外貌	性格	行为	习惯话术
A	颜值型	高冷严肃	金句迭出	Oh My God!
B	亲民型	风趣幽默	表情丰富	我的天哪
C	生活型	热情真诚	手势多样	买它买它买它！

步骤二　人设呈现

根据商品售卖目标群体需求和主播的特征进行匹配，包装出具有凝聚力的主播人设和口号，人设呈现思路如图7-12所示。

如何结合图7-12进行主播人设的呈现呢？举例说明：某电商MCN公司最近刚刚签约了一家农产品经销商，这家经销商想尝试直播销售农产品。首先进行最基层的需求分析：即用户的需求。用户对农产品的核心诉求是绿色无污染和美味可口。

对于需求深度分析，需要从我是谁、我要干什么和解决什么需求三个方面着手。首

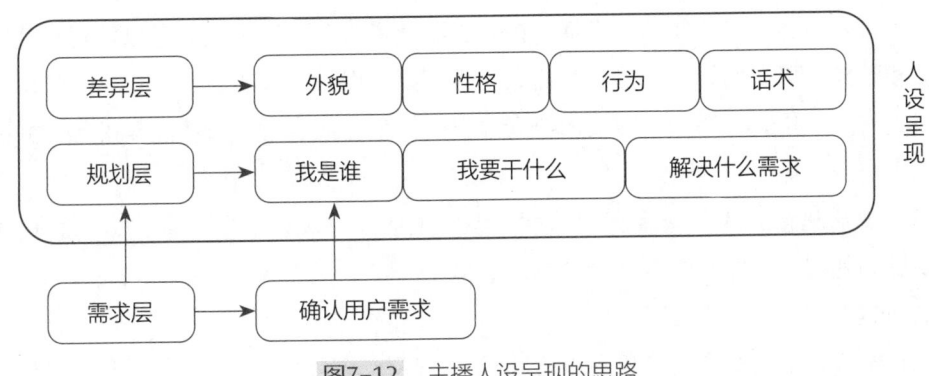

图7-12 主播人设呈现的思路

先,我是谁?用户想要绿色无污染的产品,因此主播需要变身农产品体验师。第二,我要干什么?主播需要用直播的方式带领用户去农产品生产基地寻找产品。第三,解决什么需求?主播需要解决用户对绿色无污染、美味可口的农产品的需求。

在差异层方面,需要从外貌(普通人长相,普通穿着)、性格(朴实热情,诚恳不做作)、行为(动手能力强,亲自采摘农产品,现场品尝并给出中肯的评价)及话术(吃完表现出开心状,并连说"买它!买它!买它!"等)四个角度考量。综合需求层、规划层和差异层,我们可以得出,品牌需要一个接地气、生活气息浓厚的、能四处寻找优质农产品的人设定位,要传达给用户的理念是"原生态的才是最健康的",直播室的口号是"寻找大自然的美味"。

按上述流程分析完毕后,再对比第一步主体分析中的表格,发现主播C非常适合。主播C和运营人员可以试拍样片并观看样片效果,并一遍一遍打磨流程和包装要素。

步骤三　信息传达

在宣传过程中要高频率的曝光主播的人设,并用口号、文案、图片对用户进行强化记忆。经过长时间强化,从而为接下来引发用户共鸣打好基础。

步骤四　引发共鸣

让用户发自内心的认同主播的理念,必须依靠高质量的商品。通过激励引导用户给出真实评价,进而带动直播间其他用户认可主播的人设。

(二)主播的形象塑造

在竞争日益激烈的直播行业,直播主播只有不断提高自身才艺水平或专业能力,才能在这个行业有立足之地,否则只会被市场淘汰。主播作为公众人物,需要做好自身形象的设计,以提升直播内容的视觉效果。

1. 着装

直播间中,首先给人最直接的视觉感受就是着装搭配,得体的着装能够在无形中增加主播的个人魅力,因此在直播服装搭配选择中,需要着重考虑以下三点。

（1）直播内容。主播要结合直播的内容类型、场景等来搭配服装，以体现直播画面的和谐和整体之美。例如，主播在销售茶的直播间可以身着汉服。

（2）自身形象。主播选择服装应符合自身的特色，适合自身形体、年龄等，并能够适当展现自身风格。

（3）观众观感。从观众观感的角度来说，主播的着装要文明、大方，切忌过于暴露，要做到礼貌、得体，营造健康的网络环境。

2. 妆容

化妆不仅是主播对个人形象的重视和提升，还体现了主播对观众的尊重，具体妆容的情况需要结合直播主题和内容的需求，但需要坚持的一个原则就是得体大方。

对于销售美妆类型的直播来说，为了更好地体现美妆的使用效果，主播的妆容可以适当浓一些；而对于其他类型的直播来说，主播化妆时要考虑观众是否能接受，不要为了追求个人的美而采取一些特立独行的妆容，可能会引起观众的反感。

（三）主播的语言艺术

在直播中，语言是主播思维表达的体现，通过主播的语言，观众可以直观地感受到主播的内在修养。说话是一门艺术，一位主播即使外在条件非常出众，如果语言缺乏艺术，也无法让观众持续地观看直播。

1. 主播语言的基本原则

（1）语言真诚得体。语言的得体本质上是出于真诚。而真诚还有它另外一面，那就是避免过于客套，失去心理的纯真自然。绕弯过多，礼仪过分，反而显得不够坦诚。与网友聊天交流，谦逊礼让是很有必要的。大多数情况下，我们需要在尊重观看者的基础上，用直抒胸臆的语言艺术，还事物以真面目。真诚的语言是主播与网友打交道很重要的技巧。

此外，为提升直播间氛围，很多主播会在直播时讲一些幽默的段子激发观众兴趣，但是主播必须注意说话的分寸，把握好尺度，不能开低俗的玩笑，也不能用别人的短处和痛处开玩笑，更不能谈论敏感话题，否则很可能会导致直播终止或者账号被封。

（2）学会聆听。主播与观众说话时，不仅要懂得如何说，还要懂得如何听。只有认真聆听观众对自己意见的回馈，才能确定观众是否有在听直播，以及观众是否理解直播所讲。此外，主播通过聆听可以形成双向沟通，更好地了解到观众所思所想，以便抛出观众关心感兴趣的话题，观众因为感兴趣而更想听和回馈，以此形成主播与观众交流的正向循环。

2. 寻找有趣的沟通话题

在直播过程中，只要有话题，就能不断地和观众产生互动。主播可以通过以下方法来寻找话题，以避免因为无互动而冷场尴尬。

（1）寻找共同话题。人们都喜欢与自己有共同点的人谈话，同频共振才能形成共鸣。因此，主播在直播过程中，可以基于大数据给出的用户画像，寻找共同的兴趣、地域、职业、经历等，这样有助于加深彼此情感，拉近主播与观众之间的心理距离。

（2）以提问激发互动。提问是一种非常有效地激发观众互动的手段。例如主播可以就观众的兴趣领域进行提问，并根据观众的回答进行进一步沟通和下一步的提问互动。

（3）用幽默引发互动。幽默的表达方式是吸引观众的要点之一，乐观幽默的主播自然而然地为直播营销出欢乐和谐的氛围，从而带动观众一起互动。

3. 直播主播的常用话术

（1）自我介绍。精彩、得体的自我介绍有利于加深观众对主播的印象。自我介绍既可以是幽默风趣的，也可以是中规中矩的；既可以在才艺表演结束后进行自我介绍，也可以在很多观众刚进直播间时进行自我介绍。

举例：大家好，我是一名新主播，今天第×天开播，还有很多不懂的地方，如果有什么地方做得不够好，希望大家多多见谅！

大家好，这里是××的直播间，欢迎大家的到来！

（2）留人话术。留人话术是指利用各种福利、抽奖活动，利好政策留住观众和意向客户。因为直播间不停会有新进的粉丝，前面讲过的福利，如果不重复表达，后进的新粉丝就无法得知福利，而导致粉丝的流失，所以福利活动要贯穿全场，5~10分钟重复提醒一次，用福利来留住直播间的粉丝。

举例：点击详情页，就能领取主播为大家争取的粉丝专属福利。

直播间的家人们，12点整的时候我们就开始抽免单了啊，还没有点关注的家人上方点个关注，加入我们的粉丝团，12点整就可以参与抽免单了。

（3）互动话术。互动是算法评价直播间是否优质的关键指标。互动包括直播间内关注、评论、点击购物车、点击商品、送礼物、加入粉丝团等。因此，在开播时，要基于开播目的，尽量引导用户进行有效互动，其中点赞、评论、关注，相对来说是最简单，也是性价比最高的。

举例：欢迎××（昵称）进入直播间，点关注，不迷路。

欢迎朋友们来到我的直播间，主播是新人，希望朋友们多多支持，多多点赞！

新进来的朋友帮主播点点关注，粉丝到达100万，就会抽取××（大奖）。

（4）产品讲解话术。带货类直播需要主播通过专业的产品讲解话术，让消费者通过直播了解产品的具体参数。主播可以应用产品数据举证、专业化介绍、场景化介绍让消费者具象化了解产品，打破直播销售的空间限制。

举例：上市当天销售突破8000份。（数据举证）

32%的顾客都会回购（回购率），好评率99%。（数据举证）

A15仿生处理器，支持5G。（专业化介绍）

这瓶香水的味道就好像下过雨的小森林的清新。（场景化介绍）

（5）促单话术。带货类直播需要主播通过促单话术，才能让更多消费者完成下单从而实现转化。常用的方式有价格锚点和限时限量限地。

①价格锚点。商品价格的对比标杆。通过原价和直播间产品价格的对比，让观众切身感受到直播间商品的价格便宜从而引发下单。

举例：天猫旗舰店的价格是79.9元一瓶（价格锚点）我们今天晚上，第1瓶79，第2瓶不要钱（直播低价），再送雪花喷雾噢，这1瓶也要卖79块9毛钱（超值福利）。

②限时限量限地。是通过直播话术营造出商品的稀缺性，让消费者因怕错失的心理进而下单购买。

举例：还没抢购的朋友们抓紧了，我们还有3分钟下播，下播后立马恢复原价。（限时）

今天的优惠数量有限，只有100个，卖完就没有了。（限量）

库存还剩最后50件，20件，没有了。（限量）

今天这个价格只在我的直播间有。（限地）

（6）结束话术。直播结束不是戛然而止的，需要通过告别加直播预告的形式来结束直播。其中，告别的内容主要是表达对观众的感谢，让观众感受到主播的感激。

举例：感谢各位观众的陪伴，我会继续努力做好直播！

谢谢大家的支持和鼓励，我会更加努力的！

直播预告是指通过一定的手段，在观众和浏览者中拉动兴趣，为在直播中将要分享的内容进行预先介绍的一种形式。直播预告活动可以帮助直播者获得更多的关注度和观众人群。它也可以在建立起口碑和话语权前帮助确定更多感兴趣的观众。

直播预告作为一种为直播活动引流的重要途径，可以帮直播产生更多的观众，而且观众在进入直播时会有更多的偏好和认同感。在预告中，主播通过介绍直播的内容，精准吸引有需求的观众，从而在直播流量提升的同时获得更多的转化。

举例：今天的直播到此结束，我们来预告一下明晚的产品。明晚有：……大家今晚辛苦了，明晚7点我们不见不散哦，拜拜。

（四）"直播+"模式主播人设

（1）搞笑娱乐模式。搞笑娱乐模式类型中，主播主要通过幽默的语言和动作以及相关服装、化妆和道具等营造直播间氛围，让用户感受到浓浓的搞笑氛围，从而停留在直播间。

（2）知识教育模式。知识教育模式的直播，往往需要专家型或达人型主播坐镇。专家一般是各行各业中对自己所处行业比较精通的人。

（3）公益助农模式。公益助农模式的直播对主播的人设并没有局限，各类主播均可从事公益助农。

（4）直播带货模式。直播带货模式中，主播有多种人设的可能，因此不拘泥于某种人设的打造，主播只需要按照账号定位、产品定位和行业定位综合打造出适合的人设即可。

（5）影音解说模式。影音解说模式的直播中，很多主播可以选择不出镜只负责出声解说或者编辑解说文本并后期配音，观众关注的主要内容是从解说中收获一定的知识，或者获得一定的快乐。

（6）电竞游戏模式。电竞游戏模式类型的直播，一般需要专家型的选手进行直播演示操作。

（7）体育健康模式。体育健康模式的直播，一般主播多为某方面的运动专家，主播人设一般为专家型和偶像型/颜值型的结合体。

三、主播专业能力的提升

（一）主播基本能力提升

在竞争日益激烈的直播行业，主播必须不断提高自身的才艺或专业能力，才能在这个行业有立足之地，否则只会被市场淘汰。作为一名合格的主播，各个方面的能力都是很重要的，都是需要不断提炼和提升的，尤其是以下四个方面能力的提升是很重要的。

主播专业
能力的提升

1. 表达能力

在一场直播中，最重要的就是表达，主播的声音、音调、语速、语气等都会影响观众观看的感受。在直播的时候，如果说话的声音很小，观众不仅听着很费力，而且很容易会有昏昏欲睡的感觉；如果发音含糊不清，观众无法听懂，进而会影响购买。因此，主播的说话表达能力很重要，这是一个需要不断练习提升的能力。

2. 学习能力

直播不仅要口齿伶俐，还需要有比较强的学习能力，这样才能把产品讲清楚说明白，让消费者了解商品的优势，进而下单购买。比如，你直播的品类是服装，就要对服装搭配、颜色搭配、穿衣风格等等有一定深度的了解。因此无论直播的品类是什么，都要对这个领域的知识有一定的了解和掌握，这样才能在直播的时候详细讲解和介绍。此外，直播想要达成产品交易，必须做好充分的准备，尤其对于新主播来说，具备整场直播的脚本撰写和文案写作的学习能力，并且能够与时俱进地根据平台算法的不断更新，学习新的直播话术和产品介绍方法也是一个主播必备的能力。

3. 外观装扮

对于主播，在外观上也是有一定要求的，主播形象代表着其所在公司以及所推广产品的品牌形象，因此需要做到，穿着得体，妆容整洁，要让整个人显得精神。

4. 亲和力

最后，这一点在直播中也是比较重要的，要有一定的亲和力。在直播中，绝大部分消费者与主播之间彼此都不认识，在这种情况下，要想给大家留下好印象，亲和力是很重要的。相反，如果本身就很具有亲和力，乐观开朗，这样容易拉近自己与消费者之间的距离，让消费者主动互动，更容易营造出热闹的直播间氛围。

（二）直播文案的技巧提升

想要将直播安排得井然有序，需要整场直播的全体人员围绕共同的目标进行直播。整场直播脚本是对直播流程和内容的细致说明，可以使直播团队各岗位人员根据工作职责实现默契配合，其主要内容如表7-6所示。

表7-6　　　　　　　　　　整场直播脚本

直播脚本要素	内容说明
直播时间	明确直播开始到结束的时间，如2023年3月26日15：00—19：00
直播地点	明确直播地点，如：××直播室
直播主题	明确直播主题，使用户了解直播信息，如"××品牌秋装新品上市特卖""××文具旗舰店开学大乐购"
直播目标	明确直播目标，是以积累粉丝为主，还是以提高销售额为主等，注意要将直播目标设定为可量化的指标，以便衡量直播效果
商品数量	注明商品的数量
主播介绍	介绍主播的名字、身份等
人员分工	明确直播参与人员的职责，如主播负责讲解商品、演示商品功能、引导用户关注、下单等；助理负责协助主播与用户互动、回复用户问题等；场控/客服负责商品上下架、修改商品价格、发货与售后等
注意事项	说明直播的注意事项，如多讲解××系列新品、××时间开展××活动等，提高用户活跃度，增加粉丝数量
直播流程	直播流程应规划详细的时间节点，并说明开场预热、商品讲解、用户互动、结束预告等环节的具体内容

完成直播策划后，接下来就需要撰写直播脚本了，直播脚本主要分为整场直播脚本和单品直播脚本两种。

单品直播脚本是基于单个商品的脚本设计,其核心是突出商品卖点,它对应整场直播脚本的商品推荐部分。以农产品为例,其单品直播脚本设计可以围绕品级、大小、色泽、细节特点、适用场景、搭配方法等进行说明。单品直播脚本一般以表格的形式呈现,包含商品导入、商品卖点、商品利益点、引导转化等要素,如表7-7所示为某农产品的单品直播脚本示例。

表7-7　　某农产品的单品直播脚本示例

话题引入	有没有××情况的朋友? 例如:有没有和我一样,一直想吃又脆又香甜苹果的朋友?						
产品讲解	产品名称	产品图片	产品卖点	利益点	场景设计	粉丝答疑	备注
	××大苹果		1. 产地优势 2. 味道优势 ……	备注:该产品的日常价、今天活动到手价、赠品等	1. 试吃 2. 厨艺秀(如切苹果兔子等)	根据产品痛点、产品使用场景,如,苹果沙拉或苹果蛋糕等预设粉丝问题,并现场展示答疑。	备注:是否有可以组合讲解的产品
粉丝互动	1. 互动时间节点 2. 互动模式 3. 互动礼品(如果送奖品是否包邮,是否需要下单才送,邮寄是否随订单)						
促单话术	A-性价比说辞	例:如果领到券,今天在我直播间相当于以平时一箱的价格今天能拍到两箱!(其实券不限量,但是加上如果,营造一种紧张的氛围)					
	B-稀缺说辞	1. 限时限量 2. 直播间咨询、下单,营造抢购氛围 3. 满×××赞,转发直播间抽奖福利放送					

> **拓展知识**
>
> 单品讲解中,话题引入可有可无,产品讲解也不是必须在粉丝互动之前,讲解时间可以根据直播间实时人气数据进行实时调整,如果在线人数下降,可以通过采取互动拉高实时在线人数再讲解产品。

整场直播脚本中的直播时间、直播地点、直播主题、商品数量等应按实际的直播情况填写,直播流程则需详细具体,这样才便于主播把控直播节奏。整场直播脚本中的直播时间、直播地点、直播主题、商品数量等应按实际的直播情况填写，直播流程则需详细具体，这样才便于主播把控直播节奏，如表7-8所示为整场直播流程示例。

表7-8　　　　　　　　　　　整场直播流程示例

时间段	流程规划	人员分工		
		主播	助理	场控/客服/运营
20：00—20：10	开场预热	自我介绍，向进入直播间的用户问好，介绍开场直播截屏抽奖规则，强调开播时间，简单介绍今日主推款商品，引导进入直播间的用户关注直播间	演示直播截屏抽奖的方法，回答用户的问题	向各平台分享直播间链接，收集中奖信息
20：11—20：20	活动剧透	简单介绍本场直播的所有商品，说明直播间的优惠情况	商品配套展示，补充主播遗漏的内容	向各平台推送直播活动信息
20：21—20：25	商品推荐	讲解、试吃第一款商品，全方位展示商品外观，详细介绍商品特点，回复用户问题，引导用户下单	协助主播讲解商品，回复用户问题	发布商品链接，回复用户关于订单的咨询，收集在线人数和转化数据
20：26—20：30	商品推荐	讲解、试吃第二款商品	协助主播讲解商品，回复用户问题	发布商品链接，回复用户关于订单的咨询，收集在线人数和转化数据
20：31—20：35	红包活动	与用户互动，发放红包	提示发放红包的时间节点，介绍红包活动规则	发放红包，收集互动信息
20：36—20：40	商品推荐	讲解、试吃第三款商品	协助主播讲解商品，回复用户问题	发布商品链接，回复用户关于订单的咨询，收集在线人数和转化数据
20：41—20：45	商品推荐	讲解、试吃第四款商品	协助主播讲解商品，回复用户问题	发布商品链接，回复用户关于订单的咨询，收集在线人数和转化数据
20：46—20：50	福利赠送	与用户互动，开展福利赠送活动	提示福利赠送的时间节点，介绍福利赠送活动规则	收集中奖信息，与中奖者取得联系

续表

时间段	流程规划	人员分工		
		主播	助理	场控/客服/运营
20:51—21:00	商品推荐	讲解、试吃第五款商品	协助主播讲解商品，回复用户问题	发布商品链接，回复用户关于订单的咨询，收集在线人数和转化数据
21:01—21:05	商品推荐	讲解、试吃第六款商品	协助主播讲解商品，回复用户问题	发布商品链接，回复用户关于订单的咨询，收集在线人数和转化数据
21:06—21:10	福利赠送	与用户互动，开展福利赠送活动	提示福利发放的时间节点，介绍福利赠送活动规则	收集中奖信息，与中奖者取得联系
21:11—21:15	商品推荐	讲解、试吃第七款商品	协助主播讲解商品，回复用户问题	发布商品链接，回复用户关于订单的咨询，收集在线人数和转化数据
21:16—21:20	商品推荐	讲解、试吃第八款商品	协助主播讲解商品，回复用户问题	发布商品链接，回复用户关于订单的咨询，收集在线人数和转化数据
21:21—21:25	商品推荐	讲解、试吃第九款商品	协助主播讲解商品，回复用户问题	发布商品链接，回复用户关于订单的咨询，收集在线人数和转化数据
21:26—21:30	结尾活动	活动后告别，预告下场直播并引导关注加粉丝群	引导关注，再次促单，演示操作	发放福利，引导互动

整场直播流程中，涉及单品讲解的部分，可以配合使用单品直播脚本进行产品讲解。

四、直播平台入驻技巧

要想开展直播运营，需要先选择运营平台，直播运营人员可以在抖音、快手、视频号、淘宝、微博、京东、美团等平台开展直播，因此直播团队在直播前，需要根据自身的战略规划和发展需求，选择入驻合适的直播平台。本书主要介绍用户常用的五个直播平台。

直播平台入驻技巧

1．抖音直播平台入驻

抖音直播平台主要是指抖音App。直播团队可以用抖音发布直播，客户通过观看直播购买产品，直播团队可以在抖音后台查看订单信息与客户沟通。抖音直播的用户其实就是抖音的用户，直播的用户特征与抖音平台的用户特征一致。

抖音直播营销主要有以下特点：第一，营销方式多样；第二，变现方式多；第三，主播门槛低，潜在竞争压力大。

2．快手直播平台入驻

相对于抖音，快手起步更早，2018年，快手联合淘宝和有赞，推出了"快手小店"与电商服务市场。2021年，快手调整了直播生态，开始大力扶持"腰部"主播，给予他们更多的流量支持。

在快手直播的推广中，用专门设计的短视频内容和即时的、时长不限的直播间内容来引流，内容对于直播间的潜在用户来说都非常友好。

3．视频号直播平台入驻

自2020年10月，视频号开通直播功能后，流量入口不断增加，微信公众号运营者在视频号直播中扛起了大旗。视频号开通直播功能后，一直在对其进行优化。如今的视频号直播功能相较于之前的版本，流量入口增加不少。

视频号拥有近乎微信全量的用户基数，包含抖音、快手、淘宝、京东等平台还未覆盖的人群，而公众号积累的老用户也为视频号直播提供了新的机会和市场。在视频号观看直播的用户，主要是视频号账号的粉丝。因此，视频号更容易做私域直播。

视频号直播的营销特点有两点。第一，视频号的推荐方式与抖音、快手的推荐方式不同，不但有兴趣推荐，还有社交推荐。相对来说，社交推荐所占的比例更大。独特的社交推荐机制可以帮助直播间快速积累人气，顺利度过冷启动期；第二，熟人之间的社交关系是视频号直播区别于其他平台直播的独特优势。然而，这个优势却意味着，一个短视频能否获得用户的点赞，关键可能并不在于内容是否迎合用户的兴趣，而在于其是否符合用户的品位。

4．淘宝直播平台入驻

淘宝直播专用平台是点淘，此外，未下载点淘的用户也可以在淘宝内收看淘宝直播。相对于其他直播平台来说，淘宝直播具有以下营销特点：第一，以电商为中心，品牌效应和店铺效应更明显；第二，商品品类多、供应链完善；第三，主播的销售能力更强；第四，鼓励打造城市产业带，方便用户更好地选择。

5．微博直播平台

不同于抖音和快手以短视频起家，微博是以图文起家的。一直以来，微博都是大众交流观点的常用平台之一。即使很多用户喜欢观看短视频，但用户讨论热点事件、热点人物时，大多是使用微博。微博经过10多年的发展，积累了诸多领域的KOL。这些KOL

能够长期输出优质内容，凭借知识分享和观点输出，聚集粉丝，塑造个人影响力。

微博直播的用户主要为微博用户，微博用户所涉及的领域非常广，其中包括知名度很高的影视行业的从业者、文化领域的名人以及知名企业的高管。知名度高的人很容易获得普通用户的关注，拥有大量粉丝，成为其所在领域的KOL。

微博直播有不同于其他平台直播的独特营销价值，微博是年轻人聚集的地方。除了有学习知识的需求，年轻人也有交流讨论生活、情感和职场话题的需求。此外，因为聚集着不同领域的KOL，微博也成为一个能让KOL和年轻人进行理性、深度讨论的平台。

此外，京东、美团等也开设了直播。不同的直播平台有不同的用户特色和营销价值。因此，直播团队需要根据自身发展战略，结合不同平台的用户特点和营销特点，选择更适合自身发展的直播平台。

思政园地

偷逃税被罚，主播人设崩塌

2021年12月20日，国家税务总局杭州市税务稽查局通报，网络主播黄某在2019年至2020年期间偷逃税款6.43亿元，其他少缴税款0.6亿元。税务部门依法作出对黄某追缴税款、加收滞纳金并处罚款共计13.41亿元的处理处罚决定。

数据显示，该处罚刷新了名人因偷逃税被罚款的最高额。随着网络直播行业的快速发展，越来越多的年轻人选择成为网络主播，通过各种平台展示自己的才艺，吸引粉丝和观众。然而，在这个行业蓬勃发展的同时，也存在着很多偷逃税的现象。近年来，不少网络主播因涉嫌偷逃税款而受到税务部门的查处，经营多年的人设顷刻崩塌。

网红逃税现象不仅损害了国家税收利益，也影响了社会公平正义。因此，国家在加强对网络主播的税收监管的同时，也需要网络主播自主提升法律意识，杜绝偷税逃税行为。作为未来从事直播行业的学生，应树立正确的价值观，合法经营直播，共同维护社会公平正义。

同步练习

一、单选题

1. （　　）是用于收音和增强声音的设备，可以解决大多数手机在直播过程中无法同时开启直播软件和音乐播放软件的问题。

   A. 独立声卡 　　　　　　　　B. 耳麦

   C. 一体机 　　　　　　　　　D. 蓝牙耳机

2. （　　）用于场景净化，方便直播软件抠像并填充虚拟背景用，可以让直播更生动，填充素材可以是PPT、图片、视频、特效等。
   A．一体机　　　　　　　　　　B．耳麦
   C．话筒　　　　　　　　　　　D．绿幕

3. "新进入直播间的朋友，点关注，不迷路。"是以下哪种话术？
   A．留人话术　　　　　　　　　B．互动话术
   C．产品讲解话术　　　　　　　D．促单话术

4. 以下哪项不属于私域流量渠道？
   A．微博　　　　　　　　　　　B．微信朋友圈
   C．社群　　　　　　　　　　　D．抖音粉丝群

5. （　　）负责制定促销方式、直播平台活动运营、研究直播平台运营规则、策划直播间的促销活动、撰写商品文案，以及对直播内容进行复盘总结等。
   A．主播　　　　　　　　　　　B．运营
   C．美工　　　　　　　　　　　D．招商

二、多选题

1. 目前在运营的带货类直播平台包括以下哪几个？（　　）
   A．微博　　　　B．微信视频号　　　C．抖音
   D．快手　　　　E．映客

2. 抖音直播营销主要有以下哪些特点？（　　）
   A．营销方式多样　　　　　　　B．供应链完整
   C．潜在竞争压力大　　　　　　D．年轻人聚集多
   E．商品品类多

3. 想要高效快速设计出吸睛的预告标题，可以采用以下哪几种方法？（　　）
   A．数字化　　　　B．名人化　　　　C．神秘化
   D．经验化　　　　E．幽默化

4. 直播团队最少需要包括以下哪几个岗位的人？（　　）
   A．美工　　　　　B．运营　　　　　C．招商
   D．主播　　　　　E．管理

5. 预告短视频设计为如下几种类型？（　　）
   A．以预告抽奖福利为主的短视频　　B．符合直播主题的情景短剧类短视频
   C．以知识传播为主的短视频　　　　D．商品测评类短视频
   E．实地走访类短视频

三、填空题

1. _____是指营销者通过搜索引擎、社交媒体等公共渠道获取的流量。
2. _____负责了解用户需求、招募品牌商和供应商、选择商品、开展价格谈判、维护供货商关系，以及协助处理售后事务等。
3. _____直播平台有以下营销特色：第一，以电商为中心，品牌效应和店铺效应更明显；第二，商品品类多、供应链完善；第三，主播的销售能力更强；第四，鼓励打造城市产业带，方便用户更好地选择。
4. _____是用户进入直播间之前了解直播内容的窗口。
5. 直播引流渠道，有_____流量渠道和_____流量渠道之分。

四、简答题

1. 人设塑造的四大步骤是什么？
2. 主播必备的能力有哪些？

任务实施

（一）实训背景

"某"最美乡村位于某国家级风景旅游区附近，风景秀丽、气候宜人，此乡村以黄桃为主要经济支柱。黄桃果形圆整丰满、色泽金黄亮丽、口感果香浓溢。该村立足黄桃种植优势，创新建立"黄桃产业党支部+专业合作社+基地+农户"的发展模式，建成2000余亩黄桃产业基地。联合街道内多家种植大户、水果罐头加工龙头及包装厂等配套企业，形成种植、采摘、加工、包装、出口一条龙产业链，直接提供就业岗位2000余个，年对外销售罐头近3万吨，出口创汇达2000多万美元，"黄桃之村"的美名享誉全省。目前，村党支部希望通过直播营销推广，将黄桃销售到国内各地。

现此乡村想要通过直播进行黄桃罐头的推广及带货，请你根据以上所学知识开展实训。

（二）实训目标

掌握直播团队搭建、直播人设打造和直播带货营销的全流程。

（三）实训内容

（1）分组进行直播团队的组建，并明确小组每个同学的分工和具体职能，根据前期调研材料结合实训背景，分析并完成表7-9。

表7-9　直播团队搭建

姓名	岗位	岗位职责

（2）分析团队主播特色专长，为主播进行人设打造前的定位。

以实训小组为单位，讨论分析并完成表7-10。

表7-10　"某"最美乡村的主播定位

主播姓名	特色专长	适合的定位

（3）撰写直播带货流程和直播带货脚本，开展一场直播带货。

请选择你身边的1~3款黄桃产品，参考表7-8撰写整场直播带货流程，并参考表7-7为单品撰写直播脚本。

完成实训任务后，教师安排小组之间互相评比，随后教师对各个小组的实训作出评价。

任务八 直播电商运营

直播电商运营指通过对直播内容的策划、制作、推广一系列活动,实现直播内容的优化和变现的过程。其中,直播变现是直播运营的最终目的,直播电商数据分析是直播内容优化的重要手段。因此,本任务将从直播变现的常见模式,直播电商数据的分析进行讲解,并以抖音直播运营实战案例进行运营分析。

案例导读

"晚会+直播+购物"形式

2021年9月21日晚,"湾区升明月"2021大湾区中秋电影音乐晚会在深圳湾体育中心盛大举办。这是首次以大湾区为主题、同时覆盖港、澳及内地的国家级晚会,200余位港澳台及内地(或大陆)艺人登台表演,阵容空前。与音乐及星光同步辉映的,是舞台之下7个直播间的带货热力。继首届"粤港澳大湾区购物节"开幕日后,"湾区升明月"于中秋节再度开启购物节直播,集结电影频道主持人、中央广播电视总台主持人、深圳卫视主持人、抖音主播及众多电影人、音乐人的力量,持续助推众多湾区好物。

这场直播不仅有众多电影频道主持人坐镇主直播间,更有大湾区官方好物推广大使、抖音主播6人,分别领衔六个子直播间。当日"七星拱月"互动直播,3小时内销售额即破亿,全天现场直播间观看人数破亿,临结束前仍有近200万观众不断涌入主直播间观看选购。直播结束后,主办方公布了该场晚会的传播热度分析和讨论词云图。据统计,全网直播观看总量超4亿,节目《湾》《敢爱敢做》《东方之珠》等多首歌曲深受观众喜爱。晚会播出后,全网讨论热度不减,回看持续升温。"湾区升明月"话题阅读量不断上涨,破圈突围席卷全网,这才是真正的圆梦之夜!2021年9月2日至22日,首届"粤港澳大湾区购物节"总参与消费者达1.9亿人次,总销售额超1000亿元。

问题导学

如何知道整场直播的基础数据,直播时长、粉丝量、带货口碑、人气数据以及带货数据,如何判断直播间的控场人气和带货效果,需要通过分析直播间数据得知。因此要想让下一次直播效果更好,必须在下播后进行直播复盘。

1. 直播带货模式有哪些?
2. 直播间数据分析的评估指标有哪些?

3．如何进行抖音直播运营？

一、直播变现

直播的目的是实现变现，获得盈利。目前，直播最常见的变现方式有直播带货、优质内容付费、观众打赏、广告植入或代言等。主播要从自身特点与自身能力出发选择适合的变现方式。

直播变现

（一）直播带货变现

直播带货的模式是通过直播吸引人气，聚集流量，当主播的人气和流量积累到一定程度，就可以在直播中通过销售或推广商品进行变现盈利。

1．常见的直播带货模式

直播带货模式一般有两种类型，一种是主播自己经营店铺，通过直播对商品进行推广，直播平台就相当于一个宣传平台；另一种是主播为某些店铺做商品推广，负责在直播中推广该店铺的商品，观众在观看直播时可以直接挑选并购买商品，主播从店铺方赚取佣金。

具体来说，常见的直播带货模式有以下几种。

（1）店铺直播模式。店铺直播模式就是主播在直播间里依次介绍在售商品，或者由观众在评论区留言告诉主播自己需要并想要购买的商品，然后主播按照观众的需求展示并介绍相应的商品，整个直播的内容就是主播介绍并展示商品。在这种模式中，商品是影响直播带货效果的关键因素。

（2）直播分享商品。目前，一些直播平台开通了直播分享商品功能，帮助主播拓宽内容变现渠道。主播在直播平台开通商品橱窗展示功能，或者在直播平台开设小店后，可以在商品橱窗或小店中上架商品，观众在观看直播时可以看到商品链接，通过点击链接即可跳转至商品购买页面。

（3）产地直播模式。产地直播模式指主播将直播间搬到线下的商品生产基地、果园等场地进行现场直播，向观众展示商品的生产环境、生产过程等。

例如，在推广和销售农副商品的直播中，主播可以在自然环境中展示商品的真实样貌，观众通过主播的镜头能够看到蔬菜、水果、手工品等商品的生产或制作环境，从而引起购买兴趣。

（4）达人模式。达人模式指主播对某个领域有着非常深厚的专业认识，对该领域内的商品也了如指掌，并在该领域具有较高的影响力，是该领域中商品消费的意见领袖，主播通过直播的形式向观众推广该领域的商品。在达人模式中，观众通常对主播有着较高的信任度，对其推荐商品的认可度较高，愿意购买这些商品，因此主播推荐的商品可以获得非常好的转化率。

（5）砍价模式。砍价模式指主播拿到商品后，向观众分析商品的优点和价值，待观众提出购买意向后，货主报价，主播砍价，价格协商一致后三方成交。主播从中赚取购买者的代购费和货主的佣金。

（6）秒杀模式。秒杀模式指主播与品牌商进行合作，在直播中发布一些秒杀商品，吸引观众购买。主播为品牌商导流带动商品销量的同时，也会为观众争取一些福利。主播的带货能力越强，越容易获得品牌商的青睐，主播就越容易拿到折扣力度低的商品。在这种模式中，主播的收益主要来自"坑位费"和品牌商支付的佣金。

（7）基地走播模式。基地走播模式指主播到直播基地进行直播。很多直播基地是由专业的直播机构建立的，能为主播提供直播间、商品等服务。直播基地通常是用于其自身旗下的主播开展直播，或者租给外界主播、商家进行直播。在供应链比较完善的基地，主播可以根据自身需求在基地挑选商品，并在基地提供的直播场地中进行直播。

基地搭建的直播间和配置的直播设备大都比较高档，所以直播画面效果比较理想。此外，基地中的商品会在抖音店铺或天猫店铺中上架，主播在基地选好商品后，在直播时将商品链接导入自己的直播间。因为这些商品都是经过主播仔细筛选的，所以比较符合自己直播间观众的需求，而且基地提供的商品款式非常丰富，主播不用担心缺少直播商品。一般情况下，在基地进行直播时，主播把商品销售出去后，基地运营方会从中抽取一部分提成作为基地服务费。

（8）直播间定制模式。直播间定制模式就是主播根据观众提出的需求，采取原始设计制造商（Original Design Manufacturer，ODM）生产模式或原始设备制造商（Original Equipment Manufacturer，OEM）生产模式推出直播间特有的商品款式，从而吸引观众购买。直播间定制款有利于保证商品的品质，能够更好地满足观众的个性化需求，但这种模式的操作难度较大。

2．直播带货选品

影响直播带货最终收益的因素除了主播本身具备的带货能力外，商品的选择也是一个非常关键的因素。选品就是主播通过体验商品来验证商品的使用效果，根据行业数据和自身经验来判断该款商品的质量和使用效果等，然后在直播中向观众推荐商品。

主播要想做好直播带货，首先要学会为观众考虑。从观众的角度来说，他们需要的是高性价比的、能够解决其某种需求的商品。如果主播推荐的商品解决了观众遇到的某个问题，甚至商品的使用效果超出了他们的预期，那么观众就会记住这种商品，也会记住向其推荐商品的主播，并且愿意为其做口碑推广。

具体来说，主播在选择直播商品时可以从以下三个维度出发，从而有效地提升直播交易额。

（1）分析市场需求。主播要选择符合市场需求的商品，如夏季卖防晒用品、遮阳伞等。主播也可以建立直播粉丝群，在粉丝群中通过询问、投票等方式了解粉丝需要什么样的商品，然后根据粉丝提出的需求进行选品。

（2）分析粉丝群体的特征。有些主播本身积累了一定的流量，拥有一定数量的粉丝，在选品时就要分析自己粉丝群体的特征，了解粉丝群体的性别、年龄和消费能力等情况。在选品时，主播一定要考虑商品是否适合自己的粉丝群体。不同的粉丝群体所需要的商品类型会有所不同，消费能力也有所不同。例如，某个主播的粉丝群体都是爱好运动、健身的男生，那么主播向他们推荐美妆类商品显然就不合适了。

（3）分析商品的特点。主播在选品时，除了考虑市场需求、粉丝群体特征外，还要分析商品的特点，要保证推荐商品的性价比和质量，避免因为推荐劣质商品而给自己造成消极影响。在分析商品的特点时，主播可以从以下几个维度来考量。

①选择自己感兴趣的商品。所选商品与主播之间要有一定的匹配度，最好选择自己感兴趣的商品，这样主播才能更有底气地向观众介绍商品的特点与价值。

②商品的价格。商品的价格不仅是观众重点关注的问题之一，还是影响主播佣金和抽成等收益的重要因素。因此，主播在选品时，一定要选择性价比高的商品，这样的商品不仅能够赢得观众的良好评价，还能保证主播的定价优势与利润空间。

③商品的质量。在直播带货中，商品的质量、对主播的信任以及价格优势是促成交易的主要因素。因此，主播在选品时，不一定要执着于商品的品牌，商品质量过硬才是选品的重点。商品质量不仅会影响观众对商品的评价，还会影响主播带货的口碑。如果主播推荐的商品质量不好，观众购买之后就会有上当受骗的感觉，认为主播在欺骗观众，会对主播做出差评，这样很容易造成主播口碑下滑，严重时甚至会影响主播的职业生涯。因此，主播在向观众推荐商品之前，一定要先体验商品的使用效果，效果好了才能向观众推荐。

④商品的供应链。爆品之所以火爆，商品的供应链是关键因素之一。无论是商品的价格优势，还是商品质量、利润空间等，直接影响这些的都是背后的供应链管理能力。主播、MCN机构、商品供应链是相辅相成的关系，如果任何一个环节没有做好，都会对其他环节的运作造成不良影响。如果主播有了高端供应链的支持，不仅可以做到商品款式定制化，保证商品的质量和价格优势，还能保护粉丝的利益，降低退货率，保证自己的收益。

（二）内容付费变现

目前，市场上的直播模式多种多样，一对一直播、在线教育等优质内容付费模式的直播逐渐流行起来。优质内容付费变现指观众支付一定的费用后才能进入直播间观看直播。

1. 内容付费变现的优势

与其他变现模式相比，内容付费变现模式具有以下优势。

（1）有利于提高观众黏性。在信息泛滥的时代，由观众自己认可并为此支付过一定费用的内容，其观众留存和黏性都远远超过普通的免费内容。

（2）变现收入比较稳定。内容付费模式的观众人群较为稳定，大多是愿意为优质内容付费的人，他们观看直播的目的非常明确，就是为了学习，因此主播要创作出适合目标观众需求的优质内容。由于高质量内容的不断沉淀与积累，观众愿意长期为优质内容付费。同时，优质内容的设置还会刺激观众自主转发与分享，扩大优质内容的影响范围，拓展优质内容的盈利渠道。由此可见，优质内容付费模式具有长尾效应，而长尾效应是保证主播收入稳定的主要因素之一。

（3）有利于形成正向循环。主播创作的直播内容的质量越高，吸引的付费观众就越多，而观众愿意为直播内容付费也是对主播的认可，能够对主播给予正向激励。在正向的反馈循环下，有利于促进网络直播生态的健康发展。

2. 内容付费变现的模式

目前，比较常见的优质内容付费变现模式有三种类型。

（1）先免费再付费。对于有着优质内容但直播业务的发展尚处于初创期的主播来说，其可以采取先免费再付费的变现模式，即先通过提供高质量免费直播内容的方式来吸引观众关注主播和直播内容，让观众逐步对直播内容产生兴趣，等积累到一定数量的粉丝，且粉丝对直播内容形成一定的黏性后，再逐步推出付费的直播内容。

（2）限时免费。限时免费的模式通常是主播或直播平台将某些直播内容在某个时间段内设置为免费，过了这个时间段，这些直播内容就会通过付费的方式出现，以刺激观众及时关注主播和直播内容。

（3）折扣付费。为了吸引观众的关注，主播和直播平台还可以采取折扣付费的方式，通过制造直播内容原价与折扣价值的差异，刺激那些对价格敏感的观众付费观看。

（三）打赏模式变现

打赏指观众在直播平台上付费充值，购买虚拟礼物和道具送给自己喜欢的主播，直播平台再将这些虚拟礼物和道具折换成现金，由直播平台和主播按照一定的比例进行分成。如果主播隶属于某个工会，则由工会和直播平台统一结算主播获得的虚拟礼物和道具，最终主播获得工资和部分提成。

随着直播平台的不断升级和优化，各大直播平台礼物系统中的打赏礼物和道具也越来越多样化，从普通礼物到豪华礼物，再到能够影响主播排名的热门礼物、VIP观众专属的守护礼物等，无一例外都是为了刺激观众付费，提高平台收益。

（四）承接广告变现

当一些主播拥有了一定的名气之后，不少商家就会看中其直播间的流量，委托主播为他们的品牌或商品做宣传,而商家向主播支付一定的推广费用。对于直播主播来说,通过广告实现变现常见的方式有两种,一种是在直播内容中植入广告,另一种是为品牌或企业做代言。

1. 广告植入

广告植入指在直播内容中直接或间接地插入广告。这种变现方式经常出现在电视剧、电影和网络视频中,随着直播行业爆发式的发展,加上一些有名气的主播的超高流量的吸引,很多企业愿意在直播中植入广告。

2. 为品牌或企业做代言

直播经济的发展催生了一批颇有名气的主播,他们拥有大量的粉丝,很多品牌或企业正是看到了这些主播背后的巨大流量,才邀请他们为自己的品牌或商品做代言,所以为品牌或企业做代言也成为直播变现的一种方式。

对于主播来说,为品牌或企业做代言时需要注意一些问题。首先,在选择代言对象时,主播需要综合考虑自身粉丝群体的类型,以及自身的风格是否与代言对象的特质相符;其次,要考虑代言费的问题,主播可以在综合考虑自身实力、代言商品价值的基础上确定代言费。

直播主播为品牌或企业做代言需要主播拥有数量庞大的粉丝做基础,主播在直播领域也要有较高的影响力,甚至要有自己的运营团队,影响力较小的主播通常不具备为品牌或企业做代言的实力。

二、直播电商数据分析

现在,已经有越来越多的商家意识到数据是直播电商运营坚实可靠的后盾。不通过数据分析就决定运营策略的商家,在大数据时代都将被淘汰。随着直播电商行业的竞争越来越激烈,数据分析作为一种有效的营销武器逐渐进入商家视野。熟悉数据分析基本思路、掌握数据分析的效果评估指标、才能做好直播电商的复盘及改进。

直播电商
数据分析

(一)数据分析基本思路

数据分析是通过数据的形式把直播电商各方面的情况反映出来,使运营者更加了解直播电商的运营情况,便于运营者调整运营策略。

随着直播电商企业规模的不断扩大,管理数据日益复杂,运营者如果仅仅依赖于传统的管理手段已经很难匹配现代化的电商企业管理要求。因此,为了实现现代化的科学管理以及对复杂的管理数据进行识别和分析,满足企业快速成长的需求,运营者就必须充分认识到数据分析对直播电商发展的重要性,重视数据分析工作,提高数据分析的质量，保障数据分析的精准度。那么要进行数据分析，首先要明确数据分析的目的。通常来说，数据分析的目的主要有以下六种。

（1）通过数据分析发现问题，找到问题症结所在。

（2）通过数据分析有针对性地找到解决问题的方法。

（3）通过数据分析挖掘用户需求。

（4）寻找直播间数据波动（数据上升或下降都属于数据波动）的原因。

（5）通过数据分析寻找优化直播内容、提高直播效果的方案。

（6）通过数据规律推测平台算法，然后从算法出发对直播内容进行优化。

（二）获取数据

开展数据分析首先要有足够的有效数据，主播可以通过账号后台和直播平台提供的数据分析工具，以及第三方数据分析工具来获取数据。

1. 账号后台获取数据

在主播账号后台，通常会有直播数据统计，主播可以在直播过程中或直播结束后在账号后台获取直播数据。

2. 平台提供的数据分析工具

为了帮助商家更好地运营店铺，一些运营工具，如品牌数据银行、生意参谋、达摩盘等，能为商家提供直播的相关数据。商家可以使用这些工具了解自己店铺的直播情况。

生意参谋是阿里巴巴打造的首个商家统一数据平台，面向全体商家提供一站式、个性化、可定制的商务决策体验。生意参谋作为一个数据分析工具，为商家做决策提供了坚实的数据支撑。生意参谋中的实时直播数据对于店铺的运营发展是有很大帮助的。一方面商家可以跟踪商品的推广引流效果，观测实时数据，发现问题并及时优化调整策略；另一方面商家可以实时查看商品推广效果，如果转化率较低和点击量较少，可以及时调整推广方案。

3. 第三方数据分析工具

市场上有很多专门提供直播数据分析的第三方数据分析工具，主播可以利用这些数据分析工具搜集自己需要的数据。第三方数据分析工具有很多，下面主要介绍飞瓜数据和蝉妈妈。

（1）飞瓜数据。飞瓜数据是一个短视频和直播电商数据分析平台，可以为抖音、快手、B站等平台上的短视频创作者和主播提供数据分析服务。飞瓜智投是飞瓜数据旗下的专注品牌直播的智能运营工具，以数据驱动直播运营决策，提高直播间流量和成交率。以抖音直播为例，主播可以通过飞瓜智投查看抖音直播电商数据并进行数据分析。

主播在抖音上直播时，要重点关注下面几个数据指标。这些数据指标是制定直播优化策略的关键,通过分析这些数据指标,主播可在提高直播转化率时更加得心应手。

①直播销售额。直播销售额能直观地体现出主播的直播带货能力,主播需要对某一段时间内的数据走向进行综合分析。

飞瓜智投可以监测抖音直播账号近30天的直播带货数据。主播可以根据每场直播的预估销量和销售额来判断某段时间内直播带货效果的稳定性。当发现直播数据有下滑趋势时,主播要及时找出原因,尽快调整直播运营策略,以提高直播带货销售额,保证直播带货效果的稳定性。

②直播转化率。直播时,用户如果对主播推荐的商品感兴趣,大多会点击购物车查看商品详情。而用户的这一操作可以体现在直播中的"正在购买人数"弹幕上。

主播也可以查看直播间商品点击数,快速了解直播间的流量转化效果,及时调整投放策略,提高直播带货销售额,直播转化率如图8-1所示。

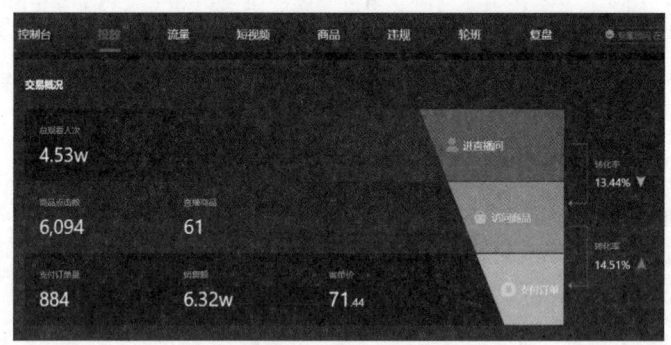

图8-1 直播转化率

③直播用户留存率。用户停留的时间越长,直播间的权重也就越大,受到平台推荐的机会也就更高。随着直播间的人气不断提升,平台会把直播间推荐给更多的用户观看,而提高用户留存率对于提升直播间的人气是有很大帮助的。要想留住直播间里的用户,提高直播用户留存率,主播就要多推荐物美价廉的优质商品,同时在直播间里积极与用户互动,营造热闹的购物氛围,如图8-2所示。

主播可选择查看不同时间段内直播间的进场人数、进场人数均值、在线人数、在线人数均值,再结合用户近10分钟进场停留的时间,可以判断直播间的留存情况和流量承接情况。

例如,在线人数大于进场人数,说明直播间的用户留存做得很好,主播可以结合直播间的人气、流量数据,适当调整商品讲解策略。

④来源分布。主播可选择查看全场、半小时、一小时、两小时这4个时间段内直播间不同渠道的流量趋势,判断直播间的流量来源分布,如图8-3所示。同时还可以对比同一时间点直播间不同渠道的人次占比情况。

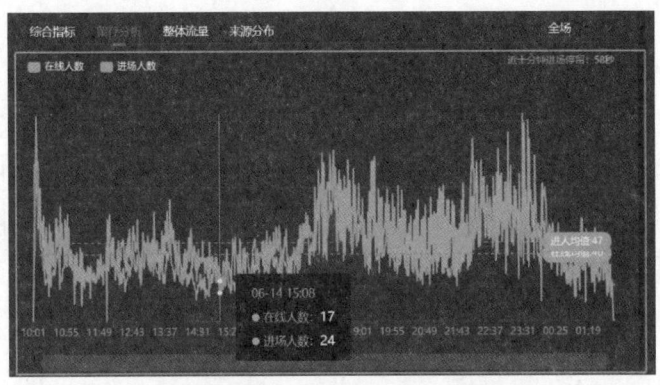

图8-2 直播用户留存分析

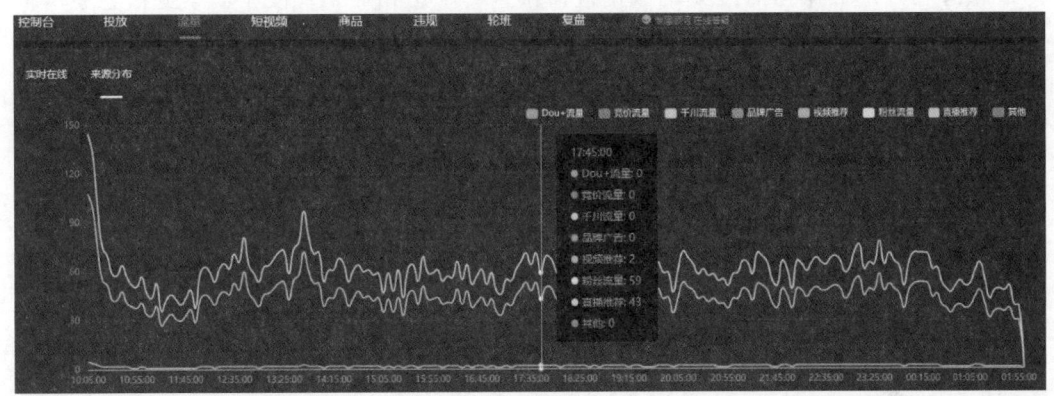

图8-3 流量来源分布

⑤直播互动评论数据。直播互动评论数据的主要反映形式是弹幕词，这些弹幕词就是用户的评论。主播通过对弹幕词的分析可以知道用户喜欢聊什么、对哪些商品的兴趣较大，从而发现其购买倾向和主要需求。主播就可以为下次直播准备更多的相关话题，以活跃直播间的氛围，或在直播中对用户感兴趣的商品进行持续推广。

（2）蝉妈妈。蝉妈妈基于自身强大的数据分析、品牌营销及服务能力，致力于帮助众多达人和商家提高营销效率，实现精准营销。它依托自身专业的数据挖掘与分析能力，构建多维数据、算法模型，为达人、供应链商家、MCN机构提供直播电商一站式数据解决方案。以直播榜数据为例，蝉妈妈能够提供精准的直播间数据，包含今日直播榜、直播商品榜、达人带货榜、直播风车榜、直播分享榜等。

带货主播可以重点参考今日直播榜、直播商品榜、达人带货榜，根据榜单中的详细数据，可以清楚地知道在什么时间、选择什么样的商品才能更有效地触达潜在用户。今日直播榜又分为今日带货榜、带货小时榜、直播实时榜、抖音官方小时榜，主播可以在每个细分榜单下选择与自己相同的垂直领域，按照直播销售额、直播销量、带货热度、人气峰值、粉丝数等维度排序并查看相应的数据。

①寻找爆款商品。在"商品"库中，主播可以找到直播间爆款商品，选择自己所在行业，根据自己对佣金的需求选定佣金比例，按照总销量排序商品，选择排名靠前的商品，寻找爆款商品。佣金为0，关联达人在1~5人的商品，多为商家自播。

②判断潜力。点击某个商品查看其销量，当7天和30天的销量接近时，说明该商品在近7天销量有较大增长；当商品销量高且关联达人数量较少，说明其带货竞争较小。

商家寻找高性价比直播带货达人的方法：打开"达人"库，根据需要在"带货分类""达人分类""达人信息""带货信息""其他"中选择筛选条件，来选择高性价比的直播带货达人。

4．整理和处理数据

整理和处理数据指对搜集的数据进行排查、修正和加工，便于后续分析。通常来说，整理和处理数据包括两个环节，第一个环节是数据修正，第二个环节是数据计算。

（1）数据修正。无论是从主播账号后台抓取的数据或是从第三方数据分析工具上下载的数据，还是人工统计的数据，都有可能出现失误。所以主播首先需要对搜集来的数据进行排查，修正异常数据，以保证数据的准确性和有效性，从而保证数据分析结果的科学性和参考性。

例如，在搜集的原始数据中，某一天某款商品的直播销量为0，而通过查看店铺销售记录，发现当天该款商品在直播中是有销量的，所以收集的原始数据就有错误，需要对其进行修正。

（2）数据计算。通过数据修正，确保了数据的准确性以后，主播可以根据数据分析的目标对数据进行计算，以获得更丰富的数据信息，激发更多的改进思路。数据计算包括数据的求和、平均值计算、比例计算、趋势分析等。为了提高工作效率，主播可以使用数据分析工具的相关功能对数据进行计算。

5．数据分析的方法

在完成了数据的获取与处理工作后，接下来就要对数据进行分析。分析数据是一个发现问题、分析问题和解决问题的过程。在某种程度上，分析数据是一种方法论。下面介绍常用的分析数据的方法。

（1）对比分析法。对比分析法又称比较分析法，指将两个或两个以上的数据进行对比，并分析数据之间的差异，从而揭示其背后隐藏的规律。对比分析中包括同比、环比和定基比分析。

①同比。一般情况下指今年第几月与去年第几月的数据之比。

②环比。指报告当期水平与其前一期水平之比。

③定基比。指报告当期水平与某一固定时期水平之比。

通过对比分析，主播可以找出异常数据。异常数据并非指表现差的数据，而是指偏离平均值较大的数据。例如，某主播每场直播的新增用户数为50~100个，但某一场直播的新增用户数达到500个，新增用户数与之前的平均数据相比偏差较大，因此属于异常数据，主播需要对此数据进行仔细分析，查找造成异常数据的原因。

（2）分类法。分类法指将数据库中的数据项映射到某个特定的类别。它可以应用于用户分类、用户属性和特征分析、用户满意度分析、用户购买趋势预测分析等。例如，服装商家将用户按照对服装颜色的喜好分成不同的类别，这样客服人员就可以将宣传广告直接发送给相关喜好的用户，从而大大增加了成功销售的概率。

（3）特殊事件分析法。直播数据出现异常可能与某个特殊事件有关，如抖音直播首页或频道改版、主播变更直播标签、主播变更开播时间段等。因此主播在记录日常数据的同时，也要注意记录这些特殊事件，以便在直播数据出现异常时，找到异常数据与特殊事件之间的关系。

（三）数据分析效果评估

直播电商运营需要基于数据进行自检，有些数据是后台可以直接监测到的，有些数据则需要通过进一步的计算才能得出。通过数据分析达到盘活"粉丝"存量以及扩大"粉丝"增量的目的。盘活"粉丝"存量指的是将已有"粉丝"的积极性调动起来，扩大"粉丝"增量则指要尽可能多地吸引新"粉丝"，这些数据在每场直播结束后，都能在后台系统中看到。不同的直播电商平台有不同的数据指标，但从直播电商的本质出发，通用的评估指标主要有3个：流量指标、人气指标和转化指标。

1．流量指标

流量指标通常对应直播间的在线人数，在线人数指同时在线观看直播间直播内容的用户数量。在线人数是直播间流量的核心指标，不同的直播平台有不同的流量评价指标，但通常最值得关注的流量指标就是在线人数。除此之外，流量指标还包括进场人数和粉丝团人数。

（1）总PV（Page View）。总PV指总的页面浏览量或点击量，用户每访问直播间一次均被记录1次PV。用户对同一页面多次访问，访问量累计。这个数据一般可以直接在后台获取。

（2）总UV（Unique visitor）。总UV指访问直播间的总人数。在同一天内，进入直播间的用户最多被记录一次UV。"粉丝"UV占比，是"粉丝"浏览人数与总UV之比。这个数据代表的是正常直播"粉丝"的观看率，如果一场直播数据中，"粉丝"UV占比较高，说明本场直播的主题和已有"粉丝"的喜好是匹配的，而且私域运营和前期预热做得很好。如果"粉丝"UV占比低于50%，则表示这场直播路人观看较多，完全没有吸引已有"粉丝"的注意，那么最大的问题就是要考虑如何盘活"粉丝"存量，也就是做好已有"粉丝"的运营与维护。

直播观看人数的多少和在线人数的多少决定了直播间的水平和人气。目前很多大主播的直播间进入速度都非常快，如此叠加的在线人数也会很多，观看次数增长的速度也就更快。人气非常好的直播间就会获得实时的热度，获得系统更多的推荐，从而获取更多的曝光机会。在线人数要从两个维度展开分析：在线人数的变化曲线和在线人数的稳定程度。

（1）在线人数的变化曲线。代表直播间的内容质量，随着单场直播的开展，在线人数的变化可以最直观地反映直播间的内容质量。在线人数的变化曲线会出现波峰和波谷，波峰代表直播间的人气峰值，波谷代表直播间的人气低谷。在大部分情况下，直播间在线人数的波峰是因为进行了引流的操作，而波谷的出现则是因为直播间没有办法留住引流进来的用户，出现了用户大量流失的情况。

（2）在线人数的稳定程度。代表直播间的用户黏性，随着多场次直播的开展，稳定的在线人数代表着用户对直播间的黏性。去除波峰、波谷的变化曲线，在线人数的稳定程度代表其内容既能留住新用户又能吸引老用户的回流。对所有试图开展直播电商的个人或企业来说，只有持续地把新进入直播间的用户转化成老用户，才能确保直播的持续开展。

> **拓展知识**
>
> 主播可以巧妙地运用优化技巧来提高直播间的流量指标，方法如下。
> - 升级玩法，多上一些引流款商品。
> - 主播在推荐商品时，要提升自己的引导力、感染力和亲和力。
> - 确保商品的类目、性价比、价格等与目标用户相匹配。
> - 改善直播间的布景，提升用户的观看体验。

2. 人气指标

人气指标对应直播间的互动数量。互动指用户在直播间的评论区发起评论或参与直播间设置的话题。互动数量是直播间人气活跃程度的核心指标，越是交互活跃的直播间，表示用户对直播内容的参与程度越高。

"粉丝"互动率，即"粉丝"互动人数与"粉丝"UV之比。"粉丝"互动率的数据代表观看直播的"粉丝"中，和主播产生互动的频繁程度，可以是点赞、评论、转发等任意互动行为。此数据指标低的话，说明直播没有调动"粉丝"的积极性，需要主播团队考虑更有创新的玩法和互动。

"转粉"率，即新增"粉丝"数与路人观看数之比。一个陌生用户，从进入直播间到最后购买的路径是：进入直播间—观看—感兴趣—关注—购买，所以直播的"转粉"

率是衡量一场直播是否做得好的指标。提高"转粉"率主要是通过激励或者互动提醒用户关注直播间。直播间的"转粉"率偏低说明直播做得不够好,有待改进;比率过高容易被官方判定为"刷粉"的行为,对直播间信用会有一定的影响。"转粉"率和销售转化率是对主播直播间内容质量考核的两个非常重要的指标,"转粉"率和销售转化率高的直播间也会吸引更多的公域流量。

互动数量要从两个维度展开分析:新用户互动量和老用户互动量。

(1)新用户互动量。新用户互动量代表新用户进入直播间后,对直播中的内容产生兴趣,并受内容吸引参与其中。部分新用户的停留可能是猎奇,而能参与互动的新用户,通常被定义为直播间的优质用户。新用户的互动量决定了直播间能转化多少新用户成为老用户。

(2)老用户互动量。如果老用户除了能持续地观看某直播间的每一场直播之外,还能对每场直播的内容保持互动参与,代表老用户已经成为该直播间的"粉丝"。部分老用户回来观看可能是由于习惯,所以能持续参与互动的老用户,是直播间的优质"粉丝"。老用户的互动量多少决定了直播间的氛围好坏,越是好的互动氛围,直播间留下新用户的概率就越大。

3. 转化指标

转化指标包括转化率和成交单量,处于重中之重的位置,它对成交单量有直接影响。

(1)转化率。转化率指成交用户数占访问总人数的比重。虽然流量指标占首要位置,但如果转化率太低,直播间流量再多也没有任何作用。流量转化则是一个直播间流量转化漏斗模型,通过转化漏斗可以看到用户在直播间产生的行为,进而优化,提高直播综合转化率。转化漏斗数据包括进入直播间人数、商品曝光人数、商品点击人数、创建订单人数、成交人数,如图8-6所示。

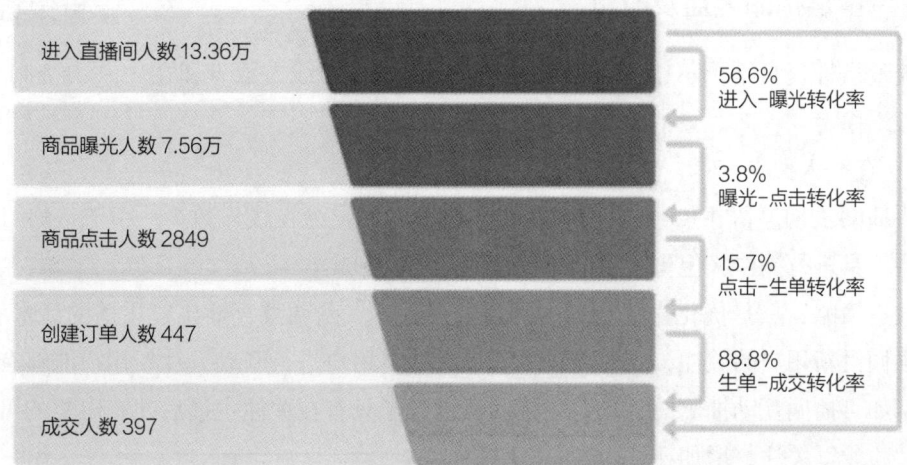

图8-6 转化漏斗

可以看到漏斗从上往下分为4个层级：

第一层，曝光转化率=商品曝光人数/进入直播间人数；

第二层，点击转化率=商品点击人数/商品曝光人数；

第三层，生单转化率=创建订单人数/商品点击人数；

第四层，成交转化率=成交人数/创建订单人数。

（2）成交单量。成交单量是考核直播电商转化的核心指标，代表直播内容和电商销售达成了统一。结合流量指标和人气指标，成交单量要从以下两个维度展开分析。

成交单量与在线人数：直播间吸引的用户与目标受众的匹配度代表直播间用户的精准程度，其可以用数值来衡量，即直播间用户的精准程度=成交单量/在线人数×100%，数值越低，精准程度越低，用户如果不精准，那么直播间就难以达成电商的销售转化。通常来说，每场直播精准程度数值都低于3%意味着数值偏低，如1000人在线至少要达成30单成交。

成交单量与互动数量：直播间产品的内容策划质量同样可以用数值来衡量，即直播间产品的内容策划质量=成交单量/评论数据×100%，数值越低，代表策划质量越低。用户已经参与评论互动，但没有下单意愿，那么直播间就应当进行内容的调整。通常来说，直播间产品的内容策划质量的数值每场直播都低于5%意味着数值偏低，如1000条评论至少要达成50单成交量。

三、直播电商复盘优化

结合直播电商的效果评估指标和效果判断标准，我们可以从流量指标、人气指标和转化指标三个方面对直播电商进行复盘及改进。

直播电商
复盘优化

（一）流量指标的复盘及改进

流量指标复盘结果不佳的原因通常有以下两种：在线人数少和在线人数不稳定。

1. 在线人数少

直播间长期停留在100人以内的在线人数可以判定为在线人数少。引流策略可以通过平台工具进行操作，但更主要的是受留存策略的影响。

改进策略：一是优化直播场景中的背景标示；二是调整直播出镜主播的话术引导；三是强调对新用户的关注，及时与进入直播间的新用户进行互动，让新用户能够有参与感。例如直播间互动抽奖的活动，主播团队设置了只有在关注主播后才有中奖的可能，引导"粉丝"关注，增加在线人数。

一般直播间抽奖的常规做法是在公屏里面扣"666"或者扣出主播提出的特定"暗

号",然后倒计时截图,截图截到的账号名即代表中奖者。不管是在直播间送福利还是抽奖,主播做的任何动作都必须对直播间流量转化起到促进作用。

2. 在线人数不稳定

直播间的在线人数中老用户的比例是在线人数稳定的保障,因此要确保老用户能持续观看直播。

改进策略:一是固定开播时间,让老用户养成观看习惯;二是强化直播预告,提高初次看直播的新用户转化成老用户的概率;三是进行社群运营,运营人员通过私信的方式,逐步引导老用户添加运营人员的微信,组建"粉丝"社群,方便老用户在直播期间可以快速进入直播间。

(二)人气指标的复盘及改进

人气指标复盘结果不佳的原因通常是新、老用户互动量低。

1. 新用户互动量低

直播间的新用户在进入直播间后,没有退出直播间,但是也没有参与评论互动,意味着新用户互动量低。

改进策略:一是强化直播间运营人员的互动引导,让进入直播间的新用户可以快速找到参与直播互动的方式;二是调整直播间的游戏或玩法,避免新用户不知道如何参与到互动中来。让用户经历一个从陌生—熟悉—信任—购买的过程,而直播互动技巧起到了关键作用。从而影响直播间的人气和最终转化率。连麦是直播间互动的有效技巧之一,特别是和铁杆"粉丝"连麦,可以调动"粉丝"的积极性。只有感受到有趣味,游客才会停留在直播间。

2. 老用户互动量低

老用户互动量低是指直播间的老用户回来观看后,大多没有参与评论互动。

改进策略:一是及时引导老用户观看直播,给予福利奖励,刺激老用户参与互动;二是调整老用户的引流方式,避免吸引过多不喜欢评论的用户进入"粉丝"社群;三是运营人员充当老用户,引导评论互动。

另外,就是维护好"粉丝"群,积极引导直播间的老用户加群,让"粉丝"成为你的聊天好友,可以随时随地通知他们看直播。

(三)转化指标的复盘及改进

转化指标主要复盘两个核心数据:成交率和退货率。

1. 成交率

成交率的计算方法:产品上架后的成交单量/当时段直播间人数×100%。成交率直接反映选品策略是否正确,如果直播电商成交率持续走低,且持续保持在10%以内,意味着选品和直播间的用户匹配度不高,需要进行调整。

改进策略:一是产品调整,重新分析直播间的用户数据,调整上架产品的选择或产品的外在属性,如产品的包装材料、产品亮点、产品价格等。在不同的节日中,像生日、纪念日或圣诞节这类的特殊节日,除了要更加重视产品能够按时送达,还要留意用户收到产品时对于产品品质的反馈。所以要多花点心思将产品包装得美观且富有创意,会让顾客对企业的服务更加满意;二是价格调整,重新分析在产品价格上是否已经做好价格保护,或调整产品组合策略,进行差异化定价;三是转化策略调整,在活动策划中要强化互动的元素,不要让用户在直播间只成为看戏的观众。

2. 退货率

直播电商退货率的计算方法:退换单数/成交单数×100%。

直播电商行业由于存在冲动消费的因素,一般情况下退货率高达30%~50%。通常来说,企业的目标是将非质量问题的退货率控制到20%以内。退货率直接影响企业的毛利率,退货回来的产品变成库存,不利于企业的资金周转。

改进策略:在直播电商行业中,消费者大多是出于信任主播和冲动欲望来购买直播产品的,而想要赢得"粉丝"长期的信任,电商主播必须对自己所宣传的产品负责。直播供应链不仅要保证送货及时,还要保证产品质量。电商带货的客户群体大都是网红的"粉丝",靠的是"粉丝"效应以及口碑,一旦产品出现质量问题,口碑下降,很容易流失"粉丝",导致销量下滑。因此,直播电商供应链需要保证"粉丝"只会因为款式和大小等非质量问题的退换货,而不能因为质量问题退换货。

案例实训 抖音直播运营——助农直播专场

以"荔枝"为主打产品的助农直播

小李和朋友组建了农产品直播团队,他们在抖音小店发布农产品后,将通过抖音直播促进农产品销售。小李按照直播前、直播中、直播后三阶段对本次抖音直播——助农专场开展直播运营。

步骤一 直播前——预热吸粉增期待

1. 抖音直播脚本的策划

由于本次抖音直播是助农专场,小李的团队就将抖音直播间的场地选定在室外农家院落,并提前根据室外的天气情况以及场地实际情况配置了补光灯、摄像设备,做好保障网络稳定畅通的措施。同时,团队人员做好规划并进行合理分工。首先优质的直播脚本是一场直播成功的关键因素之一,能够帮助主播把控直播节奏,保证直播流程的顺利进行,达到直播的预期目标,并将直播效果最大化。

设计直播脚本主要从单品准备和整场直播流程两个方面入手。也就是说，抖音直播脚本分为单品脚本和整场直播脚本。

（1）单品脚本。单品脚本就是针对某款商品的脚本，其主要内容包括商品的品牌、卖点、优惠方式等。主播要对直播间内商品的特点和营销手段有着清晰的了解，这样才能更好地将商品亮点和优惠活动传达给用户，以刺激用户的购买欲。

单品脚本可以设计成表格的形式，将品牌介绍、商品卖点、利益点、直播间注意事项等内容都呈现在表格中，这样既方便主播全方位了解直播商品，也能有效地避免在人员对接过程中产生疑惑或不清楚的地方。小李直播间荔枝的单品脚本如表8-1所示。

（2）整场直播脚本。整场直播脚本是对整场直播活动的规划与安排，重点是直播的逻辑、玩法和对直播节奏的把控。整场直播脚本一般包括的要点如表8-2所示，整场直播脚本示例如表8-3所示。

表8-1　　　　　　　　　　　　荔枝的单品脚本

项目	商品宣传点	具体内容
品牌介绍	品牌理念	××品牌坚持亲近自然，属于大自然馈赠佳品，来自当地优质的荔枝品牌
利益点	"双十一"优惠提前享	今天在直播间购买商品享受"双十一"同等价格，下单备注"主播名称"即可
引导转化	绿色无公害 口感绝佳 富含多种营养素	核心卖点： 1. 品质保证：当地优质种植，新鲜现摘现发； 2. 营养丰富：富含维生素C等多种营养成分，有助于补充人身体所需营养元素； 3. 安全可靠：100%无公害的天然水果，不添加任何防腐剂或其他化学物质
直播间注意事项		1. 直播过程中直播界面显示"关注店铺"卡片； 2. 引导用户分享直播间、点赞等

表8-2　　　　　　　　　　　　整场直播脚本的要点

直播脚本要点	具体说明
直播目标	明确直播要实现何种目标，是积累用户、提升用户进店率，还是宣传新品等
人员安排	明确参与直播人员的分工和职责
直播时间	规划好直播时间，并严格执行。建议开播的时间要固定，养成用户按时观看直播的习惯。到了结束时间最好准时结束直播，如果商品没有介绍完可以留到下一场直播，以制造悬念
直播主题	从用户需求出发，明确直播的主题，避免直播内容没有营养
主播介绍	介绍主播的名称、身份等
直播中的流程细节介绍	直播的流程细节要非常具体，详细说明开场预热、品牌介绍、直播活动介绍、商品介绍、用户互动、直播结束等各个环节的具体内容、如何操作等问题

表8-3　整场直播脚本示例

直播脚本要点	具体说明
直播目标	提升农产品销量，助农增收，乡村振兴
人员安排	1. 场务控制负责检查直播现场环境，准备道具 2. 主播负责介绍商品、解释活动规则 3. 副播协助主播介绍商品 4. 助理帮助主播和副播递送要介绍的商品 5. 后台客服负责修改商品价格，与用户进行沟通，转化订单
直播时间	2023年11月2日上午9：00—11：00
直播主题	助农专场
主播	×××主播，返乡助农大学生
开场预热	暖场互动，主播和副播做自我介绍 将此次直播的助农产品，特别是主推产品做简要说明
品牌介绍	主播介绍产品品牌的价值理念 副播在旁边适当进行内容补充，并引导用户关注店铺
优惠活动介绍	开场30分钟后发布本场直播第一个优惠活动规则：关注有礼，赠送5元优惠券。之后每隔30分钟发布一个优惠活动（主播也可以自主调整发布优惠活动的时间点），包括主推助农产品半价限时限量抢购、点赞抽奖、趣味问答的小礼物
商品介绍	1. 从种植、采摘到加工包装对商品进行介绍； 2. 从用户的角度出发，对商品进行全方位体验，主播可以介绍自己的试用感受； 3. 向用户介绍商品的购买路径
用户互动	回答用户的提问，引导用户点击关注和下单
活动总结	再次强调农产品的特点及卖点
直播结束	引导用户点击关注，预告下次直播的内容

2. 抖音直播间预热引流

（1）直播预告设置。主播在开播前发布优质的直播预告，在预告视频中清晰地描述直播主题和直播内容，既有利于让用户提前了解直播的时间和直播的主要内容，做好观看直播的准备，也有利于让自己的直播获得优先浮现权。

（2）抖音直播间引流。让更多的用户进入直播间，这就涉及直播引流的问题。一般情况下，新开通的抖音直播间用户数量较少，主播在开通直播之后首先要考虑的问题是如何为直播间引流，让更多的用户观看自己直播。以下是一些抖音直播间引流的方法。

短视频dou+推动：短视频预告片助推是直播间早期加热工作的最关键环节，通知用户何时开展直播，将信息传递出去。例如某主播直播间预热短视频中，会将直播间的时间和直播内容显示在短视频里，在短视频的结尾，还制造悬念，吸引用户来直播间一看究竟。除此之外，在投放dou+的时候也可开通直播，这样直播间全过程中，还可以点击视频头像，进入直播间，点进直播间的通常都是新用户流量。

①公域流量推动。

a. 短视频信息流。直播前推送多条短视频，选出统计数据显著的短视频投dou+推广引流。

b. 直播推荐流。粉丝团关注账号后，会在首页出现直播间推荐，可以立即进入直播间。

c. 直播间广场。直播间人气值越高，推荐量越高，越可能被推荐到直播间广场，增加流量。

d. 同城页。在推送短视频时再加上精准定位，粉丝团更有可能是由于同城而进入直播间。

②线上与线下私域流量。

a. 个人资料及昵称预告片。可以在账号昵称上、介绍处写上直播预告，包括直播间的时间和直播内容，让粉丝团形成习惯，自动定时观看直播。

b. 微信公众号、朋友圈、微博等。微信聊天群、朋友圈、微博、微信公众号、小红书等平台开展直播预告，将私域流量引进直播间。

3．抖音直播间标题和封面设计

（1）抖音直播间标题设置。抖音直播间标题是吸引用户注意力，提高直播间曝光度和观看率的重要因素。掌握抖音直播间标题设计的技巧至关重要。

①把一些有代表性的词汇放进去。比如小李的助农直播间，那就可以把荔枝的卖点——绿色无公害、营养价值高等词汇放到标题里面。让用户可以一眼就看到。

②标题设置需要简练、易懂、有要点。直播App端标题可设置上限为16个汉字，中控台仅支持上限10个汉字，所以，标题设置需要简练、易懂、有要点、吸引人，并且防止呈现"测验""测播"等词，以免无法通过审核。

③重要的词汇放在标题前面。把关键词放在标题的前面，关键词引导非常感兴趣的人进直播间观看。

④不要有禁忌字。在直播的标题里避免禁忌的字出现，比如"清仓""做活动"等一系列和打折有关的一般都是不能够出现的。

（2）抖音直播间封面图设计。如图8-8所示，封面图是直播视频的门面，也是影响直播间流量高低的关键因素之一。图片比文字更具有冲击力，更能吸引人关注。在同等排名条件下，封面图越美观、有趣，直播间能够获取的流量就越大。封面图设计技巧有以下几点。

①封面图要清晰、干净、简洁。直播标题会展现在封面图上，重点突出直播的主题和卖点，不能出现其他文字信息，容易与标题内容重复，并会让图片内容显得过于杂乱。

选择适合直播内容和风格的字体和颜色，注意字体的可读性和色彩的搭配，使整体效果和谐统一，如图8-8所示为干净、简洁的封面图。

②封面图要主题鲜明，展现特色。将直播主题凸显出来，让用户看到直播封面图时就知道直播的内容是什么，决定要不要进入直播间。封面图可以是主播的照片，也可以是与直播主题相关的内容，让用户一看就懂。封面图要突出直播产品或品牌的特色，传达出售卖的优势，让用户一目了然。

③使用名人图片要有授权。如果有名人参与直播，可以使用名人的照片作为封面图，但必须提供相关的肖像权使用授权文件等。如果没有名人参与，就不要使用名人的照片作为封面图。

图8-8　干净简洁的封面图

步骤二　直播中——引流吸粉促销售

1. 抖音直播中商品介绍

农产品与其他产品不同，越接地气，越可以营造出利于卖货的氛围，可以拉近与顾客的距离感。因此，在对农产品进行直播讲解介绍时，需要掌握直播讲解的"四个要素"。

（1）讲明卖的是什么？可以从农产品的色泽、口感、营养成分、生长环境进行讲解，讲述产品所承载的历史人文典故，赋予产品深厚的文化意义，可以事先写好提示提纲，这样在直播的过程中就不会冷场。讲述农产品背后的故事，赞扬匠人精神。比如介绍荔枝时讲：唐代诗人杜牧在《过华清宫》中所描述的"一骑红尘妃子笑，无人知是荔枝来"的故事。

（2）告诉用户产品在哪里？在直播的过程中，我们会在直播间页面挂上小黄车，告诉粉丝在几号链接可以购买，直播的话术要简单、直接，让粉丝知道你想说什么，这个是很多新手主播都容易漏掉的东西，我们需要在直播间重复地讲怎么下单，以及需要拿着手机一步一步教粉丝如何领优惠、如何下单、如何付款等。

（3）讲清楚产品适用范围、突出资源优势。农产品直播特别讲究对资源的开发和利用，这里的资源既包括农产品，也包括乡土文化。主播可以在直播中向用户展现家乡的美景、群众生活和乡村文化，这样可以使推荐的商品具备更多的文化内涵。在中国传统文化中，荔枝象征着丰收喜庆、平安吉祥、华丽贵气和富贵财源等美好寓意。荔枝的红色或粉色果实寓意着红红火火、喜气洋洋的丰收喜庆之意；而其坚硬的外壳则象征着平安吉祥、护身符等物；荔枝的粉嫩鲜艳、形似珠宝的果实则带有丰富的贵族气息，成为表达华丽、气派的重要符号；同时荔枝的果实形状饱满、颜色鲜艳也让人联想到"富贵"二字，被视作财富和收入源源不断的象征。

（4）告诉观众为什么要购买？在直播当中清晰的告诉用户，你为什么需要买这款产品，也就是要讲明白购买的理由，此时的话术其实就是介绍产品的卖点和使用方式等。如讲解农产品时，农产品的质量和安全性是抓住用户下单的最主要原因，主播可以从安全性、营养性、口感等优势出发进行讲解。另外，优惠的价格也是购买的原因之一。在直播当中，告诉观众什么时候有优惠券、如何领取、如何使用最划算、到手价是多少等，这样才能刺激观众的弱点，也就是购买更实惠的产品心理，去引发他们的购买欲望。

2．抖音直播互动话术

在直播过程中，有效的互动能够为直播电商激活流量，带来新的方向。要提前进行互动设计的谋划，解决互动不够、冷场尴尬的局面。直播间互动主要有：限时限量促销活动、抽奖、发放优惠券、发红包等多种方式。同时为活跃直播间气氛，可以进行直播间剧情表演，如粉丝直播间砍价、现场联系商家补库存、砍价等，联系产品方负责人讲解，甚至可以在直播间外直播农产品的现场采摘，营造有趣的氛围。

（1）话题互动，充分调动参与感。如果直播的时间比较长，靠着放音乐和聊天是支撑不住整个直播的，特别是如果粉丝数量比较多，这时候需要一个小节目来调动气氛，丰富直播内容，增添直播的趣味性。

（2）用抽奖来刺激消费的互动玩法。从粉丝心理的角度分析，他们大多都想买好而不贵的东西。因此，直播抽奖环节会对粉丝有非常强的吸引力，可以增加直播间的活跃度和粉丝的留存率。在实体店可以玩转盘，用抽奖箱抽奖。在直播间最简单的互动方法是截屏抽奖。具体规则就是：让粉丝在公屏上打出一组数字或者一句话，主播在手机上截屏，排在屏幕第一位的人为获奖者，具体操作步骤如下。

第一步：告知粉丝马上进入抽奖环节，并展示和讲解奖品的价值。奖品的价值渲染得越高，粉丝参与的积极性就越高。当然，一定不能忽悠粉丝，过分夸大。

第二步：让粉丝在公屏上打出一组数字或者一句话，可以是和助农扶贫电商相关的励志标语，农产品的相关特点。比如"助农扶贫，我在路上"。

第三步：宣布截屏倒计时。等到大家积极踊跃地参与的时候，主播就喊截屏倒计时了，这时候，截屏的手机要对着直播屏幕，这样才有公信力，避免让粉丝觉得主播是暗箱操作。截好屏后要把截屏手机靠近直播镜头，并大声告知中奖的粉丝名。规则的设计可以是整屏的人都中奖，一个屏幕一般是6个人，也可以是截屏时排在第一位的人中奖。

第四步：根据奖品数量和获奖规则可以多次重复第三步。主播要注意，每次都要有激情，激情的感染力可促使更多人参与到活动中来。让获奖粉丝把收货地址发送至指定号码，可以是微信也可以是手机号，当然，最好是引导粉丝加微信，这样后续沟通更方便。不过，某些短视频直播平台，是不支持粉丝加微信的，这就要灵活应对。

（3）游戏互动，将产品植入游戏中。每次直播，选择2~3个小游戏，让直播间更热闹。想一些适合在直播间玩的尺度适中的小游戏，能很快地调动起直播间气氛。

（4）邀请知名人士，激活流量。主播可以在直播间邀请名人站台，以此提升直播间的影响力。比如当地知名的电台或电视台的主持人、企业家、行业协会会长、演员、歌手等。但要结合自身的资源情况和营销费用的预算情况来开展。当嘉宾在直播间真诚地赞美创始人、赞美农产品和分享自己使用产品后的良好感受时，会增加直播间的粉丝信心，对促进销售非常有帮助。可以请嘉宾讲和产品相关的故事，让粉丝体会到福利。

当我们在直播间与嘉宾聊公司、聊产品、聊生活的时候，一定不要忘记主要任务是销售产品。因此，我们可以让嘉宾扮演主播，和粉丝互动做几轮特价促销。直播间环节中，最激动人心的就是嘉宾给粉丝们抽奖了。要特别提醒的是，奖品一定要有价值，规则一定要宣讲清楚。整场直播可以设计2~3次抽奖。

步骤三　直播后——数据复盘促优化

直播数据运营是抖音直播间运营不可或缺的一部分，要想优化和提升直播间运营效果，打造属于自己的优质直播间，就需要深耕数据。

1. 主播可以查看直播实时数据

具体操作见任务八：直播电商数据分析。

2. 抖音直播间数据分析

数据驱动运营就是从开播的第一天开始，主播就要养成观察与分析直播数据的习惯。

（1）明确数据分析的目的。数据分析的三种目的：一是寻找直播间数据波动的原因，数据上升或下降都属于数据波动；二是通过数据分析寻找优化直播内容、提升直播效果的方案；三是通过数据规律推测平台算法，然后从算法出发对直播进行优化。

（2）收集数据。抖音平台提供的各种工具，包括数据生意参谋、数据银行等。

（3）数据统计。主播需要统计的数据指标主要包括直播日期、直播时间段、直播时长、观看次数、直播间浏览次数、用户回访、最高在线人数、封面图点击率、转粉率、进店转化率、人均观看时长、新增用户数、商品点击数、订单笔数、商品成交总额和支付金额等。抖音直播各项统计指标的含义如表8-4所示。

（4）数据分析。在完成数据的收集与统计工作之后对数据进行分析，常用的方法是对比分析法、分类法和特殊事件分析法。

思政园地

直播带货拓销路，助农增收促振兴

　　助力脱贫攻坚，为了创新结对帮扶新模式，充分发挥电子商务在结对帮扶工作中的作用。高邮电子商务公共服务中心在2023年4月17日开展了"陕西米脂对口帮扶直播专场"活动，一如既往，这场直播也具有超高人气。"抢光了""卖完了""瞬间被抢空了"……主播每每话音刚落，所推介的陕西米脂就被抢购一空。如果说陕西米脂靠实力受宠，那么直播间网友踊跃下单，则让人看到了一颗颗帮扶陕西同胞的爱心。

同步练习

一、单选题

1. 哪种模式是主播在直播间里依次介绍在售商品？（　　）
   A. 店铺直播模式　　B. 直播分享商品　　C. 产地直播模式　　D. 达人模式
2. 哪种模式是指主播到直播基地进行直播？（　　）
   A. 产地直播模式　　B. 基地走播模式　　C. 店铺直播模式　　D. 秒杀模式
3. 以下哪个不是第三方数据分析工具？（　　）
   A. 飞瓜数据　　B. 生意参谋　　C. 蝉妈妈　　D. 以上都不是
4. 什么是直播间流量的核心指标？（　　）
   A. 互动数量　　B. 进场人数　　C. 在线人数　　D. 粉丝团人数
5. 什么是考核直播电商转化的核心指标，代表直播内容和电商销售达成了统一？（　　）
   A. 成交单量　　B. 互动数量　　C. 在线人数　　D. 进场人数

二、多选题

1. 直播变现的模式有哪些？（　　）
   A. 直播电商带货　　B. 内容付费　　C. 观众打赏　　D. 广告变现
2. 内容付费变现的优势有哪些？（　　）
   A. 有利于提高观众黏性　　　　　　B. 变现收入比较稳定
   C. 不利于网络直播生态的健康发展　　D. 有利于形成正向循环
3. 直播电商中分析数据的方法有（　　）。
   A. 对比分析法　　B. 分类法　　C. 特殊事件分析法　　D. 矩阵分析法
4. 直播电商中数据分析的效果评估指标有（　　）。
   A. 流量指标　　B. 复购指标　　C. 人气指标　　D. 转化指标
5. 转化指标主要复盘哪两个核心数据？（　　）

A. 转化率　　　　B. 成交率　　　　C. 退货率　　　　D. 购率

三、填空题

1. 目前，直播最常见的变现方式是＿＿＿＿＿＿、＿＿＿＿＿＿、＿＿＿＿＿＿、＿＿＿＿＿＿。

2. 目前，比较常见的优质内容付费变现模式有三种类型：＿＿＿＿＿＿、＿＿＿＿＿＿、＿＿＿＿＿＿。

3. 通常来说，整理和处理数据包括两个环节，第一个环节是＿＿＿＿＿＿，第二个环节是＿＿＿＿＿＿。

4. 对数据进行分析时，常用的分析数据的方法有＿＿＿＿＿＿、＿＿＿＿＿＿、＿＿＿＿＿＿。

5. ＿＿＿＿＿＿是直播间流量的核心指标，除此之外，流量指标还包括＿＿＿＿＿＿、＿＿＿＿＿＿。

四、简答题

1. 简述常见的直播变现的模式？
2. 简述为什么要进行直播数据分析？

📺 任务实施

策划并开展直播运营

随着乡村振兴战略的深入推进，乡村旅游和农产品直播销售逐渐成为热门话题。为了提升团队在直播运营方面的能力，本次实训以"最美乡村"为话题，旨在通过直播展示乡村风光和特色产品，促进乡村旅游和农产品销售。

（一）实训背景

（1）大数据资料：收集和检索本地区最美乡村的相关信息和资料。

（2）实地考察：结合对本地区最美乡村特色农产品的相关信息和资料的深入了解，进行实地考察和直播运营的工作项目式训练，策划最美乡村特色农产品多场直播。

（二）实训目标

（1）掌握直播运营各个阶段的策划，包括直播前、直播中、直播后的内容策划。

（2）培养直播表现能力，包括直播互动、产品介绍等技能。

（3）提升团队合作意识，实现乡村直播运营的效果最大化。

（三）实训内容

（1）以小组为单位，自行选择家乡的一类农产品，例如瓜果类、粮油类、蔬菜类等。

（2）策划并开展直播运营，要求包含以下几个方面。

①直播前：设计脚本、预热引流、标题和封面设计。

②直播中：商品展示、互动回答、促销活动和优惠政策。

③直播后：数据复盘、优化建议。

（3）组织实施直播方案，可以通过线上直播平台进行。

（4）汇报直播效果和数据分析，并提出直播的优化建议。

完成实训任务后，教师安排小组之间互相评比，随后教师对各个小组的实训作出评价。

参考文献

[1] 蔡勤,刘福珍,李明. 短视频策划、制作与运营[M]. 北京:人民邮电出版社,2021.

[2] 邓竹. 短视频策划、拍摄、制作与运营[M]. 北京:北京大学出版社,2021.

[3] 唐铮,刘畅,佟海宝. 短视频运营实战[M]. 北京:人民邮电出版社,2021.

[4] 侯德林. 短视频运营与案例分析[M]. 北京:人民邮电出版社,2021.

[5] 邓元兵,胡莹. 短视频策划、拍摄与制作[M]. 北京:人民邮电出版社,2022.

[6] 刘庆振,安琪,郭鹏. 短视频运营从入门到精通[M]. 北京:人民邮电出版社,2022.

[7] 刘凯,黄英. 短视频与直播运营[M]. 北京:人民邮电出版社,2022.

[8] 石佳庆,冯磊. 短视频与直播运营[M]. 北京:航空工业出版社,2023.